4급없이
HSK5급
바로따기

저자의 말

현재 중국어 학습자들이 자신의 중국어의 수준을 증명할 수 있는 객관적인 방법은 HSK 급수 획득이 유일합니다. 하지만 원하는 결과를 얻는 것은 생각만큼 쉽지 않기 때문에, HSK 강사들의 노하우가 담긴 수험서를 찾게 됩니다. 강사들의 노하우를 담아 만든 수험서들이 시중에 많지만, 방대한 내용 때문에 당장 시험을 준비하는 수험생 입장에서는 버거운 경우가 많습니다. 그래서 공부하기에 전혀 부담이 없는 교재를 만들자는 바람을 담아, 『4급 없이 HSK 5급 바로따기』를 탄생시키게 되었습니다. 우리 교재의 특징은 다음과 같습니다.

HSK 기술자로 거듭날 수 있습니다. HSK와 같은 시험은 출제 원리, 출제 경향을 얼마나 정확하게 파악하고 있냐에 따라서 시험 성적이 결정됩니다. HSK 기출 문제를 꼼꼼하고 완벽하게 분석해서, 오직 실제 HSK에만 적용할 수 있는 독특한 스킬로 정리했습니다. 이 책에 정리된 스킬·문제 해설·암기 족보를 여러 번 읽고, 자신의 것으로 만들면 누구나 HSK 기술자가 될 수 있습니다.

단기간에 충분히 소화할 수 있습니다. 내용이 너무 방대하면 공부할 엄두도 안 나고, 쉽게 지쳐 버립니다. 이 책은 '합격'에 꼭 필요한 내용만 담았기 때문에, 부담 없이 끝까지, 여러 번 읽을 수 있습니다.

고효율을 추구합니다. 단어 암기와 문법 공부에 쏟을 시간이 너무 많을까 걱정되나요? 이 책의 암기 족보에 정리된 어휘와 문법만 외워도 충분합니다. 짧은 시간을 들여 최대의 효과를 얻는 놀라운 경험을 하게 될 겁니다.

아무쪼록 이 책으로 공부하신 모든 수험생들이 원하는 결과를 얻을 수 있기를 간절히 기도합니다.

최종헌

HSK 5급, 이 책만 본다고 바로 딸 수 있을까?

『4급 없이 HSK 5급 바로따기』는 HSK 4급을 봐야 할지 HSK 5급을 봐야 할지 고민이거나, HSK 4급은 턱걸이로 합격했지만 HSK 5급은 아직 자신이 없는 사람들을 위한 교재입니다. 이 책과 함께라면 고민을 덜고 실력을 높일 수 있습니다.

> **다양한 걱정에 대처하는 『바로따기』 솔루션**

- 🔴 문법 실력이 부족해요 → 출제 포인트만 알면 문제는 풀린다
- 🔴 작문 실력이 부족해요 → 시험 특화용 작문 비법 공개
- 🔴 어휘 실력이 부족해요 → 문제 풀이 Key Point로 나온 핵심 어휘 족보 대공개
- 🔴 암기할 시간이 부족해요 → 온라인 학습 어플에서 암기 족보 지원
- 🔴 공부할 시간이 부족해요 → 부담 없는 학습량으로, 핵심 내용만 복습 가능
- 🔴 실전에서 항상 시간이 부족해요 → 출제 원리를 간파한 실전 풀이 스킬 전수
- 🔴 혼자 할 자신이 없어요 → 저자 직강을 통해 이해력 UP

내 수준에 맞는 교재일까?

아래의 글을 해석해 보세요. 사전의 도움 없이 해석이 가능했다면, 이 교재로 바로 5급 수험 준비를 시작하세요! 해석하는 데 사전의 도움이 필요했다면, 이 교재의 암기 족보 어휘 파트를 3번 이상 정독한 후, 이 교재의 커리큘럼을 따라 5급 수험 준비를 시작하세요!

时间管理的目的是帮助人们更有效地使用时间。让人们清楚：什么事情该做，什么事情不该做；哪些要先做，哪些可以后做。如果没有管理好时间，没做完的事情就会一件接着一件。这将给人们带来很大的压力，甚至影响人们的正常生活。所以，把时间管理好，也有助于提高人们的生活质量。

시간 관리의 목적은 사람들이 더 효과적으로 시간을 사용하도록 도와주는 것이다. (시간 관리는) 사람으로 하여금, 무슨 일을 해야 하고, 무슨 일을 하지 말아야 하는지, 어떤 것들을 먼저 해야 하고, 어떤 것들을 나중에 해야 하는지를 확실하게 알게 해 준다. 만약에 시간을 잘 관리하지 못하면, 끝내지 못한 일들이 계속 이어지게 될 것이다. 이는 장차 매우 큰 스트레스를 가져다줄 것이고, 심지어 사람들의 정상적인 생활에도 영향을 주게 될 것이다. 그래서 시간을 잘 관리하는 것은 사람들의 생활의 질을 제고하는 데에도 도움을 줄 것이다.

이 책이 과연 나에게 효과적일까?

'가능한 빨리' HSK 합격증이 필요하신가요?

채용 요건, 졸업 요건, 혹은 기타 여러 이유로 지금 당장 1~2개월 안에 5급 합격증이 필요한 분들을 위해서 정말로 필요한 내용만 담았습니다. 이 책에 수록된 내용만 완벽하게 소화할 수 있다면, '단기간'에 합격증을 거머쥘 수 있습니다.

▶ 채용 및 승진 가산점을 받으려는 사람
▶ 어학연수, 교환학생 지원 자격에 맞추어야 하는 사람
▶ 학교 졸업 요건을 맞추어야 하는 사람

HSK '수험 스킬'이 부족하신가요?

중국어 실력은 어느 정도 되지만 시험은 처음이신 분들, 혹은 점수를 더 높이고 싶은 합격생들에게는 이미 다 아는 내용까지 다루고 있는 기본적인 수험서는 오히려 시험에 대한 의욕을 떨어뜨립니다. 이런 분들을 위해서 실전에 바로 적응이 가능한 풀이 스킬과 꼭 필요한 내용만 담은 암기 족보를 준비했습니다. 약간의 시간만 들여 만족스러운 성적표를 취득하세요.

▶ 중급 이상의 회화 실력을 갖추었지만, HSK 응시는 처음인 사람
▶ 5급 합격증이 있기는 하지만, 점수를 좀 더 높이고 싶은 사람

핵심 스킬과 최빈출 어휘&문법만 익혀 10일 완성

스킬 전수	암기 족보	• 연습 문제 • 모의고사	합격!
with 저자 직강 이해가 쏙쏙	DVBOOK with 온라인 학습 어플 간편 학습	풀고 또 풀고! 읽고 또 읽고!	10일만 공부하고 초단기 합격

이렇게 활용해 보세요

⚡스킬 전수

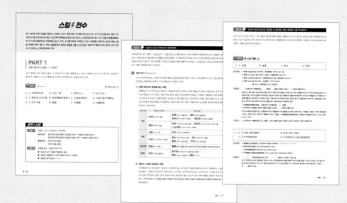

- 예제를 풀어 보며 문제 유형을 파악하고, 자신의 실력을 진단해 보세요.
- 스킬을 전수 받아 HSK 기술자로 거듭나세요.
- 스킬을 적용하면 얼마나 빠르고 쉽게 문제를 풀 수 있는지 확인해 보세요.

⚡암기 족보

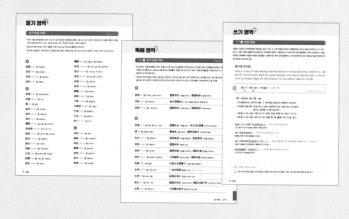

- 듣기, 독해, 쓰기 영역별로 반드시 암기해야 하는 어휘, 표현, 문법, 모범 예문들을 정리했습니다.
- 시간이 날 때마다 암기 족보를 펼치고 여러 번 읽고 외우세요.
- 암기 족보는 책 뒷 부분에 있습니다.

⚡연습 문제, 실전 모의고사

- 문제를 풀기 전에 어휘력을 확인해 보세요. 정리된 단어에 모르는 단어가 너무 많다면 좀 더 단어를 외운 다음에 문제를 푸세요.
- 스킬을 잘 적용해가며 풀고 있는지 틈틈이 체크해 보세요.

⚡ 해설

- 연습 문제와 모의고사의 상세한 해설을 읽으면 실전 문제 풀이 감각을 훈련하세요.
- 전체 해설을 최소 전체 3번 이상 읽어주세요. 틀리지 않은 문제여도 빼먹지 말고 꼭 읽으세요.

▶ 저자 직강

- [스킬 전수] 스킬 요약 & 예제 풀이
- [암기 족보] 빈출 문법

온라인 학습

- 책에 부착된 쿠폰 번호를 입력하면 온라인 학습 어플 DVBOOK을 무료로 이용하실 수 있습니다. 책 내용 중 '스킬 전수' '암기 족보'의 내용을 온라인으로도 학습하실 수 있습니다.
DVBOOK

- 다락원 네이버 카페에 접속하시면, 저자 선생님이 특별히 제공하는 보충 자료 및 다양한 이벤트를 만나 보실 수 있습니다. (cafe.naver.com/darakwonbook)

🔊 MP3 음원

- [스킬 전수] 듣기 예제, 필수 어휘
- [암기 족보] 듣기 보기 빈출 어휘, 독해1 보기 빈출 어휘, 쓰기2 모범 예문

목차

학습 플랜

학습일	영역	학습 범위	학습 내용	학습 시간
1일차	듣기	스킬 전수 p.16~p.27	스킬 내용 2회 이상 읽어 보기	30분
		암기 족보 p.196~p.210 필수어휘 p.28~p.29	어휘 암기하기	*
		연습 문제 p.30~p.31	문제 풀고 채점하기 교재의 해설 과정과 자신의 풀이 과정 비교하며 읽기	90분
2일차	독해	스킬 전수 p.34~p.48	스킬 내용 2회 이상 읽어 보기	30분
		암기 족보 p.211~p.229 필수어휘 p.49~p.50	어휘 암기하기	*
		연습 문제 p.51~p.55	문제 풀고 채점하기 교재의 해설 과정과 자신의 풀이 과정 비교하며 읽기	90분
3일차	쓰기	스킬 전수 p.58~p.70	스킬 내용 2회 이상 읽어 보기	30분
		암기 족보 p.230~p.247	빈출 문법 2회 이상 읽어 보기 모범 예문 ①~⑮ 암기 & 변형 연습	1시간
		연습 문제 p.71~p.75	문제 풀고 채점하기 교재의 해설 과정과 자신의 풀이 과정 비교하며 읽기	1시간
4일차	전 영역	암기 족보 p.196~p.254	암기 족보 3회 이상 정독하기	2시간
5일차	전 영역	스킬 전수 p.16~p.70	전 영역 스킬 복습하기	1시간
		연습 문제 p.28~, p.49~	각 영역 연습 문제 필수어휘 총 점검하기	90분
6일차	듣기 독해	암기 족보 p.196~p.229	듣기, 독해 어휘 암기하기	30분
		연습 문제 p.102~p.141	전체 문제 해설 보기	1시간
7일차	쓰기	암기 족보 p.230~p.239	빈출 문법 총점검하기	30분
		연습 문제 p.102~p.141	전체 문제 해설 보기	1시간
8일차	쓰기	암기 족보 p.247~p.254	모범 예문 ⑯~㉚ 암기 & 변형 연습	30분
			모범 예문 선별 암기하기	90분
9일차	전 영역	암기 족보 p.196~p.254	안 외워지는 부분만 3번 이상 읽어 보기	30분
		필수어휘 p.78~p.83	어휘 암기하기	*
10일차	전 영역	스킬 전수 p.16~p.70	전 영역 스킬 복습하기	10분
		모의고사 p.84~p.100	실제 시험과 동일한 조건 설정 후 문제 풀기	약 2시간
			채점 후, 교재의 해설 과정과 자신의 풀이 과정 비교하며 읽기	1시간

* 어휘 암기 시간은 개인의 상황에 맞춰서 조정하면 됩니다. 다만, 플랜 종료 이후에도 계속해서 암기 족보의 어휘를 외울 것을 추천해요!
단어 암기는 반복이 생명!! 온라인 학습 어플 DVBOOK에서 5분씩이라도 틈틈이 암기 족보를 외우세요.

HSK 소개

HSK는 汉语水平考试의 한어병음인 'Hànyǔ Shuǐpíng Kǎoshì'의 이니셜을 딴 국제 한어능력표준화 수평고시로서, 중국어가 제1언어가 아닌 사람이 생활·학습·업무 중에 운용할 수 있는 중국어 능력을 평가하는 데 중점을 두고 있습니다. 듣기·독해·쓰기 능력평가 시험으로 1급~6급으로 나뉘며, 급수별로 각각 실시됩니다.

1 시험 방식 및 종류

등급	어휘량
HSK 6급	5,000단어 이상(6급 2,500개+1~5급 2,500개)
HSK 5급	2,500단어 이상(5급 1,300개+1~4급 1,200개)
HSK 4급	1,200단어 이상(4급 600개+1~3급 600개)
HSK 3급	600단어 이상(3급 300개+1~2급 300개)
HSK 2급	300단어 이상(1급 150개+2급 150개)
HSK 1급	150단어 이상

▸ PBT(Paper-Based Test): 기존 방식의 시험지와 OMR답안지로 진행하는 지필 시험
▸ IBT(Internet-Based Test): 컴퓨터로 진행하는 시험
※ PBT와 IBT는 시험 효력 등이 동일 / HSK 성적은 시험일로부터 2년간 유효

2 용도

– 국내외 대학(원) 및 특목고 입학·졸업 시 평가 기준
– 중국정부장학생 선발 기준
– 각급 업체 및 기관의 채용·승진을 위한 평가 기준

3 시험 접수

HSK는 평균 1개월에 1~2회 시험이 주최되나, 정확한 일정은 HSK 한국사무국 홈페이지(www.hsk.or.kr)에 게시된 일정을 참고하세요. 접수 완료 후에는 '응시등급, 시험일자, 시험장소, 시험방법(예: HSK PBT→HSK IBT)' 변경이 불가합니다.

인터넷 접수	HSK 한국사무국 홈페이지에 접속하여 접수(사진 파일 必) 홈페이지 주소: www.hsk.or.kr
우편 접수	구비 서류를 준비하여 등기 발송하여 접수 구비 서류 사진을 부착한 응시원서, 별도 사진 1장, 응시비 입금영수증 보낼 주소 (06336) 서울특별시 강남구 강남우체국 사서함 115호 〈HSK 한국사무국〉
방문 접수	구비 서류를 지참하여 접수처를 방문하여 접수 구비 서류 응시원서, 사진 3장, 응시비 접수처 서울 강남구 테헤란로5길 24(역삼동635-17) 장연빌딩 2층 〈서울공자아카데미〉 접수 가능 시간 평일 오전 9시 30분~12시, 오후 1시~5시 30분 / 토요일 오전 9시 30분~12시

※ HSK 시험센터 홈페이지(www.hsk-korea.co.kr)에서도 접수할 수 있습니다.

4 **성적 조회 및 수령 방법**

성적 조회: PBT 성적은 시험일로부터 1개월, IBT 성적은 시험일로부터 2주 후
　　　　　중국고시센터에서 성적 조회를 할 수 있습니다.

성적표 수령: HSK 성적표는 '시험일로부터 45일 후' 접수 시 선택한 방법
　　　　　　(우편 또는 방문)으로 수령 가능합니다.

성적 유효기간: HSK 성적은 시험일로부터 2년간 유효합니다.

HSK 5급 소개

1 **응시 대상**

HSK 5급은 매주 2~4시간씩 2년 이상(400시간 이상) 집중적으로 중국어를 학습하고, 2,500개의 상
용 어휘와 관련 문법 지식을 마스터한 자를 대상으로 합니다.

2 **시험 구성 및 시간 배분**

− 총 시험 시간은 약 120분입니다.(응시자 개인 정보 작성 시간 5분 포함)
− 각 영역별 만점은 100점으로, 총점이 180점 이상이면 합격입니다.
− 듣기의 모든 문제는 한 번씩만 들려 줍니다.

시험 내용		문항 수		시험 시간	점수
듣기	제1부분	20	45문항	약 30분	100점
	제2부분	25			
듣기 영역 답안 마킹				5분	
독해	제1부분	15	45문항	45분	100점
	제2부분	10			
	제3부분	20			
쓰기	제1부분	8	10문항	40분	100점
	제2부분	2			
합계		100문항		약 120분	300점 만점

3 영역별 유형

듣기	제1부분	두 사람이 한 번씩 주고 받는, 총 두 문장짜리 대화문을 듣고, 이어져 나오는 녹음 속 질문에 알맞은 답을 보기에서 고르는 문제입니다. (4지선다형)
	제2부분	총 4~5 문장으로 구성된 대화 또는 단문으로, 이어져 나오는 녹음 속 질문에 알맞은 답을 보기에서 고르는 문제입니다. (4지선다형)
독해	제1부분	단문 속 빈칸에 알맞은 보기를 고르는 문제입니다. (4지선다형)
	제2부분	단문의 내용과 일치하는 보기를 고르는 문제입니다. (4지선다형)
	제3부분	긴 글을 읽고, 질문에 알맞은 답을 고르는 문제입니다. (4지선다형) 하나의 글에 관련 질문이 여러 개입니다.
쓰기	제1부분	제시된 낱말을 어순에 맞게 배열해 문장으로 완성하는 문제입니다.
	제2부분	한 문제는 '제시된 여러 개의 단어를 활용해 80字 내외로 중작'하는 문제, 또 다른 한 문제는 '제시된 사진에 부합하도록 80字 내외로 중작'하는 문제입니다.

일러두기

① 이 책에 나오는 인명, 지명은 중국어 발음을 한국어로 표기했습니다.

예 小王 샤오왕   上海 상하이

② 어휘의 품사는 다음과 같은 약어로 표기했습니다.

품사	약자	품사	약자	품사	약자
명사/고유명사	명/고유	부사	부	접속사	접
대사	대	수사	수	감탄사	감
동사	동	양사	양	조사	조
조동사	조동	수량사	수량	의성사	의성
형용사	형	개사	개	성어	성

③ 문법 설명에서는 경우에 따라, 명사는 ⓝ, 동사는 ⓥ, 형용사는 ⓐ로 간단히 표기하였습니다.

④ 어휘에는 급수 표기를 별도로 하지 않았습니다.

⑤ 온라인 학습 어플이 무료로 제공됩니다. 교재에 부착된 쿠폰을 이용해 디비북 홈페이지에서 인증한 후, 스마트하게 학습하세요.
[*인증 방법은 부착된 쿠폰에 상세히 설명되어 있습니다.]

⑥ 저자 직강이 무료로 제공됩니다.

⑦ 다락원 공식 카페에서 다양한 학습 자료가 공개됩니다.
스터디, 작문 첨삭 이벤트 등이 수시로 진행됩니다.

听力 듣기

숨은 점수 찾아 주는

기본 자세⚡바로잡기

① 무작정 多听은 NO, 어휘 암기부터

어휘량 부족으로 녹음을 알아들을 수 없다면, 무작정 녹음을 많이 듣는 것보다 '보기에 쓰이는 어휘'를 위주로 어휘 암기를 먼저 해야 한다. p.196에 정리된 〈듣기 영역 보기 빈출 어휘〉를 최우선적으로 마스터하자.

② 녹음을 완벽히 이해할 필요는 없다

'듣기' 영역은 녹음의 내용을 완벽히 이해할 필요가 없다. 중요한 것은 '녹음의 내용과 연관된 보기'가 무엇이고, 그 보기가 언제 나오는지를 포착하는 것이다. '대화 형식의 녹음'이든 '긴 글 형식의 녹음'이든, 녹음 내용을 전부 알아들으려 하기보다는 '보기'에 나온 어휘가 언제 나오는지를 포착하자.

③ 질문은 듣지 않는다

보기를 완벽히 파악한 상태에서 보기에 제시된 어휘가 녹음에 언제 언급되는지에만 집중하면 녹음이 끝나기 전에 답을 고를 수 있다. 즉, 질문은 들을 필요가 없다. 정답을 골랐다면, 그 시점부터 다음 문제의 녹음이 나올 때 까지 '다음 문제의 보기'를 파악하는 데 집중하자.

스킬⚡전수

듣기 영역은 문제 유형을 막론하고, 녹음이 나오기 전에 관련 '보기를 먼저 읽어 두는 것'이 가장 중요하다. 짧은 시간 내에 보기를 바로바로 해석할 수 있도록 어휘력을 잘 쌓아 놔야 한다. p.196에 정리된 〈듣기 보기 빈출 어휘〉를 활용하면 단기간에 효율적으로 어휘력을 높일 수 있다. 보기를 제대로 파악할 수 있는 어휘력을 키웠다면, 앞으로 배울 스킬을 이용해 대화가 끝나기 전에, 질문을 듣지 않아도 정답을 고를 수 있게 된다. 질문까지 들어야 하는 경우는 아주 적은데, 이 경우는 p.19에 정리되어 있다.

PART 1
대화 형식의 녹음 (1~30번)

듣기 영역의 1번~30번 문항은 '두 남녀가 주고 받는 대화'를 듣고 푸는 문제이다. 보기가 '단어'인지, '문장'인지를 먼저 구별하고, 보기 유형에 따라 공략 포인트를 잡고 녹음을 들어 보자.

예제 🎧 Track 01 문제 해설 및 답안 p.19

1	A 书法俱乐部	B 文化广场	C 留学中心	D 时代书店
2	A 他们在讨论车展	B 科技展临时取消了	C 女的收获很大	D 女的打算去看展览
3	A 学乒乓球	B 减肥	C 学跳舞	D 应聘教练

공략⚡스킬

스킬1 녹음이 나오기 전에 보기 파악부터

단어 보기 중국어로 관련 표현이 연상되는 단어 ➡ 녹음에 그대로 언급 ✕
중국어로 관련 표현이 연상되지 않는 단어 ➡ 녹음에 그대로 언급 ○

문장 보기 주어가 있는 문장
주어가 없는 문장

스킬2 녹음을 듣는 스킬은 따로 있다
1 녹음 속 근거 내용은 정답보다 길다.
2 녹음에 '의문문'이 나오면 정답은 바로 그 다음에!
3 질문은 듣지 않는다. ★★★

문제 풀이는 보기 파악 → 녹음 듣기 → 정답 체크 순서를 따르자. 실제 시험에서 효율적으로 듣기 정답을 찾는 것은 '시험지의 보기를 얼마나 이해하느냐'에 달렸다. 보기를 먼저 파악해 두면, 보기와 관련된 질문을 유추하여 녹음의 핵심 포인트도 미리 예상할 수 있어서 정답을 맞출 확률이 높아진다. 스킬을 읽고 나면 p.196에 정리된 보기 빈출 어휘들을 반드시 외우자.

1 단어 보기 🎧 Track 02

보기가 단어일 경우, 조금만 주의하면 대부분 쉽게 정답을 맞출 수 있다. 단어 형태의 보기는 '관련 표현'이 연상되는지에 따라 크게 두 가지 유형으로 구분할 수 있다.

① **관련 표현으로 정답을 찾는 유형**

대화에서 보기가 언급되지 않아서 '정답과 관련된 표현'을 통해 정답을 유추하는 유형으로, 이런 유형의 문제들은 보기가 장소, 직업, 인물 관계, 뉘앙스와 관련된 단어들로 구성된다. 대화에서 어떤 표현들이 나오는지 잘 듣고, 관련 표현이 언급된 보기를 정답으로 고르면 된다. 이때, '관련 표현'은 5급 수험생 수준에서 바로 떠올릴 수 있을만큼 어렵지 않으면서, 매우 전형적이다. p.208에 정리된 빈출 표현들을 반드시 암기하자.

대표 유형	빈출 보기 어휘	관련 표현
장소	机场 jīchǎng 공항	机票 jīpiào 비행기표 | 登机 dēngjī 탑승하다 登机口 dēngjīkǒu 탑승구 | 登机牌 dēngjīpái 탑승권
	酒店 jiǔdiàn 호텔	空房 kōngfáng 빈방, 공실 | 商务间 shāngwùjiān 비즈니스룸 入住手续 rùzhù shǒuxù 체크인
직업	记者 jìzhě 기자	采访 cǎifǎng 인터뷰하다
	主持人 zhǔchírén 사회자	观众 guānzhòng 관중 | 听众 tīngzhòng 청중 嘉宾 jiābīn 초대 손님 | 节目 jiémù 프로그램
인물 관계	亲戚 qīnqī 친척	舅舅 jiùjiu 외삼촌 [HSK 5급 듣기에서 친척 관련 문제에는 대부분 외삼촌이 등장]
뉘앙스	吃惊 chījīng 놀라다	想不到 xiǎngbudào 생각지도 못하다 | 竟然 jìngrán 뜻밖에 [= 居然 jūrán]

② **정답이 그대로 언급되는 유형**

'일상용품'이나 '전문용어', '장소'로 구성되어 있는 보기들은 정답에 해당하는 보기가 대화에서 그대로 언급된다. 그대로 언급된다고 하면 쉬울 것 같지만, 순식간에 언급되고 지나가므로, 보기를 미리 숙지하지 않으면 놓치기 쉽다. 관련 표현이 바로 연상되지 않는 장소의 경우 99% 확률로 정답이 직접 언급된다. [*주의 포인트: 숫자 유형은 정답이 대화에서 '바로 언급'되는 경우와 '언급된 수치를 계산해서 정답을 유추'해야 하는 경우로 나뉜다.]

대표 유형	빈출 보기 어휘
전문용어 (컴퓨터·무역 등)	运输费用 yùnshū fèiyòng 운송비 ǀ 系统升级 xìtǒng shēngjí 시스템 업그레이드 中病毒 zhòng bìngdú 바이러스에 걸리다 ǀ 过敏 guòmǐn 알레르기
일상용품	手机 shǒujī 휴대전화 ǀ 领带 lǐngdài 넥타이
장소	大使馆 dàshǐguǎn 대사관 ǀ 动物园 dòngwùyuán 동물원 ǀ 宿舍 sùshè 기숙사 菜市场 cài shìchǎng 청과 시장 ǀ 海洋馆 hǎiyángguǎn 수족관 ǀ 展览会 zhǎnlǎnhuì 전람회

2 문장 보기

5급 듣기 영역의 보기는 대부분이 문장 형식이다. 듣기 문제는 기본적으로 '대화에서 언급되는 내용'이 정답이다. 다만, 정답 보기와 녹음 내용이 토씨 그대로 일치하지는 않는다. 즉, 정답 보기와 녹음 내용의 싱크로율이 낮기 때문에, 녹음을 듣기 전에 보기를 완벽하게 파악해 두지 않으면 녹음을 들으며 정답 보기와 바로 매칭시키기가 매우 어렵다. 보기를 파악할 때에는 '주어의 유무'에 따라서 봐야 하는 포인트가 조금씩 다르다.

① 주어가 있는 문장

주어가 있는 문장이 보기로 주어진 경우, 질문은 대체로 '대화 내용을 근거로 알 수 있는 것은(옳은 것은) 무엇인가?'로 나온다. 그러므로, 녹음을 들을 때 '대화에서 언급되는 내용'이 무엇인지만 찾으면 된다.

A 他们在讨论车展　　　B 科技展临时取消了　　　C 女的收获很大　　　D 女的打算去看展览

② 주어가 없는 문장

주어가 없는 문장이 보기로 주어진 경우, 질문은 대체로 '남자는~' '여자는~'처럼 대상을 특정한 형태이다. 그래도 대화에 언급되는 보기는 대부분 하나이니, 이 경우에도 '대화에서 언급되는 내용'이 무엇지만 찾으면 된다. 다만, 남녀 각각이 서로 보기의 내용을 하나씩 언급하여 혼동시키는 경우가 있다. 해결 방법은 바로 옆 페이지에서 확인하자.

A 学乒乓球　　　　　B 减肥　　　　　　　C 学跳舞　　　　　　D 应聘教练

스킬 2 ⚡ 녹음을 듣는 스킬은 따로 있다

1 녹음 속 근거 내용은 정답보다 길다.

문장 보기로 구성된 문제의 정답은 '녹음 속 근거 내용'을 짧게 줄인 경우가 많다. 보기는 녹음이 나오기 전에 미리 파악해 두고, 녹음을 듣다가 녹음의 내용과 가장 비슷한 보기를 정답으로 고른다.

每到一个国家，就会收集那儿的硬币，留作纪念。 → 收集硬币
매번 어떤 나라에 갈 때마다, 그곳의 동전을 수집해서 기념으로 삼는다. → 동전을 수집하다.

这些都是三十多年前朋友写给我的，我一直保存着。 → 保存了很多年
이것들은 삼십 몇 년 전에 친구가 나에게 써 준 것인데, 나는 줄곧 보관 중이야. → 여러 해 보관했다.

2 녹음에 '의문문'이 나오면 정답은 바로 그 다음에!

두 인물의 대화가 '질문-대답'으로 구성되어 있다면, '대답'에 '정답'이 나온다. 특히 듣기 제1부분의 문제는 거의 100% 이 공식을 따른다. 그러니, 대화 속 의문문에 보기가 언급되더라도, 반드시 '대답'까지 듣고 답을 고르도록 하자.

3 질문은 듣지 않는다.

보기에 대한 파악을 완벽히 끝내고, 보기 유형의 특징에 맞춰서 녹음을 듣는다면, 녹음이 끝나기 전에 답을 고를 수 있게 된다. 그렇게 되면, 질문을 듣지 않아도 되니 자투리 시간을 활용해 다음 문제들의 보기를 파악할 수 있게 된다. 명심하자! 녹음이 끝나기 전에 답을 고르지 못했다면, 질문을 듣는다고 해도 답은 고를 수 없다. 단, 21~30번 문제 중에는 대화를 중반 이상 듣고 질문까지 들어야 하는 경우가 있을 수 있다. 자세한 내용은 아래를 참고하자.

🐾한 걸음 더

변별력이 높은 문제를 풀 때

듣기 문제는 기본적으로 '언급되는 것'이 정답이지만, 중간중간에 수험생의 흐름을 끊고, 당황하게 만들기 위해 변별력이 높은 문제가 출현한다. 하지만 출제되는 문제의 수는 적기 때문에 아래의 특징만 잘 파악하고 대비하면 된다.

① 남녀가 각각 서로 다른 보기를 1개씩 언급하는 경우
빈출 구간: 21~30번(4줄 대화 형식) | 보기 유형: 주어 없는 문장/단어 보기
해결 방법: 이미 보기 어휘를 체크했는데, 또 다른 보기가 언급된다면? 각각의 보기를 누가 언급했는지를 체크해 두었다가, 질문까지 듣고 정답을 체크하자. 질문에 '女的'가 언급되면 여자가 언급한 보기가 답이고, '男的'가 언급되면 남자가 언급한 보기가 답이다.

② 혼자서 2개를 이야기 하는 경우
빈출 구간: 1~20번(2줄 대화 형식) | 보기 유형: 단어 보기
해결 방법: 두 번째로 들린 보기는 보기 앞뒤에 같이 나온 표현까지 체크해 두고 질문을 듣자. 두 번째로 들린 보기가 정답이라면 체크해 둔 표현이 질문에 나온다. 체크한 표현이 질문에 나오지 않는다면 처음에 들린 보기가 정답이다.

③ 보기가 언급되지 않아 정답을 유추해야 하는 경우
빈출 구간: 1~30번(2줄/4줄 대화 형식) | 보기 유형: 문장 보기
해결 방법: 문장 보기인데 정답을 유추해야 하는 경우에는 대화 내용과 보기를 완벽하게 이해하지 못하면 답을 고를 수 없을 정도로 어렵게 출제된다. 대화가 끝날 때까지 답을 고를 수 없다면 페이스 유지를 위해서라도 쿨하게 포기하자. 어차피 이 유형은 많이 나와도 한두 문제이다.

📍예제 에 스킬 적용 ▶

1	A 书法俱乐部	B 文化广场	A 서예 동아리	B 문화 광장
	C 留学中心	D 时代书店	C 유학 센터	D 시대서점

보기 파악 보기가 '단어'로 구성되어 있다. 각 장소와 관련된 표현이 바로 연상되지 않으므로, 보기 중에 직접 언급되는 보기가 무엇인지 집중하며 녹음을 듣자.

女: 听说您的新书出版了，恭喜恭喜！

男: 谢谢。下周五我在时代书店有个新书签售会，希望你能来。

问: 新书签售会在哪儿举行？

여: 듣자 하니, 새 책이 출판됐다면서요. 축하해요!

남: 고마워요. 다음 주 금요일에 시대서점에서 신간 사인회가 있어요. 당신이 와 주시길 바라요.

질문: 신간 사인회는 어디에서 열리나?

| 문제 풀이 | 녹음에서 '时代书店(시대서점)'에서 '新书签售会(신간 사인회)'가 있다고 '직접 언급'됐으므로, 답은 'D. 时代书店'이다. |

| 정답 | D 时代书店 시대서점 |

2	A 他们在讨论车展	A 그들은 자동차 박람회에 대해 이야기하고 있다
	B 科技展临时取消了	B 과학 기술 전람회는 갑자기 취소되었다
	C 女的收获很大	C 여자는 얻은 것이 많다
	D 女的打算去看展览	D 여자는 전람회를 보러 갈 계획이다

| 보기 파악 | 보기가 '주어가 있는 문장'이므로, 보기에 쓰인 표현이 녹음에서 어떻게 나오는지 주의하면 된다. |

男: 你看了那个科技展览后，感觉怎么样？

女: 特别受启发，它让我对科技产业有了很多新的认识。

问: 根据对话，下列哪项正确？

남: 당신은 그 과학 기술 전람회를 보고 느낌이 어땠나요?

여: 아주 깨달음을 얻었어요. 그것은 저로 하여금 과학 기술 산업에 대해 많은 새로운 인식을 갖게 했어요.

질문: 대화에 근거하여, 다음 중 올바른 것은?

| 문제 풀이 | 녹음에서 두 남녀가 '科技展览'에 대해 이야기하지만, 취소되었다는 것은 언급되지 않기 때문에 'B. 科技展临时取消了'를 답으로 골라서는 안 된다. 여자가 '特别受启发(아주 깨달음을 얻었어요)'라며 긍정적인 소감을 밝혔는데, 이 말의 뜻을 파악하지 못하면 답이 C라는 것을 알 수 없다. '有了很多新的认识(많은 새로운 인식을 갖게 했어요)'를 통해서도 답을 유추할 수 있다. 이 문제는 전형적인 '정답을 유추해야 하는 경우'에 해당한다. |

| 정답 | C 女的收获很大 여자는 얻은 것이 많다 |

3	A 学乒乓球	B 减肥	A 탁구를 배운다	B 다이어트하다
	C 学跳舞	D 应聘教练	C 춤을 배운다	D 훈련에 지원하다

| 보기 파악 | 보기가 '주어가 없는 문장'이다. 어렵게 나올 경우, 보기가 2개 언급될 수도 있다는 점을 염두에 두며 듣자. |

女: 请问，这期的乒乓球班还能报名吗？

男: 可以，这个礼拜五才开课。

女: 那麻烦你给我张报名表。

男: 好。这里是我们所有教练的资料，您先看看。

问: 女的想做什么？

여: 실례합니다. 이번 시즌 탁구 반에 아직도 등록할 수 있나요?

남: 네. 이번 주 금요일에야 개강해요.

여: 그러면 번거우시겠지만 등록표 한 장 주세요.

남: 그래요. 여기에 우리의 모든 코치의 자료가 있어요. 먼저 좀 보세요.

질문: 여자는 무엇을 하고 싶나?

| 문제 풀이 | 문장 형식 보기의 경우, 단편적인 단어만 듣고 답을 골라서는 안 된다. 그래서 'D. 应聘教练'은 결정적인 의미를 띠는 동사 '应聘(지원하다)'이 언급되지 않았기 때문에 답이 될 수 없다. 대화 첫마디에 여자가 남자에게 '乒乓球班(탁구반)'의 '报名(등록)' 가능 여부에 대해 물어보고 있다. 이를 통해서 답이 'A. 学乒乓球'라는 것을 알 수 있다. |

| 정답 | A 学乒乓球 탁구를 배운다 |

PART 2
긴 글 형식의 녹음(31~45번)

듣기 파트의 31~45번 문항은 긴 글이 녹음된 문제로, 가장 까다로운 부분일 것이다. 하지만 앞으로 소개할 '공략 스킬'들을 잘 터득하면 훨씬 수월하게 정답을 찾을 수 있다. 긴 글 형식은 대화체 녹음에 비해 내용이 길고, 녹음 하나에 2~3개의 문항이 붙기 때문에, 한번 삐끗하면 그 다음부터 연달아 영향을 받아 무너지게 되니 페이스 유지에 각별히 주의하자.

예제 🎧 Track 03   문제 해설 및 답안 p.23

1 A 讲道理	B 突出优势	C 要始终如一	D 对人要热情
2 A 被经理批评	B 耽误工作时间	C 损害个人利益	D 影响整个接待工作
3 A 打交道的原则	B 最后印象的重要性	C 不要过分追求完美	D 如何提高自己的能力

공략⚡스킬

스킬 1 녹음이 나오기 전에 보기 파악부터

　　1 문항 묶음은 31번부터 차례대로, (2개) (3개) (3개) (3개) (2개) (2개)
　　2 보기는 대체로 문장 형식이고, 답이 헷갈릴 위험은 적다.
　　3 문제 묶음의 마지막 문항은 대부분 '주제'를 묻는 질문이다.
　　4 보기가 숫자나 단어라면 좀 더 꼼꼼히 들을 준비를 하자.
　　5 해석 난이도가 높은 보기는 토씨 그대로 녹음에 나온다.

스킬 2 녹음을 듣는 스킬은 따로 있다

　　1 내용을 이해하기보다는 내용과 보기를 비교하는 것에 집중한다.
　　2 해당 녹음에 붙은 문항의 보기는 한꺼번에 대조한다.
　　3 질문은 듣지 않는다.
　　4 틀려도 되는 문제는 틀리자. [*변별력 높은 문제를 만났을 때]

스킬 1 ⚡ **녹음이 나오기 전에 보기 파악부터**

긴 글 형식의 녹음 역시, 보기 파악 → 녹음 듣기 → 정답 체크 순서를 따르자. 아래 내용들을 숙지하여 보기를 파악하면 녹음을 듣기에 최적화된 준비 상태가 될 수 있다.

1 문항 묶음은 31번부터 차례대로, (2개) (3개) (3개) (3개) (2개) (2개)

긴 글 형식의 녹음 문제(31번~45번)는 (31번~32번)–(33번~35번)–(36번~38번)–(39번~41번)–(42번~43번)–(44번~45번)으로 나누고 녹음을 듣자.

2 보기는 대체로 문장 형식이고, 답이 헷갈릴 위험은 적다.

31~45번 문제의 보기는 대체로 문장 형식으로 이루어져 있다. 긴 글 형식 문제의 95% 이상이 보기 4개 중 1개의 보기만 녹음에서 언급되므로, 무엇이 답인지 헷갈릴 위험은 적다.

3 문제 묶음의 마지막 문항은 대부분 '주제'를 묻는 질문이다.

보기가 '要' '不要'로 시작하거나, '좋은 말, 교훈적인 말'로 구성된 문항은 주제를 물어보는 문항이다. 주제는 대부분이 녹음의 맨 마지막 부분에 언급되지만, 보기가 '怎样'이나 '如何'로 시작되는 경우에는 주제가 녹음 맨 앞에 언급되기도 한다.

4 보기가 숫자나 단어라면 좀 더 꼼꼼히 들을 준비를 하자.

보기가 숫자나 단어로 되어 있으면, <u>무조건 2개</u> 이상의 보기가 녹음에서 언급된다고 생각하고 대비하자. 녹음을 들을 때, 각 보기가 어떤 표현과 함께 쓰였는지 함께 체크한다. 이런 유형의 문제는 질문에 정답 보기와 같이 쓰인 표현이 나오기 때문에, <u>반드시 질문까지 듣고</u> 정답을 고른다.

5 해석 난이도가 높은 보기는 토씨 그대로 녹음에 나온다.

대화 형식 문제에서보다 녹음 내용과 정답 보기의 싱크로율이 떨어진다. 단, 사자성어 같은 어려운 내용의 보기들이 정답일 경우에는 대체로 '토씨 그대로' 녹음에서 언급된다.

스킬2 ⚡ 녹음을 듣는 스킬은 따로 있다

1 내용을 이해하기보다는 내용과 보기를 비교하는 것에 집중한다.

31번~45번 문제는 주제도 다양한데다 녹음도 길어서 녹음의 모든 내용을 전부 이해하고 온전하게 기억하기 힘들다. 내용을 이해하려고 노력하기 보다는, 대화체 문제와 마찬가지로 듣기 내용과 <u>최대한 비슷한 보기</u>를 포착하는 데 집중해야 한다.

2 해당 녹음에 붙은 문항의 보기는 한꺼번에 대조한다.

대부분의 문제는 정답이 되는 보기들이 녹음에 문항 순서대로 언급되지만, 랜덤으로 언급되기도 한다. 그러니, <u>보기를 차례차례 대조하지 말고, 두세 문항씩 한꺼번에 보며</u> 체크해야 아깝게 문제를 놓치지 않는다.

3 **질문은 듣지 않는다.**

정답은 녹음이 나오는 동안 고르고, 질문이 나오는 시간에는 다음 문항 묶음의 보기를 숙지해야 한다. 질문까지 들어야 정답을 맞출 수 있는 경우는 매우 드물다.

4 **틀려도 되는 문제는 틀리자.**

내용을 완전히 이해하지 못하면 풀 수 없는 고난이도의 문제가 변별력을 주기 위해 간혹 나온다. 만약 녹음이 끝날 때까지 답을 찾지 못했다면 질문까지 들어도 소용이 없으니, 쿨하게 넘기고 다음 문제에 집중하자. 어려운 문제에 미련을 가지면 풀 수 있는 쉬운 문제들도 놓치게 되고, 전체 시험에 안 좋은 영향을 주게 된다.

예제 에 스킬 적용 ▶

1	A 讲道理 B 突出优势 C 要始终如一 D 对人要热情	A 이치를 설명하다 B 우세가 두드러지다 C 처음과 끝이 일관돼야 한다 D 사람에게 다정해야 한다
2	A 被经理批评 B 耽误工作时间 C 损害个人利益 D 影响整个接待工作	A 사장에게 혼난다 B 업무 시간을 지체한다 C 개인의 이익을 침해한다 D 전체 접대 업무에 영향을 준다
3	A 打交道的原则 B 最后印象的重要性 C 不要过分追求完美 D 如何提高自己的能力	A 교제의 원칙 B 마지막 인상의 중요성 C 과도하게 완벽을 추구하지 말라 D 어떻게 자신의 능력을 향상시키는가

보기 파악   하나의 녹음을 듣고 여러 개의 문항을 풀어야 하는 유형을 풀 때는 해당 문항들의 보기를 한꺼번에 대조해서 풀라고 하였다. 우선, 녹음이 나오기 전까지는 보기를 파악하는 데 집중하자.

1 '문장 보기' 형식이다. 해석 난이도가 높지는 않으니, 보기 속 표현이 형식을 조금 달리해서 나올 수 있다.

2 '문장 보기' 형식이다. 해석 난이도가 높은 편이니, 키워드가 녹음에 직접적으로 언급될 수 있다.

3 보기가 교훈적인 내용으로 구성된 것으로 보아 '주제'를 묻는 문제일 것으로 보인다. '如何……' 형식의 보기가 답일 경우에는 핵심 내용이 녹음 앞부분에 나올 수도 있다는 점에 주의하자.

第1到3题是根据下面一段话：

　　在人际交往中，人们留给交往对象的³最后印象是非常重要的，有时，它甚至直接决定着单位或个人的整体形象是否完美以及起初完美的形象能否维持，这就是末轮效应。末轮效应强调事情结尾的完美与完善，要求人们在塑造单位或个人的整体形象时，¹必须做到始终如一。拿送客礼仪来说，每次告别时，我们都要以将会再次见面的心情来送别对方。送客工作如果处理不好，²就会影响整个接待工作，使接待工作前功尽弃。

1　末轮效应要求人们在塑造形象时怎么做？

2　根据这段话，送客工作处理不好会怎么样？

3　这段话主要谈的是什么？

1~3번 문제는 다음 내용에 근거한다

　　대인 관계에서 사람들이 상대방에게 남긴 ³마지막 인상은 매우 중요하다. 때로는, 단체나 개인의 전체적인 이미지가 완벽한지, 그리고 처음의 완벽한 이미지가 유지될 수 있는지까지 직접 결정하기도 한다. 이것이 '마지막 라운드 효과(末轮效应)'이다. 마지막 라운드 효과는 일의 결말이 완전하고 완벽해야 한다고 강조한다. 사람들이 개인이나 단체에 대해 전체적인 이미지를 형성할 때, ¹반드시 처음과 끝이 일관되도록 요구한다. 손님을 배웅하는 예절에 대해서 말하자면, 매번 작별 인사를 할 때는, 우리가 다시 만나리라는 마음으로 상대방을 배웅해야 한다. 손님 배웅을 제대로 하지 못하면, ²전체의 접대 업무에 영향을 미쳐, 접대 업무가 수포로 돌아가게 할 것이다.

1　마지막 라운드 효과는 사람들이 이미지를 형성할 때 어떻게 하도록 요구하나?

2　이 글에 근거하면, 손님을 배웅하는 업무를 제대로 못하면 어떻게 되는가?

3　이 글이 주요하게 말하고자 하는 것은 무엇인가?

문제 풀이　예제에서도 알 수 있듯이, 녹음에 관련 키워드가 꼭 문항 순서대로 나오지 않는다. 그렇기 때문에 우리가 해당 문항들의 보기를 한꺼번에 대조해서 풀어야 했던 것이다.

1 보기 'C. 要始终如一'가 녹음에서는 '必须做到始终如一'라는 표현으로 언급되었다.

2 'D. 影响整个接待工作'가 녹음에 토씨 하나 바뀌지 않고 그대로 나왔다.

3 '주제'는 녹음의 앞부분이나 뒷부분에 등장한다. 녹음 앞부분에서 '最后印象(마지막 인상)'이 매우 '重要(중요)'하다고 언급한 후, 녹음 내내 '最后印象'에 대해 이야기 하고 있으니, 답은 'B. 最后印象的重要性'이다.

정답　**1** C 要始终如一 처음과 끝이 일관돼야 한다

2 D 影响整个接待工作 전체 접대 업무에 영향을 준다

3 B 最后印象的重要性 마지막 인상의 중요성

PART 3
한 호흡에 풀어 보자!

듣기 영역은 1번부터 45번까지 끊김 없이 재생되는 녹음을 듣고 문제를 바로바로 풀어야 한다. 즉, 독해 영역의 문제를 풀 때처럼 내가 임의로 문제 푸는 속도나 순서를 조정할 수 없다. 그래서 듣기 영역은 '시작부터 끝까지' 페이스를 고르게 유지하는 것이 중요하다.

실전에서도 페이스를 잘 유지하려면, 듣기 영역 문제를 풀 때 유형별로 따로따로 몇 문제씩 풀기보다는 '1번부터 45번까지 한번에' 풀어야 효과를 볼 수 있다. 한 호흡으로 풀 때는 아래 3가지 공략 포인트를 주의하자.

1　STEP 1　**오프닝 멘트가 시작될 때**

시험지의 내용은 오프닝 멘트가 시작되면서부터 확인이 가능하다. '1분 10초~1분 15초' 간 오프닝 멘트가 흐르는 동안 최대한 많은 보기를 읽으며, '보기의 유형 파악'과 '문제 예측'에 전념하자. 응시생의 평균 수준으로는 오프닝 멘트 시간 동안 6번~7번의 보기까지 파악해 볼 수 있다.

2　STEP 2　**녹음을 들으면서**

녹음이 시작된 후에 보기를 읽게 되면, 녹음 내용에 온전히 집중하기 어려워 정답이 나오는 순간을 놓치게 된다. 그러니, 각 문제의 보기는 그 문제의 녹음이 시작되기 전에 이미 파악해 두었어야 한다. 보기 파악이 끝난 상태에서 녹음을 들으며 어떤 보기가 언급되는지 집중하여 듣고, 정답은 녹음이 끝나기 전[=질문이 나오기 전]에 골라야 한다. 녹음이 끝날 때까지 정답을 고르지 못했다면 질문을 듣는다 해도 정답을 맞출 수 없다.

3　STEP 3　**질문은 듣지 않고 '자투리시간'을 활용한다**

녹음이 끝나기 전에, 즉, 질문은 듣지 않고 답을 골랐다면 우리에게는 '자투리 시간'이 생긴다. 이 자투리 시간을 이용해 다음 문제들의 보기를 미리미리 파악하자. 자투리 시간 활용 방법은 다음 페이지에서 실제 수험 상황에 맞추어 자세히 소개하겠다. [*자투리 시간이란? 정답을 고른 직후부터, 질문이 나오고 다음 문제가 나오기까지의 시간을 말한다. 문제에 따라 최소 15초에서 1분까지 자투리 시간이 생긴다.]

오프닝 멘트가 나오는 동안 6번까지 보기를 파악했다면, 1번 문제의 정답을 고르자마자, '자투리 시간'을 이용해서 7번 문제의 보기를 파악하고 2번 문제로 돌아와 2번 문제의 보기를 다시 한번 읽어 본다.

이런 패턴으로 뒤쪽 문제의 보기들을 미리미리 파악하다 보면, 30번 녹음이 끝났을 때는 이미 33번~34번 문제의 보기까지 어느 정도 파악하게 된다. 마찬가지로, 31번~32번 녹음을 들으면서 답을 고른 후에는 '자투리 시간'에 33번~35번 문제의 보기를 파악한다.

듣기 영역 총 시험 시간: 약 35분(듣기 영역 답안 마킹 시간 5분 포함)

✓✓ 시험지	▶ 녹음	✎ 응시자
	오프닝 멘트	1번~6번 문제 보기 파악 1번: 단어 형식 보기(언급 예상) & 해석 2번: 문장 형식 (주어 無) & 해석 3번: ……
1 A 法院 　B 图书馆 　C 研究所 　D 私立学校	女：你找到实习单位了吗？ 男：王教授推荐我去一个研究所。过完中秋节，就开始上班。 问：男的准备去哪儿实习？	◀ 보기(C)가 들리는 순간 정답 체크. ◀ 정답을 체크한 직후에는 　7번 문제 보기 파악 → 　2번 문제 보기 재확인 ◀ 질문은 듣지 않는다.
2 A 空间非常大 　B 放满了家具 　C 不打算装修 　D 准备做书房	女：你打算把朝西的那个房间装修成书房？ 男：对。我量了一下，做卧室的话可能小了点儿。 问：关于那个房间，可以知道什么？	◀ 보기(D)를 포함한 문장이 의문문이니 대답(对)까지 듣고 정답 체크. ◀ 정답을 체크한 직후에는 　8번 문제 보기 파악 → 　3번 문제 보기 재확인 ◀ 질문은 듣지 않는다.
3~29 생략	생략	위 스킬대로 반복
30 생략	생략	◀ 31번에 들어가기 전에, 적어도 35번 보기까지 1번씩은 읽어 봤어야 한다. 그러지 못했다면 스킬대로 풀었다고 할 수 없다.
		이제부터는 긴글 형식 녹음 시작! 문제를 2-3-3-3-2-2 묶음으로 나누어 파악하자. 보기의 유형은 문장 형식 / 단어 형식 / 주제 형식으로 나누어 파악하자.

31 A 吃葡萄 B 搬花盆 C 浇地 D 种花 **32** A 上网搜索 B 向他求助 C 谨慎处理 D 使用工具	第31-32题是根据下面一段话 一个小男孩儿想把一盆花搬到院子里，可是那盆花太重，他怎么也搬不起来。父亲见了，在旁边鼓励他："只要你全力以赴，就一定能搬起来。"但是小男孩儿使了很大劲儿，也没把花盆搬起来。他对父亲说："我已经用尽全力了。"父亲摇了摇头，说："你没有，因为我就站在你旁边，你却没有向我求助。全力以赴是想尽所有办法，用尽所有可用资源。" 31．小男孩儿在做什么？ 32．父亲认为小男孩儿应该怎么做？	◀ 녹음이 시작되고 바로 31번 정답으로 보기(B)를 체크 ◀ 32번 보기에 집중하며 녹음을 듣다가 뒷 부분에 들리는 내용을 토대로 32번 정답으로 보기(B)를 체크 ◀ 체크가 끝나면 질문은 듣지 않고, 바로 33~35번 보기를 반복해서 읽는다.
33 생략 **34** 생략 **35** 생략	생략	33~35번의 자투리 시간은 최소 45초 이상이 된다. 이 시간 동안 36~38번의 보기를 최대한 많이 읽어 보자.
……	……	……
44 생략 **45** 생략	생략	생략

* 45번 녹음이 끝난 후 OMR 답안 마킹 시간 5분이 주어집니다

앞으로 풀게 될 연습 문제의 정답을 맞히기 위해 알아야 하는 최소한의 어휘로, 급수에 상관없이 정리하였다. 아래 정리된 어휘로 자신의 어휘 수준을 테스트해 보자. 모르는 어휘가 너무 많다면 아직 문제를 풀어서는 안 된다. 약 55%가 암기 족보에서 이미 다룬 표현이니, 암기 족보 어휘만 잘 암기했어도 적어도 반 이상은 알 수 있다.

警察 jǐngchá 명 경찰

导演 dǎoyǎn 명 감독

实在 shízài 부 실제로, 정말로

迟到 chídào 동 지각하다

出色 chūsè 형 뛰어나다

退步 tuìbù 동 퇴보하다

厉害 lìhai 형 심하다/대단하다

煮 zhǔ 동 끓이다

醋 cù 명 식초

勤奋 qínfèn 형 부지런하다

干活儿 gànhuór 동 일을 하다

对手 duìshǒu 명 맞수

主角 zhǔjué 명 주인공

提供 tígōng 동 제공하다

支持 zhīchí 명 지지 동 지지하다

方便 fāngbiàn 형 편리하다

待遇 dàiyù 명 대우 동 대우하다

发表 fābiǎo 동 발표하다

辞职 cízhí 동 사직하다

装修 zhuāngxiū 동 인테리어하다

暗 àn 형 어둡다

刷卡机 shuākǎjī 명 카드 단말기

付现金 fù xiànjīn 현금으로 지불하다

秘书 mìshū 명 비서

签合同 qiān hétong 계약하다

初次 chūcì 명 처음

冠军 guànjūn 명 우승, 1등

明显 míngxiǎn 형 분명하다, 뚜렷하다

一般 yìbān 형 일반적이다

酸 suān 형 시다

担心 dānxīn 동 걱정하다

热情 rèqíng 형 친절하다

细心 xìxīn 형 세심하다

输 shū 동 지다/입력하다

担任 dānrèn 동 맡다

答应 dāying 동 응답하다/동의하다

资金 zījīn 명 자금

表示 biǎoshì 동 표시하다

照顾 zhàogù 동 보살피다, 돌보다

修改 xiūgǎi 동 고치다

估计 gūjì 동 추측하다

开通 kāitōng 동 개통하다

空间 kōngjiān 명 공간

改造 gǎizào 동 개조하다

付款 fùkuǎn 동 지불하다

教练 jiàoliàn 명 코치

开幕式 kāimùshì 명 개막식

精彩 jīngcǎi 형 훌륭하다

充电 chōngdiàn 동 충전하다

约好 yuēhǎo 동 약속하다

预约 yùyuē 동 예약하다

优惠 yōuhuì 형 우혜의, 특혜의

免费 miǎnfèi 동 무료로 하다, 돈을 받지 않다

服装 fúzhuāng 명 의상, 복장

时尚 shíshàng 명 유행, 트렌드

新款 xīnkuǎn 명 새로운 스타일

尊敬 zūnjìng 동 존경하다

亲密 qīnmì 형 친밀하다

交际 jiāojì 동 교제하다

相似 xiāngsì 동 비슷하다

开朗 kāilǎng 형 활발하다

安全感 ānquángǎn 명 안전감

记忆力 jìyìlì 명 기억력

实验 shíyàn 명 실험 동 실험하다

性格 xìnggé 명 성격

矛盾 máodùn 명 모순/갈등

避免 bìmiǎn 동 피하다

追求 zhuīqiú 동 추구하다

效率 xiàolǜ 명 효율

危害 wēihài 명 훼손 동 해를 끼치다

承担 chéngdān 동 맡다, 담당하다

赶上 gǎnshàng 동 따라잡다/시간에 대다

相机 xiàngjī 명 사진기

突然 tūrán 부 갑자기

责备 zébèi 동 책하다, 탓하다

打折 dǎzhé 동 할인하다

赠送 zèngsòng 동 증정하다

干洗 gānxǐ 동 드라이클리닝하다

宣传 xuānchuán 동 선전하다

等待 děngdài 동 기다리다

难免 nánmiǎn 형 피하기 어렵다

个性 gèxìng 명 개성

不善 búshàn 형 ~를 잘하지 못하다

互补 hùbǔ 동 서로 보완하다

诚实 chéngshí 형 진실하다

支持 zhīchí 명 지지 동 지지하다

改变 gǎibiàn 동 바꾸다

信任 xìnrèn 동 신임하다

回忆 huíyì 동 회상하다, 추억하다

产生 chǎnshēng 동 생기다, 발생하다

肯定 kěndìng 부 분명히 동 확신하다, 긍정하다

过于 guòyú 부 지나치게, 너무

完美 wánměi 형 완전무결하다

找借口 zhǎo jièkǒu 동 변명하다

寻找 xúnzhǎo 동 찾다

责任 zérèn 명 책임

녹음을 듣고, 녹음 속 질문에 대한 답을 고르세요.

1 A 警察
  B 秘书
  C 大夫
  D 导演

6 A 男的赢不了她
  B 最近比较忙
  C 男的不够细心
  D 不愿教男的

2 A 女的等了很久
  B 女的喜欢喝茶
  C 男的签合同了
  D 他们是第一次见面

7 A 不愿担任主角
  B 答应拍电影
  C 提供了资金支持
  D 同意邀请著名导演

3 A 没拿到冠军
  B 很出色
  C 明显退步了
  D 水平一般

8 A 有发展空间
  B 方便照顾父亲
  C 工资高
  D 交通方便

4 A 太酸了
  B 汤太辣了
  C 辣椒放少了
  D 煮得太久了

9 A 有很多问题
  B 还在修改
  C 刚完成了
  D 已经发表了

5 A 为人热情
  B 不懂幽默
  C 工作勤奋
  D 过于细心

10 A 男的住在单位附近
   B 女的打算辞职
   C 他们通常坐公交上班
   D 那列地铁还未开通

11
A 需要装修
B 通风条件不好
C 空间较小
D 房间有点儿暗

12
A 带的钱不够
B 刷卡机坏了
C 女的在付款
D 现在不能开发票

13
A 当过足球教练
B 是真正的球迷
C 没看开幕式
D 希望能获得冠军

14
A 相机充满电
B 论文写完了
C 电脑死机了
D 突然停电了

15
A 和张总约好了
B 下午要签合同
C 不想责备男的
D 广告拍好了

16
A 打折优惠
B 赠送小礼物
C 买一送一
D 每月免费干洗一次

17
A 看店里的服装
B 与别的会员闲聊
C 做网络宣传
D 看时尚杂志

18
A 最尊敬的人物
B 有个性的同学
C 单位同事
D 最亲密的朋友

19
A 不善交际的
B 和自己性格互补的
C 与自己相似的
D 诚实开朗的

20
A 朋友的支持能带来安全感
B 第一印象很难改变
C 年轻人都记忆力好
D 要信任工作伙伴

21
A 要避免出错
B 不要过于追求完美
C 工作效率不高
D 工作不够细心

22
A 找借口的危害
B 怎样培养口才
C 辞职的理由
D 什么人喜欢找借口

阅读
독해

숨은 점수 찾아 주는

기본 자세 ⚡ 바로잡기

① 정독하지 말자

지문의 전체 내용을 하나하나 읽고 이해하면서 풀기에는 시간이 부족하다. 필요한 부분만 빨리 찾아서 후딱 보고 바로 답을 찾는 습관을 기르자! 필요한 부분을 찾는 TIP은 [스킬 전수]에서 공개!

② 모르는 어휘가 있을 때는 '시험 해석법'으로 해결하자

시험 해석법 ①   모르는 단어나 표현을 '알파' '베타' '감마'로 바꾸어 해석한다.
시험 해석법 ②   모르는 단어에 아는 글자가 있다면, 그 글자 뜻으로 단어 뜻을 유
　　　　　　　　추한다.

要透过现象看本质
현상을 (알파)해서 본질을 봐야 한다.
정식 해석: 현상을 꿰뚫어 본질을 봐야 한다.

土层很松软
토층이 매우 '?(松) + 부드럽다(软)'.
정식 해석: 토층이 매우 부드럽다(*松软: 형 보드랍다. 부드럽다)

스킬⚡전수

독해 지문을 모두 읽고 이해하지 않아도 충분히 답을 찾을 수 있다. 앞으로 소개될 '필요한 부분을 찾는 스킬'을 잘 익혀 효율적으로 시험에 대비하자. 모르는 어휘가 있어 해석이 안 될 때는 '시험 해석법'으로 해결하자!

PART 1
독해 제1부분

독해 제1부분은 독해 영역 중 가장 어휘력이 받쳐 줘야 하는 파트이다. p.211에 정리된 〈독해 제1부분 보기 빈출 어휘〉는 반드시 외우자! 여기에 더해서, 앞으로 배울 '공략 스킬'을 잘 숙지하고, 스킬대로 문제를 풀어 보자.

📍예제

문제 해설 및 답안 p.37

心理学上，将害怕失败的人，称为"失败综合征患者"。患有这种心理毛病的人，在完成任何一项工作时，一开始就会预想到失败，从而产生一种莫名的___1___情绪，最后也多数以失败告终。有"失败综合征"的人，___2___、没有失败压力的工作。他们觉得失败会"丢面子"，所以往往采用最可靠最保险的做法。他们往往过高地估计困难，而又过低地估计自己的能力，工作起来他们仅用一半的努力，不敢面对失败。

1 A 悲观 B 诚恳 C 陌生 D 突然

2 A 只有敢于面对挫折 B 经常不听父母的
  C 从未考虑复杂的 D 只希望自己完成无挑战性的

공략⚡스킬

스킬1 보기부터 파악한다
  단어 보기 ➡ 해석 & 품사 파악 & '짝꿍 단어' 떠올리기
  문장 보기 ➡ 해석 & '부사'나 '접속사' 유무 확인

스킬2 보기 파악 후 지문 해석은 최소 범위만! '빈칸의 앞뒤'부터 보자
  *보기와 연결해서 해석했을 때 논리적으로 말이 되는 것이 답!
  단어 보기 ➡ 빈칸의 앞뒤 단어와 연결해 보기
  문장 보기 ➡ 선행 절이나 후행 절 [힌트① '부사'나 '접속사', 힌트② 문장부호]

스킬3 '빈칸의 앞뒤'만으로 해결할 수 없다면, 읽는 범위를 1줄 더 늘린다

1 단어 보기: 해석 & 품사 파악 & '짝꿍 단어' 떠올리기

제1부분에서는 보기 단어의 뜻뿐만 아니라 품사까지 신경 쓰자. 참고로, 한 문항에서 보기들은 서로 같은 품사들이니, 해당 품사의 특징을 잘 생각하자. 어휘 암기 시 짝꿍 단어를 같이 외워 두면, 빈칸의 앞뒤만 봐도 답을 쉽고 빠르게 찾을 수 있다.

2 문장 보기: 해석 & '부사'나 '접속사' 유무 확인

문장 보기 문제는 3개 나온다. 이 유형의 문제는 일정 수준의 독해 실력이 필요하다. 그리고 보기에 어떤 '접속사'나 '부사[특히 선행 절과 후행 절을 연결해 주는 부사]'가 나오는지를 먼저 잘 파악하자.

대표 선행 절 접속사	如果 rúguǒ ~한다면 ┃ 不但 búdàn ~뿐만 아니라 ┃ 不仅 bùjǐn ~일 뿐만 아니라 除非 chúfēi 오직 ~하여야 ┃ 哪怕 nǎpà 설령, 비록
대표 후행 절 접속사	而且 érqiě 게다가, 또한 ┃ 并且 bìngqiě 또한, 그리고 ┃ 何况 hékuàng 더군다나 否则 fǒuzé 만약 그렇지 않으면 ┃ 从而 cóng'ér 따라서, 그리하여
대표 연결성 부사	就 jiù 곧 ┃ 才 cái 비로소 ┃ 却 què 도리어 ┃ 也 yě ~도 ┃ 还 hái 아직/또한

지문 해석은 최소 범위만 한다. 단어라면 빈칸의 앞뒤, 문장이라면 빈칸을 기준으로 선행절이나 후행절을 보면 된다. 그렇다면 보기가 문장일 때, 선행 절과 후행 절 중 '어느 부분부터' 봐야 효율적일까?

1 지문 해석 범위를 찾는 힌트① 접속사, 부사

이 유형은 '선행 절 접속사'와 '후행 절 접속사' '부사'로 구별해서 봐야 할 곳을 정한다. 보기에 '선행 절 접속사'로 시작하는 문장이 있다면 빈칸 다음 절부터, '후행 절 접속사'나 '부사'로 시작하는 문장이 있다면 빈칸 앞 절부터 해석한다. 보기에 접속사나 부사가 없더라도, 빈칸의 다음 절이 후행 절 접속사나 부사로 시작하면 그 접속사나 부사를 포함한 절부터 해석한다.

접속사	선행 절 접속사	**♀해결 포인트** 선행 절 접속사가 있는 경우, 그 다음 절과 연결하여 해석한다.
	如果……, …… 不但……, ……	선행 절 접속사(即使)가 쓰인 문장이 문제로 변형된 케이스로 스킬을 이해해 보자. 这些家长即使只是面对孩子，也会下意识地回避数学话题。 이 학부모들은 비록 단지 아이를 마주하는 것일 뿐이라도, 의식적으로 수학 관련 화제를 회피한다. ▶ 보기에 선행 절 접속사가 나오면, 빈칸 다음 절을 먼저 읽는다. ……, （　　　　　）, <u>也会下意识地回避数学话题</u>。 ▶ 빈칸 앞 절에 선행 절 접속사가 나오면, 그 절부터 읽는다. ……, <u>这些家长即使只是面对孩子</u>, （　　　　　）。

	후행 절 접속사	💡**해결 포인트** 후행 절 접속사가 있는 경우, 그 앞 절과 연결하여 해석한다.
	……, 而且……	후행 절 접속사(可)가 쓰인 문장이 문제로 변형된 케이스로 스킬을 이해해 보자.
	……, 并且……	我看了你编的杂志，刚开始的确很生气，可后来我发现很多人都说你编得好。
		네가 편집한 잡지를 보고 처음에는 확실히 매우 화가 났지만, 나중에 많은 사람들이 네가 편집을 잘한다고 말하는 것을 발견했다.
		▶ 보기에 후행 절 접속사가 나오면, 빈칸 앞 절을 먼저 읽는다.
		我看了你编的杂志，刚开始的确很生气，（　　　　　）
		▶ 빈칸 뒤 절에 후행 절 접속사가 나오면, 그 절부터 읽는다.
		我看了你编的杂志，（　　　　　），可后来我发现很多人都说你编得好
부사	……, 就……	💡**해결 포인트** 시험에서 부사는 주로 후행 절에 등장하니, 그 앞 절과 연결하여 해석한다.
	……, 才……	
	……, 却……	힌트가 되는 부사가 쓰인 문장이 문제로 변형된 케이스로 스킬을 이해해 보자.
	……, 也……	不需要胃对其进行消化，就可直接让人体吸收。
	……, 还……	위는 그것을 소화시킬 필요가 없이 바로 몸이 흡수하게 할 수 있다.
		▶ 보기에 부사가 나오면, 빈칸 앞 절을 먼저 읽는다.
		不需要胃对其进行消化，（　　　）
		▶ 빈칸 뒤 절에 부사로 시작하는 절이 나오면, 그 절부터 읽는다.
		（　　　　），就可直接让人体吸收。

2 지문 해석 범위를 찾는 힌트② 문장부호

逗号(,)	① ……，（　　）。 ② （　　），……。 ③ ……，（　　），……。	빈칸과 逗号(,)로 연결된 부분을 본다. 웬만해서는 마침표 뒷쪽은 읽을 필요가 없다.
顿号(、)	① （　　）、……的 중심어 ② （　　）、명、명 和 명	명사나 관형어구를 나열할 때 쓰는 문장부호이다. ① 복잡한 관형어의 나열은 중심어를 먼저 본다. ② 단순한 명사의 나열인 경우, 같이 나열되는 명사의 특징을 본다.
分号(;)	① （　　）; …… ② ……;（　　）	예시(문장)를 나열할 때 쓰는 문장부호이다. 같이 나열되는 예시와의 연관성을 따진다.

해석을 하지 않고 '부사'나 '접속사'만으로 바로 답을 찾아낼 수 있는 유형도 있지만, 가장 출제 비중이 높은 유형은 보기와 빈칸 앞뒤에 나온 내용과 연결하여 해석하여 '논리적으로 말이 되는 보기'를 찾아야 하는 유형이다. 따라서, 일정 수준의 독해 실력이 반드시 필요하다. 보기와 보기 앞뒤 내용을 연결했을 때, 한국어로 해석이 이상하면 그 보기는 정답이 아니다.

단어 보기든 문장 보기든, 스킬 2에서 제시한 범위 내에서 해결이 안 나는 경우가 있다면, 읽는 범위를 앞이나 뒤로 조금 더 늘린다. 어느 쪽으로 더 읽어 볼지는 상황에 따라 조금씩 다르겠지만, 이렇게 추가로 읽어야 하는 범위도 1줄을 넘어가지는 않는다.

예제 에 스킬 적용 ▶

1 A 悲观 B 诚恳 C 陌生 D 突然

보기 파악
A 悲观 bēiguān 혱 비관적이다 | **悲观情绪** 비관적인 정서/기분
B 诚恳 chéngkěn 혱 진실하다, 간절하다 | **诚恳态度** 진실한 태도
C 陌生 mòshēng 혱 낯설다 | **陌生环境** 낯선 환경, **陌生地方** 낯선 장소
D 突然 tūrán 혱 갑작스럽다 | **太突然了** 너무 갑작스럽다
　　　　부 갑자기 | **突然发生** 갑자기 발생했다

문제 풀이
……从而产生一种莫名的 ___1___ 情绪…… 일종의 말할 수 없는 (　　) 기분이 만들어지고

앞에서 소개한 대로 '단어 해석 & 품사 파악 & 짝꿍 단어 떠올리기'라는 보기 파악 과정을 거친 후, '빈칸의 앞뒤'를 살핀다. 이 문제의 경우, 빈칸이 관형어 자리이므로, 중심어 자리에 있는 '情绪'와 연결해 해석해 보자. 보기의 단어들을 각각 '情绪'와 연결해 봤을 때, A(비관적인 기분)와 C(낯선 기분) 모두 논리적으로 말이 되므로, 좀 더 지문을 읽어 봐야 한다. '莫名(말로 표현할 수 없다)'은 5급 어휘가 아니므로, 몰랐다면 시험 해석으로 대체하면 된다.

一开始就会预想到失败，从而产生一种莫名的 ___1___ 情绪……
시작하자마자 실패를 예상해서 일종의 말할 수 없는 (　　) 기분이 만들어지고

빈칸이 포함된 문장에 쓰인 '从而(따라서)'은 후행절에 쓰여 결론을 나타내는 접속사이다. 선행절의 내용에 근거해 후행절에 나오는 '기분'이 어떤 '기분'인지 예측할 수 있다. 선행절 '一开始就会预想到失败'와 연결해 해석했을 때 의미가 자연스러운 보기는 A이다.

정답
A 从而产生一种莫名的 悲观 情绪 그래서 일종의 말로 표현할 수 없는 비관적인 기분이 만들어지고

2 A 只有敢于面对挫折 B 经常不听父母的
　　　C 从未考虑复杂的 D 只希望自己完成无挑战性的

보기 파악
A **只有敢于面对挫折** 오직 용감하게 좌절을 마주해야만 ★선행설 접속사 只有 체크
B **经常不听父母的** 자주 부모님의 말을 듣지 않는다
C **从未考虑复杂的** 복잡한 것은 전혀 고려하지 않는다
D **只希望自己完成无挑战性的** 자신이 도전성이 없는 것을 완성하길 희망한다

문제 풀이
…… ___2___ 、没有失败压力的工作。…… (　　) 실패의 스트레스가 없는 일

보기가 문장으로 되어 있을 때는 접속사나 부사, 문장부호에서 읽을 범위에 대한 힌트를 얻을 수 있다고 하였다. 보기를 파악할 때 접속사(只有)가 쓰인 보기 A를 체크했겠지만, 빈칸 다음 문장에 '才'가 없으므로 후보에서 바로 제외한다. ['只有…… 才……' 형태로 쓰임]

2번 빈칸이 위치한 문장에는 힌트가 될만한 접속사나 부사가 없지만, 문장부호에서 힌트를 찾을 수 있다. '、'는 명사나 관형어구를 나열할 때 쓰이며, 나열되는 항목들은 서로 비슷한 의미를 가져야 한다. 즉, '、'로 연결되어 있는 내용 '没有失败压力(실패의 스트레스가 없다)'와 비슷한 의미를 갖는 보기가 빈칸에 들어가야 한다. 보기 A, B, C, D의 해석과 '没有失败压力(실패의 스트레스가 없다)'를 연결하여 해석했을 때, 논리 관계가 어색하지 않은 것은 D뿐이다.

정답 D 只希望自己完成无挑战性的、没有失败压力的工作。
자신이 도전성이 없고, 실패의 스트레스가 없는 일을 완성하기만을 희망한다.

心理学上，将害怕失败的人，称为"失败综合征患者"。患有这种心理毛病的人，在完成任何一项工作时，一开始就会预想到失败，从而产生一种莫名的 1 A. 悲观情绪，最后也多数以失败告终。有"失败综合征"的人，2 D. 只希望自己完成无挑战性的、没有失败压力的工作。他们觉得失败会"丢面子"，所以往往采用最可靠最保险的做法。他们往往过高地估计困难，而又过低地估计自己的能力，工作起来他们仅用一半的努力，不敢面对失败。

심리학에서 실패를 두려워하는 사람을 '실패 신드롬 환자'라고 부른다. 이러한 심리 질병을 앓고 있는 사람은 어떠한 일을 완성할 때, 시작하자마자 실패를 예상해서 일종의 말할 수 없는 1 A.비관적인 기분이 만들어지고, 결국에는 대다수가 실패로 끝이 난다. '실패 신드롬'이 있는 사람은 2 D.자신이 도전성이 없고 실패의 스트레스가 없는 일을 완성하기만을 희망한다. 그들은 실패는 '체면을 잃는 것'이라고 생각해서, 종종 가장 믿을 만하고 가장 안전한 방법을 채택한다. 그들은 종종 너무 높게 곤란함을 예측하고, 자신의 능력은 너무 낮게 예측해서, 일을 하면 겨우 절반의 노력만을 하고, 감히 실패를 마주하려 하지 않는다.

PART 2
독해 제2부분

독해 제2부분 지문은 정독하지 말고 필요한 부분만 읽으면 된다. 독해 제2부분은 '지문의 내용과 일치하는 보기를 고르는' 유형이다. 다만, 정답은 지문의 내용과 토씨 그대로 일치하지는 않고, 비슷하거나, 의미는 같지만 표현 방법이 다른 경우가 대부분이다. 그래서 제2부분은 '비슷한 그림'을 찾듯이 지문을 봐야 한다.

지문은 보통 2줄 반~4줄 정도의 짧은 글이지만, 요령 없이 무작정 꼼꼼하게 전부 해석하여 풀게 되면 시간과 에너지를 비효율적으로 소모하게 된다. 지문이 더 긴 '독해 제3부분'에 쏟을 시간과 에너지를 비축하기 위해, 독해 2부분은 전략적으로 접근해 보자.

🔍 예제
문제 해설 및 답안 p.42

> 　　西安，古称长安、京兆，是举世闻名的世界四大文明古都之一，是中国历史上建都时间最长、建都朝代最多的都城。是中华文明的发扬地、中华民族的摇篮、中华文化的杰出代表。因此，西安被称为"天然历史博物馆"。

A 西安建筑业不太发达

B 西安是历史悠久的古都

C 西安有中国最大的自然博物馆

D 西安是世界历史上最著名的城市

공략⚡스킬

스킬1 지문보다는 '보기'에 신경 쓰자
　① 보기는 영혼을 담아 꼼꼼하게 해석하자.
　② 단, '都' '只有' '必须' '一定要' '最'처럼 '단정 짓는' 보기는 무시해도 된다.

스킬2 지문은 전략적으로 '필요한 부분만' 읽고, '비슷한 보기'를 찾자
맨 마지막 부분 → 첫 줄의 끝자락에서 둘째 줄의 중간 → 첫 줄의 맨 앞부분

스킬3 모르는 표현은 모르는 대로
모르는 표현은 모르는 대로! '알파' '베타'로 치환하여 시험해석법으로 해결하자.

1 **보기는 영혼을 담아 꼼꼼하게 해석하자.**

보기를 확실하게 해석할 수 있다면, 지문이 아무리 어렵게 나와도 충분히 답을 찾을 수 있다.

2 **단, '都' '只有' '必须' '一定要' '最'처럼 '단정 짓는' 보기는 무시해도 된다.**

都(모두), 只有(~해야만), 必须(반드시), 一定要(반드시), 最(가장)와 같이 단정 짓는 어휘가 사용된 보기는 답이 아닐 확률이 매우 높다. 보기의 '最……(가장 ~하다)'는 대부분 지문에서 '最……之一(가장 ~한 것 중에 하나)'로 나오므로 답이 될 수 없는 경우가 대부분이다.

지문 정독은 시간과 에너지 낭비의 주범이다. 독해 제2부분은 총 10개 문항이다. 이 문제들을 모두 지문을 정독하여 풀려고 하면 시간과 에너지를 불필요하게 많이 낭비하게 된다. 이렇게 낭비한 시간은 독해 제3부분을 푸는 데 연쇄적으로 악영향을 끼치니, 독해 제2부분의 지문은 필요한 부분만 전략적으로 읽자! 지문에서 정답이 나오는 위치는 정해져 있다. 정리된 대로, ① → ② → ③ 순서로 보기와 대조해가며 읽어 보자★. 역대 데이터를 분석해 보면, 정답은 대부분 ①과 ②에서 출현한다. (*지문이 4줄 이상으로 길 경우 둘째 줄의 중간부터 셋째 줄의 앞자락에서도 답이 나올 수 있다.)

① 맨 마지막 부분 → ② 첫째 줄의 끝자락에서 둘째 줄의 중간 → ③ 첫 줄의 맨 앞부분

단, 지문의 소재가 '유머' '옛날 이야기'일 때는 위의 스킬이 적용되지 않기도 한다. 그때는 지문 전체를 읽어 봐야 하지만, 이런 경우에는 지문의 내용 자체가 쉬워서 속독이 가능하니 걱정하지 않아도 된다. 우선은 위에서 알려준 '① → ② → ③' 순서로 지문을 보자.

덧붙여, 실제 시험에서 독해 지문은 일정한 규격에 맞추어 출제된다. 위에서 소개한 스킬은 철저하게 실제 시험의 규격화된 지문에만 적용되는 것으로, 이 규격을 따르지 않고 제작된 시중의 일부 모의고사 문제에는 이 스킬이 적용되지 않는다.

★ 여기서 '읽어 보자'의 의미는?

지문에서 보기와 비슷한 느낌이 오는 부분을 찾기 위해, '해석을 하지 말고' 말 그대로 '읽어 보기만 하자'는 의미이다. ① → ② → ③ 순서대로 '읽어 보며' 어느 보기가 비슷한 느낌을 주는지 확인하면 된다. 지문과 정답간의 싱크로율은 문제에 따라 다르고, 싱크로율이 낮아서 해석이 필요한 경우도 어느 정도 존재한다. 아래 예시 문장들로 이해해 보자. 우리는 아래 문장들을 모두 해석해 보지 않아도, 어느 문장이 어느 문장과 관계가 있는지 바로 알 수 있다. 해석까지 꼼꼼히 해야 하는 유형은 비중이 매우 적으니, 걱정하지 말고 스킬대로 풀자.

읽어 보기만 한 예제 지문 속 ① ➡ ② ➡ ③	영혼을 담아 꼼꼼하게 해석을 끝낸 예제 보기
① 因此，西安被称为"天然历史博物馆"	A 西安建筑业不太发达 시안은 건축업이 그다지 발달하지 않았다
② 是中国历史上建都时间最长、建都朝代最多的都城	B 西安是历史悠久的古都 시안은 역사가 유구한 고도이다
③ 西安，古称长安、京兆，是举世闻名的世界四大文明古都之一	C 西安有中国最大的自然博物馆 시안에는 중국에서 가장 큰 자연박물관이 있다
	D 西安是世界历史上最著名的城市 시안은 세계 역사상 가장 유명한 도시이다

스킬 3 ⚡ 모르는 표현은 모르는 대로

모르는 표현은 모르는 대로! '알파' '베타'로 치환하여 시험해석법으로 해결하자. 독해 제2부분부터는 지문과 보기에 급수 외 단어나 5급 이상의 어려운 표현들이 등장한다. 그럴 땐 모르면 모르는대로 해석하는 '시험 해석법'이 필요하다.

예제 문제를 풀 때, 대부분이 '建都' '朝代'라는 단어들을 모르고 있었을 텐데, 이 단어들은 5급 수험 준비생 레벨에서 모를만한 단어이다. 이렇게 모르는 표현이 나왔을 때는 그 표현을 굳이 해석하려고 하지 말고, 편하게 알파, 베타로 바꿔서 해석하자. 아래와 같이만 해석해도 문제의 답은 충분히 알 수 있다.

是中国历史上建都时间最长、建都朝代最多的都城。
중국 역사상 '알파'시간이 가장 길고, '알파 베타'가 가장 많은 도성이다. [정식 해석: 시안은 역사가 유구한 고도이다.]

A 西安建筑业不太发达	A 시안은 건축업이 그다지 발달하지 않았다
B 西安是历史悠久的古都	B 시안은 역사가 유구한 고도이다
C 西安有中国最大的自然博物馆	C 시안에는 중국에서 가장 큰 자연박물관이 있다
D 西安是世界历史上最著名的城市	D 시안은 세계 역사상 가장 유명한 도시이다

보기 파악 해석 후 '最'를 사용하여 단정 짓는 보기(C, D)는 무시해도 좋다. 만약 어려운 어휘가 있어 해석이 잘 안 될 때는 시험 해석법을 활용하자.

---

③西安，古称长安、京兆，是举世闻名的世界四大文明古都之一，②是中国历史上建都时间最长、建都朝代最多的都城。是中华文明的发扬地、中华民族的摇篮、中华文化的杰出代表。①因此，西安被称为"天然历史博物馆"。

고대에는 '长安(장안)'과 '京兆(경조)'라고 불리던 시안은 세계적으로 유명한 세계 4대 문명 고대 도시 중 하나이며, 중국 역사상 수도로 삼은 시간이 가장 길고, 수도로 삼은 왕조가 가장 많은 도성이다. 중화 문명의 발전지이자 중화 민족의 요람으로, 중화 문화의 걸출한 대표이다. 이 때문에, 시안은 '천연역사 박물관'으로 불린다.

문제 풀이 독해 제2부분 풀이 스킬을 기억하자. '맨 마지막 부분(①) → 첫째 줄 끝~둘째 줄 중간(②) → 첫줄 맨 앞부분(③)' 순서대로 읽어 보고 보기 중에 가장 비슷한 보기를 고르면 된다.

① 맨 마지막 부분 : 비슷한 보기가 없으므로 다음 단계로.

　因此，西安被称为"天然历史博物馆"

　　　↓

② 첫 줄의 끝자락~둘째 줄의 중간: 보기 B가 비슷해 보이니 해석까지 해 보자. 해석까지 해 보니 답은 확실히 B이다.

　是中国历史上建都时间最长、建都朝代最多的都城

　중국 역사상 수도로 삼은 시간이 가장 길고, 수도로 삼은 왕조가 가장 많은 도성이다

　🔍 [지문] 是中国**历史**上建都**时间最长**、建都**朝代最多**的都城 → [보기] B 西安是**历史悠久**的古都

③ 첫 줄의 맨 앞부분: ②에서 정답을 찾았으므로, 굳이 읽을 필요 없다.

　西安，古称长安、京兆，是举世闻名的世界四大文明古都之一

정답 B 西安是历史悠久的古都 시안은 역사가 유구한 고도이다

PART 3
독해 제3부분

전체 지문을 다 해석하려 하지 말자! 독해 제3부분은 독해해야 할 지문의 분량이 많고 문장의 수준 또한 높아서 수험생들이 까다로워 하는 영역이다. 하지만 아래의 공략 스킬만 잘 이해하면 오히려 독해 파트에서 가장 쉬운 파트가 될 것이다!

문제 해설 및 답안 p.46

> 沈括小时候上学时，读了一首白居易的诗《大林寺桃花》。当读到《大林寺桃花》里的"人间四月芳菲尽，山寺桃花始盛开"这句时，沈括的眉头拧成了一个结，"为什么同样是桃花，4月其他地方的桃花都谢了，山上的桃花才开始盛开呢？"这个问题一直萦绕在沈括的心头，下课后他跟几个同学一起讨论起来，但谁都说不出个所以然来。
>
> 几天后，沈括一行人就往山里去寻找答案。4月的山上，乍暖还寒，凉风袭来，冻得人瑟瑟发抖，沈括茅塞顿开，原来山上的温度要比山下低很多，花季也比山下来得晚，所以山下的桃花都谢了，而山上的桃花还在盛开呢。
>
> 正是有了这种"打破砂锅问到底"的精神，沈括的学问才得以不断地增长。凭借这种求索和实证的精神，长大后的沈括写出了被誉为"中国古代百科全书"的《梦溪笔谈》。

1 划线句子"眉头拧成了一个结"是形容沈括：

　　A 很激动　　　　　　　　　　　B 心存疑问

　　C 十分委屈　　　　　　　　　　D 极不耐烦

2 沈括一行人上山是为了：

　　A 采摘梨子　　　　　　　　　　B 体验山中的生活

　　C 寻找诗中所描写的美景　　　　D 找出山上开花晚的原因

3 关于沈括，下列哪项正确？

　　A 喜欢养花　　　　　　　　　　B 是一位诗人

　　C 小时候很天真　　　　　　　　D 是《梦溪笔谈》的作者

4 上文主要想告诉我们：

　　A 要懂得互相理解　　　　　　　B 要学会谦虚

　　C 要有求知精神　　　　　　　　D 思考问题要全面

> **스킬 1** **先 문제 后 지문**
> 질문과 보기를 먼저 파악한 후, 지문을 본다. 문제는 항상 순서대로!
>
> **스킬 2** **문제의 특성과 유형 파악부터**
> 문제의 유형은 6가지! 유형별 출제 특징 파악해서 '읽는 범위'를 최소화하자.
>
> **스킬 2** **지문은 필요한 부분만 독해한다**
> 지문에서 질문을 유추할 수 있는 부분을 찾고, 그 앞뒤만 해석하면 OK
>
> **스킬 4** **모르면 모르는 대로**
> 3부분에서도 어김없이 필요한 '시험 해석'

스킬 1 ⚡ 先 문제 后 지문

질문 없이 '보기'로만 구성되어 있는 독해 제1부분, 독해 제2부분과 달리, 독해 제3부분의 문제는 '질문'과 '보기'로 되어있다. 독해 제3부분을 풀 때는 무조건 '질문'과 '보기', 즉 '문제'에 대한 파악을 먼저 끝내고, 지문을 봐야 한다. 문제를 파악할 때는 지문에 딸린 모든 문항을 한꺼번에 파악하려 하지 말고, 한 문항씩 차례대로 파악하고 해결하자.

1번 문제의 '질문 & 보기' 파악 ➡ 지문 대조
　　　　　↓
2번 문제의 '질문 & 보기' 파악 ➡ 지문대조
　　　　　↓
　　　　……

스킬 2 ⚡ 문제의 특성과 유형 파악부터

아래 표에는 질문 유형에 따른 해결 포인트가 정리되어 있다. 해결 포인트에서는 양이 방대한 지문의 '어디를' '어떻게' 봐야 근거 내용을 빠르게 찾을 수 있는지를 다루고 있다. 정답을 맞출 수 있는 '근거 내용'은 일반적으로 지문에 문항 순서대로 등장한다. 즉, 지문에 1번 → 2번 → 3번 → 4번 문제 순서로 근거 내용이 나온다. 간혹, 문제 유형에 따라 나오는 위치가 바뀔 수는 있다. (주의: 지문에 한 문제의 관련 내용이 나오고 그 다음 문제 관련 내용이 나오기까지의 간격은 짧을 수도 있고, 길 수도 있다.)

질문이 지문에 나오는 문제	**♀해결 포인트** '질문' 관련 내용을 찾고 그 앞뒤를 살피자.
	질문에서 묻고자 하는 내용을 명확하게 이해하는 것이 중요하다. '질문'과 '지문 속 질문 관련 내용'의 싱크로율이 다양해서, 질문에 쓰인 표현 그대로 지문에 대응시켜 찾으려고만 하면 싱크로율이 낮은 경우 찾기 어렵기 때문이다. 지문에서 '질문 관련 내용'을 찾았다면, 그 앞이나 뒤에 보기 4개 중 하나가 충분히 독해 & 유추 가능한 수준으로 출현한다. 질문 바로 앞뒤에 붙어 나올 수도 있지만, 상당한 간격을 두고 나올 수도 있다는 점을 유의하자.
밑줄 친 부분의 뜻을 묻는 문제	**♀해결 포인트** 밑줄 친 부분의 앞뒤를 살피자.
	대부분 '밑줄 친 부분'은 5급 레벨에서는 뜻을 알 수 없는, 높은 난이도의 '표현' '어휘' '고사성어'이다. 그러나, 밑줄 친 부분의 뜻을 유추할 수 있는 내용이 그 앞이나 뒤에 풀어서 설명되어 있으므로, 밑줄의 앞뒤만 잘 살피면 충분히 답을 맞출 수 있다. 〈질문 예시〉 "……"最可能是什么意思? '〜'는 아마도 어떤 뜻이겠는가? 画线词语 "……" 最可能是什么意思? 밑줄 친 어휘 '〜'는 아마도 어떤 뜻이겠는가?
질문 형식이 '关于+ⓝ'인 문제	**♀해결 포인트** ⓝ를 찾아 앞뒤만 살피자.
	이 유형은 몇 번째 문제로 나왔는가에 따라서 봐야 할 부분이 결정된다. ▶ 1번째 문제로 나올 경우: ⓝ가 언급되는 부분을 첫 줄부터 차례차례 찾아서 언급된 부분의 앞뒤와 보기를 대조한다. ▶ 2〜3번째 문제로 나올 경우: 앞 문제를 풀며 봤던 부분에서 해당 ⓝ가 나오는 부분을 찾아보자. 없다면 그 다음부터 ⓝ가 나오는 부분을 찾아서 그것의 앞뒤를 보며 보기와 대조한다.
질문 형식이 '根据上文……'인 문제	**♀해결 포인트** 앞 문제를 풀면서 봤던 부분을 먼저 살피자.
	이 문제는 3번째 혹은 4번째 문제로 자주 출제된다. 앞 문제를 풀면서 봤던 부분과 비슷한 보기가 있으면 그 보기가 정답이다. 이미 봤던 부분에서 답을 찾을 수 없다면, 그 다음 지문 내용을 더 읽어 보며 보기와 비슷한 부분을 찾으면 된다. (* 根据第……段 유형으로 나오는 경우도 있는데, 이 경우는 해당 단락만 보기와 대조하면 된다.)
'제목'을 묻는 문제	**♀해결 포인트** 가장 많이 언급된 표현은 무엇인지, 핵심 내용이 무엇인지 파악하자.
	이 문제는 1〜3번 문제를 풀면서 가장 많이 언급된 명사나 표현이 적절하게 섞여 있는 보기, 혹은 가장 핵심이 되는 내용이 들어가 있는 보기가 답이 된다.
'주제'를 묻는 문제	**♀해결 포인트** 마지막 단락을 본다.
	주제는 주로 마지막 단락의 끝줄에 등장한다. 마지막 줄에서 찾을 수 없다면, 마지막 단락의 첫 줄을 보자. (간혹 제일 첫 줄에 주제가 나오기도 하지만, 확률은 매우 낮다.)

독해 제3부분은 지문의 소재가 다양하고, 분량도 많으면서 난이도까지 상당히 높다. 그리고 출현하는 어휘들 역시 매우 방대해서, 지문의 모든 문장을 하나하나 해석하여 문제를 풀려고 한다면, 제한된 시간[20분] 안에 절대 20문제를 다 풀 수 없다. 그러니, 다짜고짜 지문을 해석하려 들지 말자. 문제의 질문이 지문의 어느 부분에 나오는지 찾고, 그 부분의 앞뒤만 해석하면 바로 답을 찾을 수 있다. 그리고 지문의 난이도가 아무리 높더라도, 질문과 정답에 해당하는 부분은 우리가 충분히 해석할 수 있는 수준으로 나오니까 겁먹지 말고 차분하게 읽어 보자★. 지문에서 문제의 질문에 해당하는 부분을 찾은 후, 그 앞뒤 문장만 살펴보면 해결되므로, 전체 지문을 모두 해석할 필요가 없다는 것은 예제 풀이에서 확인할 수 있다.

> **★ 여기서 '읽어 보자'의 의미는?**
> 독해 제2부분에서 이야기한 것과 마찬가지로, 해석을 하면서 읽자는 것이 아니고, 어디에서 질문이 나오는지를 찾기 위해서 읽는 것이다. 스킬 2에서 소개한 문제 유형별 해결 포인트에 맞게, 지문의 첫 줄부터 혹은 지문의 중간부터 쭉 읽어 내려가자. 중간중간 어려운 표현들이 많겠지만, 평정심을 유지하며 차분하게 읽다 보면, (해석을 하지 않은 상태에서도) 질문과 비슷한 느낌이 드는 부분을 반드시 찾을 수 있다. 이때, '그 부분+주변부'만 해석해 보고, 비슷한 보기를 찾으면 된다.

스킬 4 ⚡ 모르면 모르는 대로

문제의 '질문'을 해석할 수 있다면, 지문에 출현하는 '질문과 정답에 해당하는 부분'도 충분히 해석할 수 있다. 하지만 간혹 그렇지 않은 경우가 생기기도 하는데, 그럴 때에는 '시험 해석'으로 충분히 해결할 수 있다.

- 모르는 단어를 '알파' '베타'로 치환

正是有了这种"打破砂锅问到底"的精神

시험 해석: 바로 이러한 "(알파) 끝까지 물어보는" 정신이 있었기에
정식 해석: 바로 이러한 "꼬치꼬치 캐묻는" 정신이 있었기에

- 모르는 단어를 한 글자씩 나눠서 해석

要有求知精神

시험 해석: 지식을 구하는 정신을 가져야 한다.
정식 해석: 지식 탐구 정신을 가져야 한다.

📍예제 에 스킬 적용 ▶️

1 划线句子"眉头拧成了一个结"是形容沈括:	밑줄 친 문장 '眉头拧成了一个结'가 형용하는 것은 심괄이:
A 很激动　　　B 心存疑问 C 十分委屈　　　D 极不耐烦	A 감격하다　　　B 의문을 품다 C 매우 억울하다　　　D 성가시다

문제 풀이   '为什么……呢?'를 통해 '의문'과 관련 있는 뜻임을 유추할 수 있다. 보기와 대조해 봤을 때, 유추한 내용과 가장 관련도가 높은 보기 B가 답이다.

🔎 [지문] 沈括的眉头拧成了一个结，"为什么同样是桃花，4月其他地方的桃花都谢了，山上的桃花才开始盛开呢?" → [보기] B 心存疑问

정답   B 心存疑问 의문을 품다

---

2 沈括一行人上山是为了:

A 采摘梨子

B 体验山中的生活

C 寻找诗中所描写的美景

D 找出山上开花晚的原因

심괄 일행이 산에 오른 목적은:

A 배를 따려고

B 산 중의 생활을 체험하려고

C 시에 묘사된 절경을 찾으려고

D 산 위에 꽃이 핀 이유를 찾으려고

문제 풀이   지문의 '沈括一行人就往山里去'에 질문 내용이 드러나 있다. 질문 내용이 나온 앞뒤를 살펴보자. 바로 뒤에 이어지는 말 '寻找答案'이 보기 D의 내용과 일치하므로 답은 D이다.

🔎 [지문] 几天后，沈括一行人就往山里去…… → [질문] 沈括一行人上山是为了:

🔎 [지문] 几天后，沈括一行人就往山里去寻找 答案。 → [보기] D 找出 山上开花晚的原因

정답   D 找出山上开花晚的原因 산 위에 꽃이 핀 이유를 찾으려고

---

3 关于沈括，下列哪项正确?

A 喜欢养花

B 是一位诗人

C 小时候很天真

D 是《梦溪笔谈》的作者

심괄에 대하여, 아래 중 알맞은 것은?

A 꽃 기르기를 좋아한다

B 시인이다

C 어렸을 때 천진했다

D 『梦溪笔谈』의 저자이다

문제 풀이   1번, 2번 문제를 풀며 봤던 부분에서 '沈括'가 나오는 부분을 찾아 보기와 대조해 보고, 없다면 2번 문제를 풀기 위해서 봤던 부분 다음부터 '沈括'가 나오는 부분을 찾는다. 마지막 줄의 '沈括写出了……《梦溪笔谈》'을 통해서 답이 D라는 것을 알 수 있다.

🔎 [지문] 沈括写出了……《梦溪笔谈》 → [보기] D 是《梦溪笔谈》的作者

정답   D 是《梦溪笔谈》的作者 「梦溪笔谈」의 저자이다

---

4 上文主要想告诉我们:

A 要懂得互相理解

B 要学会谦虚

C 要有求知精神

D 思考问题要全面

윗글에서 주요하게 우리에게 알려 주려는 것은:

A 서로 이해할 줄 알아야 한다

B 겸손을 배워야 한다

C 지식을 탐구하는 정신을 가져야 한다

D 문제를 탐구할 때는 전면적으로 봐야 한다

🔍 [지문] 正是有了这种"打破砂锅问到底"的精神 ➡ [보기] C 要有求知精神

정답   C 要有求知精神 지식을 탐구하는 정신을 가져야 한다

글자: 질문을 찾기 위해 읽기만 하는 부분 | **글자** 문제의 '질문'에 해당하는 말 | 글자 정답인 보기에 해당하는 말

沈括小时候上学时，读了一首白居易的诗《大林寺桃花》。当读到《大林寺桃花》里的"人间四月芳菲尽，山寺桃花始盛开"这句时，沈括的 ¹眉头拧成了一个结，"为什么同样是桃花，4月其他地方的桃花都谢了，山上的桃花才开始盛开呢？"这个问题一直萦绕在沈括的心头，下课后他跟几个同学一起讨论起来，但谁都说不出个所以然来。

几天后，²沈括一行人就往山里去寻找答案。4月的山上，乍暖还寒，凉风袭来，冻得人瑟瑟发抖，沈括茅塞顿开，原来山上的温度要比山下低很多，花季也比山下来得晚，所以山下的桃花都谢了，而山上的桃花还在盛开呢。

⁴正是有了这种"打破砂锅问到底"的精神，沈括的学问才得以不断地增长。凭借这种求索和实证的精神，长大后的 ³沈括写出了被誉为"中国古代百科全书"的《梦溪笔谈》。

심괄이 어려서 공부를 할 때, 백거이의 시 「대림사도화」를 읽었다. 「대림사도화」의 '세상은 4월이면 화초 향기가 다하지만, 산사에는 복숭아꽃이 한창이구나.'라는 구절을 읽을 때, ¹심괄은 눈썹을 찌푸리며, "왜 똑같은 복숭아꽃인데, 4월에 다른 지역의 복숭아꽃들은 다 졌지만, 산속 복숭아꽃은 가득 피기 시작하는 것일까?"하며 매우 궁금해했다. 이 문제는 줄곧 심괄의 마음속을 맴돌았고, 수업이 끝난 후 몇몇 학우들과 토론을 했지만, 누구도 그렇게 된 까닭을 말하지 못했다.

며칠 후, ²심괄 일행은 답을 찾으러 산속으로 갔다. 4월의 산은 갑자기 따뜻해졌다가 다시 추워지고, 쌀쌀한 바람이 불어서 오들오들 떨 정도로 추웠다. 심괄은 순간 원래 산속의 온도는 산 아래보다 매우 낮고, 꽃이 피는 계절도 산 아래보다 늦게 오고, 그래서 산 아래의 복숭아꽃은 다 졌지만, 산속의 복숭아꽃은 여전히 가득 피워진 것이라는 것을 깨치게 되었다.

⁴바로 이러한 '끝까지 따져 묻는' 정신이 있었기에, 심괄의 학문은 끊임없이 늘어났다. 이러한 탐색하고 실증하는 정신을 기반으로 어른이 된 ³심괄은 '중국 고대 백과전서'라고 불리우는 「몽계필담」을 써 냈다.

앞으로 풀게 된 연습 문제의 정답을 맞히기 위해 알아야 하는 최소한의 어휘로, 급수에 상관없이 정리하였다. 아래 정리된 어휘로 자신의 어휘 수준을 테스트해 보자. 모르는 어휘가 너무 많다면 아직 문제를 풀어서는 안 된다. 약 50%가 암기 족보에서 이미 다룬 표현이니, 암기 족보 어휘만 잘 암기했어도 적어도 반 이상은 알 수 있다.

始终 shǐzhōng 부 줄곧, 시종일관	简直 jiǎnzhí 부 그야말로/전혀
极其 jíqí 부 대단히	观察 guānchá 동 관찰하다
展开 zhǎnkāi 동 전개하다	体验 tǐyàn 동 체험하다
采取 cǎiqǔ 동 채택하다, 취하다	保护 bǎohù 동 보호하다
控制 kòngzhì 동 제어하다	保持 bǎochí 동 유지하다
改善 gǎishàn 동 개선하다	灵活 línghuó 형 민첩하다/융통성 있다
周围 zhōuwéi 명 주위	本质 běnzhì 명 본질
规矩 guīju 명 규칙	规律 guīlǜ 명 규율
形势 xíngshì 명 형세	早晚 zǎowǎn 부 조만간
照常 zhàocháng 부 평소대로	曾经 céngjīng 부 일찍이
假如 jiǎrú 접 만약에	预报 yùbào 동 예보하다
报道 bàodào 동 보도하다	推荐 tuījiàn 동 추천하다
谈判 tánpàn 명 교섭 동 협상하다	慌张 huāngzhāng 형 당황하다
立刻 lìkè 부 즉시	改正 gǎizhèng 동 개정하다
承认 chéngrèn 동 승인하다	类似 lèisì 동 유사하다
企业家 qǐyèjiā 명 기업가	创新 chuàngxīn 명 혁신, 창의성
有待 yǒudài 동 ~할 필요가 있다/요구되다	提高 tígāo 동 끌어올리다
相对 xiāngduì 부 비교적 형 상대적이다	有限 yǒuxiàn 형 유한하다, 한계가 있다
建设 jiànshè 동 건설하다	美好 měihǎo 형 아름답다
目的 mùdì 명 목적	贫困 pínkùn 형 빈곤하다
儿童 értóng 명 아동	传统 chuántǒng 명 전통 형 전통적이다
装饰 zhuāngshì 명 장식 동 장식하다	费用 fèiyòng 명 비용
直接 zhíjiē 명 직접	接受 jiēshòu 동 받아들이다
达到 dádào 동 도달하다	效果 xiàoguǒ 명 효과
具有 jùyǒu 동 구비하다	一定 yídìng 형 일정한 부 반드시

有利于 yǒulìyú ~에 이롭다	减少 jiǎnshǎo 동 감소하다
危害 wēihài 동 해를 끼치다	有益 yǒuyì 형 유익하다
投资 tóuzī 동 투자하다	风险 fēngxiǎn 명 리스크
充分 chōngfèn 형 충분하다	实际 shíjì 명 실제
制定 zhìdìng 동 제정하다	重视 zhòngshì 동 중시하다
需求 xūqiú 명 요구	取得 qǔdé 동 얻다, 취득하다
平衡 pínghéng 형 균형이 맞다, 균형이 잡히다	根据 gēnjù 개 ~에 근거하여 동 근거하다
连续 liánxù 동 연속하다, 계속하다	茶叶 cháyè 명 차, 찻잎
产地 chǎndì 명 생산지	消费 xiāofèi 동 소비하다
专门 zhuānmén 부 전문적으로	种植 zhòngzhí 동 재배하다
流通 liútōng 동 유통하다	激动 jīdòng 동 감격하다/감동하다/흥분하다
恶劣 èliè 형 열악하다	稀少 xīshǎo 형 희소하다, 드물다
舒适 shūshì 형 편안하다	艰苦 jiānkǔ 형 힘들고 어렵다
单独 dāndú 부 단독으로	遇事 yùshì 동 일이 생기다/뜻밖의 사고를 당하다
悲观 bēiguān 형 비관적이다	争取 zhēngqǔ 동 쟁취하다, 얻어 내다
适应 shìyìng 동 적응하다	吓跑 xiàpǎo 동 놀라 도망가다
经过 jīngguò 동 거치다, 경유하다	不断 búduàn 부 끊임없이
奋斗 fèndòu 동 분투하다	翅膀 chìbǎng 명 날개
本领 běnlǐng 명 수완, 재능	分布 fēnbù 동 분포하다
种类 zhǒnglèi 명 종류	缺少 quēshǎo 동 부족하다
躲开 duǒkāi 동 피하다	天敌 tiāndí 명 천적
同伴 tóngbàn 명 동료, 벗	和平 hépíng 명 평화 형 평화롭다
象征 xiàngzhēng 명 상징 동 상징하다	树叶 shùyè 명 나뭇잎
听觉 tīngjué 명 청각	极为 jíwéi 부 아주
灵敏 língmǐn 형 재빠르다, 영민하다	面临 miànlín 동 직면하다
善于 shànyú 동 ~를 잘하다	惊人 jīngrén 형 사람을 놀라게 하다
昆虫 kūnchóng 명 곤충	缺乏 quēfá 동 부족하다
逐渐 zhújiàn 부 점점	无处 wúchù 동 ~할 곳이 없다
艰难 jiānnán 형 곤란하다, 어렵다	境地 jìngdì 명 경지, 지경, 상황

독해 제1부분

빈칸에 알맞은 보기를 고르세요.

1–3.

　　猫头鹰的眼睛大，眼珠却不会转动。但是猫头鹰的头部__1__灵活，可以旋转270度左右。如果把这个旋转角度加上它眼睛本身的视角，猫头鹰几乎就具有360度的视野了。在鸟类甚至所有的动物中，算是头部最灵活的种类之一。猫头鹰头部的这一特征使它用不着移动身体，只转动头部即可__2__周围的情况。这非常有利于它在寂静的夜里__3__安静，避免惊动附近的猎物。

1	A 始终	B 突然	C 简直	D 极其
2	A 观察	B 展开	C 体验	D 采取
3	A 保护	B 控制	C 保持	D 改善

4–7.

　　大熊猫的学名其实叫"猫熊"，意思是"像猫的熊"，也就是说它__4__上类似于熊，而外貌相似于猫。严格地说，"熊猫"是错误的名词。那么这一错误的称呼是怎么来的呢？原来，早年间四川重庆市北碚博物馆__5__展出过"猫熊"的标本，说明牌自左向右横写着"猫熊"两个字。可是，当时报刊的横标题习惯于自右向左认读的，所以记者们便在__6__中把"猫熊"误写成了"熊猫"。"熊猫"这一称呼经媒体广泛传播后，人们说惯了，也就很难纠正过来了。于是，__7__，称"猫熊"为"熊猫"了。

4	A 本质	B 规矩	C 规律	D 形势
5	A 早晚	B 照常	C 曾经	D 假如
6	A 预报	B 报道	C 推荐	D 谈判

7　A 记者们十分慌张　　　　　　　　B 大家就将错就错

　　C 人们立刻改正过来　　　　　　　D 科学家不愿承认自己错了

지문의 내용과 일치하는 보기를 고르세요.

8 一般而言，企业家是为了利润才创办企业的。而有些企业家创办企业却以解决 社会问题为出发点，这些人被称为"社会企业家"。社会企业家为理想所驱动，具有持续的开拓与创新精神，肩负着企业责任、行业责任与社会责任，为建设一个更好的社会而努力。

A 很多企业家的创新能力有待提高

B 小型企业成长空间相对有限

C 社会企业家以建设美好社会为目的

D 企业家应多捐助贫困儿童

9 在传统的家居装饰中，画儿一般是挂在墙上的。然而，随着崇尚个性的家居装饰潮流来袭，直接在墙上绘出各种图案以达到装饰效果的手绘墙画，不仅以其无拘无束、天真烂漫的特点征服了人们，更让家居装饰进入了一个更加自由的时代。

A 传统的家居装饰费用较高

B 年轻人已经不习惯在墙上挂照片

C 手绘墙画是直接画在墙上的

D 手绘墙画现在还不被人们接受

10 沙尘天气并不完全一无是处，它也有有益的一面。沙尘可以中和大气中的酸性物质，减少酸雨的危害。而且沙粒中含有铁等物质，当它们沉降下来后，可以成为海洋生物的养分，有利于近海地区养殖业的发展。

A 沿海地区沙尘天气一般很少见

B 沙尘天气具有一定的好处

C 沙尘天气多发生在夏天

D 沙尘暴一般随酸雨一起出现

11 正虽然很多家庭已经认识到了理财的重要性，但究竟应该如何制定理财方案呢？由于每个家庭的情况不尽相同，量体裁衣是十分必要的，也就是说家庭理财方案应该是根据家庭的实际收支情况来定。总体而言，一份合理的理财方案应该在收益、风险与流动性需求上取得一定的平衡。

A 个人投资风险较大

B 理财方案应充分考虑实际情况

C 理财方案必须由专业人士制定

D 理财还未受到人们的重视

12 经常会有人疑惑，上海不产茶叶，怎么会连续举办十八届国际茶文化节？若您有闲暇，在上海闸北区走一走，相信就会找到答案。无论是步行还是坐车，到处都可以寻觅到您心仪的茶叶。上海不产茶叶，却是中国最大的茶叶消费与流通城市。

A 上海是世界最大的茶叶产地

B 上海的茶叶消费量很大

C 上海闸北区专门种植茶叶

D 上海的茶叶多销往国外

지문의 내용에 근거하여, 질문에 대한 답을 고르세요.

13-16.

　　一群野雁落在公园的湖边，它们打算就在这里生活，到了秋天再回南方过冬。公园里的游客见到大雁都很惊喜，纷纷掏出一些食物丢给它们。一开始那群大雁不知道游客丢的是什么东西，"哗"地一声全吓跑了。等游客走了以后，它们才慢慢地靠近那些食物，美美地品尝起来。

　　后来，大雁知道游客对它们没有威胁，每当游客丢下食物时，便争先恐后地一哄而上。日子久了，大雁就以游客给的食物为生，一个个长得圆滚滚的。秋天来了，大雁们还是过着安逸的生活。它们不再想去南方，因为飞那么远太累。

　　到了冬天，大雪下个不停，游客日渐稀少。冷风不断地从羽毛里透进去，大雁冻得直发抖，再加上食物越来越少，它们又冷又饿。有几只试图往南方飞，但沉重的身躯和寒冷的天气让它们没飞多远就折了回来。它们紧紧地依偎在一起，怀念去年的这个时候。

　　贪图安逸的人总会因小失大。幸福是要经过自己不断地努力和奋斗得来的，而不是依靠别人的施舍才有的。

13　一开始面对游客给的食物，大雁：

　　A 很激动　　　　　　　　　　B 不敢吃

　　C 很感谢　　　　　　　　　　D 觉得难吃

14　大雁为什么不想回南方了？

　　A 南方气候恶劣　　　　　　　B 南方食物稀少

　　C 南方越来越冷　　　　　　　D 它们习惯了舒适的生活

15　根据第3段，下列哪个正确？

　　A 大雁过得很艰苦　　　　　　B 大雁的羽毛很耐寒

　　C 大雁不喜欢单独行动　　　　D 有些大雁成功飞到了南方

16　上文主要想告诉我们什么？

　　A 不要过分追求完美　　　　　B 遇事不要悲观

　　C 幸福要靠自己争取　　　　　D 学会适应环境

17–20.

鸟类中，与人类关系最亲密的当属燕子。几千年里，中国人一直把燕子视为吉祥与美好的象征，十分乐意让燕子在自家屋檐下筑巢"定居"。

燕子体态轻盈，两翼狭长，善于飞行。它飞行速度极快，喜欢俯冲疾驰，忽上忽下，时东时西，能在比自己身体长度还小的距离内做90度转弯，绝对是鸟类中的"飞行高手"。

燕子是鸟类家族中的"游牧民族"。每当秋天来临，它们就成群地飞向南方；等到第二年春暖花开时，又飞回原来生活的地方。不管路途多远，它们总能靠着惊人的记忆力返回故乡。人们大都认为是北方冬天的寒冷使燕子"背井离乡"的，其实不然。

燕子以昆虫为食，且习惯于在空中捕食飞虫。可是，北方的冬季没有飞虫可供燕子捕食。食物的缺乏使燕子不得不每年秋去春来，南北迁徙。

燕子一般在4至7月"返乡"。返乡后，头一件大事便是建造自己的家园，有时补补旧巢，有时建个新巢。它们衔来泥土、草茎、羽毛等，再混上自己的唾液，不久，一个个碗形巢便出现在很多屋檐下了。

然而，随着平房逐渐减少、高楼大厦日益增多，现代建筑的封闭式格局正使燕子逐渐陷入无处筑巢安家的艰难境地。

17　关于燕子，可以知道：

　　A　翅膀较宽　　　　　　　　B　不喜欢群居

　　C　飞行本领强　　　　　　　D　在夜间活动

18　根据第3段，可以知道：

　　A　鸟类一般分布在南方　　　B　鸟的种类稀少

　　C　燕子记忆力好　　　　　　D　燕子只有一个住处

19　燕子为什么不在北方过冬？

　　A　缺少食物　　　　　　　　B　想躲开天敌

　　C　气候恶劣　　　　　　　　D　同伴不多

20　根据上文，下列哪项正确？

　　A　燕子是和平的象征　　　　B　燕子最爱用树叶筑巢

　　C　燕子的听觉极为灵敏　　　D　如今燕子面临安家难题

书写
쓰기

숨은 점수 찾아 주는

기본 자세⚡바로잡기

① 쓰기 제1부분

경우의 수가 매우 적으니, 문법을 모른다고 겁 먹을 필요 없다

쓰기 제1부분 문제는 임의로 가감을 할 수 없고, 주어진 형태만 가지고 문장을 만들어야 한다. 그리고 완성된 문장은 거의 대부분이 단문이다. 그래서 문장을 만들때, 경우의 수가 거의 없다. 즉, 이렇게 해도 말이 되고, 저렇게 해도 말이 되는 경우는 거의 없다고 보면 된다.

문법보다는 단어가 먼저다

쓰기 제1부분의 문법적 요소는 생각보다 크지 않다. 문제만 보고도 어느 문법이 사용된 것인지 간파할 수 있게 출제되기 때문에, 문법은 간단히 공식화해서 암기하는 것만으로 충분히 대비 가능하다. 하지만, 문법을 아무리 잘 알아도 문제를 구성하는 단어의 뜻을 모른다면 문제를 풀 수 없다. 그러니 문법에 너무 연연하지 말고, 5급 어휘를 확실하게 외우는 것이 쓰기 제1부분의 필승 포인트이다.

② 쓰기 제2부분

본인의 실력을 빨리 인정하고 '선택과 집중'을 하자

5급 준비 기간은 평균적으로 2~3개월이다. 이 기간 동안 작문 실력을 눈에 띄게 끌어올리기란 정말 어렵다. 230점 이상의 고득점을 해야 하는 경우가 아니라면, 다른 영역에 더 집중해서 최대한 점수를 뽑아내는 것이 현실적이고 효과적인 방법이다. 따라서 우리 교재에서는 쓰기 제2부분보다는 쓰기 제1부분에 더욱 중점을 두도록 하겠다. 그래도 쓰기 제2부분을 포기할 수 없다면 쓰기 제2부분 공부 스킬 3가지를 숙지하자.

스킬⚡전수

문법을 잘 모르고, 작문 실력이 부족해도, 어휘가 받쳐 주고 〈PART 1 쓰기 제1부분〉에서 다루는 특수 문형 및 필수 문법들만 익히면 쓰기 제1부분은 충분히 해결할 수 있다. 〈PART 2 쓰기 제2부분〉에서는 단기간에 작문 실력을 향상시킬 수 있는 학습 방법을 중점적으로 소개하겠다.

PART 1
쓰기 제1부분

쓰기 제1부분 문제는 제시된 낱말을 어순에 맞게 배열해 내는 것이다. 즉, 수험생이 임의로 낱말을 가감하거나 변형시킬 수 없고, 주어진 그대로 문장을 완성해야 하므로, 고려해야 하는 경우의 수가 매우 적다. 앞으로 소개하는 3 STEP 풀이법만 잘 이해하면, 문법을 잘 몰라도 충분히 정답을 맞출 수 있다.

단, 기본적인 어휘 실력은 필수적으로 받쳐 줘야 한다. 쓰기 제1부분을 준비한다고 어설프게 문법책을 붙잡고 있기보다는, 5급 필수 단어를 하나라도 더 외우는 것이 훨씬 효율적이다. 듣기, 독해 연습 문제 앞에 정리된 '필수 어휘' '암기 족보' 어휘들만 잘 외워 두면 쓰기 제1부분까지 충분히 커버할 수 있다.

 예제

문제 해설 및 답안 p.66

严重	病虫害	要比	造成的损失	想象的

문법을 잘 몰라도 해결할 수 있는 *3STEP* 공략법

★★ **특수문형인지 확인하자**

각 문형을 대표하는 글자들만 찾으면 나머지는 공식으로 해결

STEP 1 **술어를 찾자**

기출 유형의 절반 이상이 술어 관련 문제이다. 술어만 잡으면 문제의 절반은 끝

STEP 2 **(부사어), (보어)를 찾자**

헷갈리는 부사어는 한국어 순서대로, 보어는 신경 안 써도 OK

STEP 3 **(관형어구), 주어, 목적어를 찾자**

주어와 목적어는 가장 나중에

우리가 문법을 어렵게 생각하는 이유는 어떤 상황에서 어떤 문법을 써서 표현해야 하는지 잘 모르기 때문이다. 하지만 쓰기 제1부분에서는 이미 어떤 문법을 쓴 것인지 드러나 있기 때문에 겁먹을 필요가 없다. 특수문형 문제는 해석이나 뜻을 몰라도, 공식대로 나열하기만 하면 다 맞출 수 있는 문제들이기 때문에, 반드시 각각의 대표 단어와 공식을 외워 두자. 아래 특수 문형에 대해서는 p.230에 좀 더 자세히 정리되어 있다.

특수문형	대표 단어	공식
把자문	개사 把 / 将	A + 把/将 + B + 동사 + 기타성분
被자문	개사 被	A + 被 + B + 동사 + 기타성분
겸어문	개사 让 / 使 / 令	A + 让/使/令 + B + 술어
정도보어	조사 得	공식(1): ⓥ술어 + 得 + ⓐ句 공식(2): ⓐ술어 + 得 + ⓥ句
비교문	개사 比	A + 比 + B + 술어
	동사 有 / 没有	A + 有/没有 + B + ⓐ술어
완료	조사 了	ⓥ了 + 수사 + 양사 + ⓝ/ⓥ/ⓐ + 的 + ⓝ
존현문	조사 着	장소 + ⓥ着 + 목적어
	동사 有	A(장소) + 有 + B(불특정한 사물)
특수한 표현	동사 在	A(특정한 사물) + 在 + B(장소)
	동사 是	A 是 B

STEP 1 ⚡ 술어부터 잡자

중국어는 술어를 가장 중요하게 여기는 언어이다 보니, 쓰기 제1부분에서도 술어가 문제의 핵심이 되는 비율이 다른 경우에 비해 압도적으로 높다. 순전히 동사술어, 형용사술어 자체가 풀이 포인트가 되는 문제의 비율만 봐도 35%가 넘는다. [*2013년도~2019년도 7년치 분량의 기출 분석 결과]

그러므로, 특수문형의 대표 단어가 문제에서 보이지 않는다면, 술어로 사용할 수 있는 것들을 찾아서 기본 어순에 따라 배열하자.

술어의 종류를 떠올려 보자! 술어는 동사술어, 형용사술어, 명사술어, 주술술어로 총 4가지가 있는데, 가장 출제 빈도가 높은 술어는 동사술어이고(약 60%이상), 그 다음이 형용사술어(35%정도), 주술술어(5%이하)이다. 명사술어는 5급 시험에 나오기에는 문장의 형태가 너무 짧다.

1 동사술어

동사술어의 출제 빈도가 가장 높으므로, 술어를 찾을 때는 가장 먼저 동사 어휘를 찾아 체크하자. 문제에서 바로 '동사'를 찾아낼 수 있는 어휘력을 갖추는 것이 기본이나, 동사를 파악할 수 없다면, '了/着/过'(동태조사)가 붙어 있는 단어가 대개 동사술어라는 점에서 힌트를 얻자.

동사+了	동사+了+목적어 *'동사+了'의 상세 특징은 p.235에서 확인하자.		他的方案取得了不错的效果。 그의 방안은 좋은 효과를 얻었다. 那间屋里摆满了花儿。 그 방 안에 꽃이 가득 놓여 있다.
동사+着	존현문	[장소]+동사+着+목적어 *상세 특징은 p.236에서 확인하자.	办公室墙上挂着一幅山水画。 사무실 벽에 산수화 한폭이 걸려 있다.
	상태의 지속	'동사+着'가 쓰였는데 '장소'가 없다면 상태의 지속.	他一直承受着巨大的压力。 그는 줄곧 엄청난 스트레스를 견뎌 왔다.
동사+过	빈출 활용 형태 √ 曾经 + 동사 + 过 √ 从来+没有+동사+过+(这么ⓐ+的)+ⓝ *从来没有는 从未로 줄일 수 있다.		他曾经担任过排球队的教练。 그는 일찍이 배구팀의 코치를 맡은 적이 있다. 这个领域我从未接触过教育。 이 영역은 내가 이제까지 교육을 접해 본 적이 없다.

참고로, 목적어를 가지는 경우의 '了'는 동태조사 '了'이지만, 마침표 앞에 나오는, 즉 문장 맨 끝에 나오는 '了'는 어기조사이다. HSK 문제에서 '了'가 결과보어와 같이 나오거나, '不能' 혹은 형용사 등과 같이 나오면 어기조사 '了'라고 생각하면 된다.

会议日期不能再推迟了。 회의 일자는 더 이상 미루면 안 된다.

这只狐狸真的太狡猾了。 이 여우는 정말로 너무 교활하다.

2 형용사술어

문제 중에 정도부사★가 있으면 그 문제의 술어는 형용사술어일 확률이 높다. 물론 일부 동사들(심리동사/감정동사)도 정도부사를 가지기 때문에 '期待' '后悔' '伤心' 등과 같은 심리동사나 감정동사가 나오는지도 확인해야 한다. 술어가 형용사로 확정되면, 형용사술어는 목적어가 없기 때문에 '정도부사+형용사술어'는 문장의 맨 마지막에 나온다. 시험에 출제되는 형용사술어문은 'A的B+정도부사+형용사'의 형태로 문장이 완성되는 경우가 많다.

营业执照的办理手续很麻烦。 영업 허가증의 수속 처리는 매우 귀찮다.

豆腐的营养价值格外高。 두부의 영양 가치는 매우 높다.

★ 정도부사란?

· 빈출 정도부사: 很 | 太 | 非常 | 挺 | 极 | 十分 | 格外 | 极其 | 极为 | 比较 | 相当 | 更加 | 颇 | 颇为……

· 有点儿/有些/越来越는 정도부사는 아니나 형용사술어 앞에 잘 붙는 표현이다.

· 极(정도부사)'는 '极了(정도보어)'와 구별한다. '极'가 '了' 없이 출현하면 형용사 앞에 넣는다. 极快 | 快极了

물론, '정도부사+형용사'는 관형어나 보어로도 쓰인다. '동사+了'나 '有' '동사+得' 등과 함께 나왔다면, 이 때의 '정도부사+형용사'는 관형어나 보어로 쓰인 경우다.

她去市场买了<u>很多</u>蔬菜。 그녀는 시장에 가서 많은 채소를 샀다. → 관형어

该胡同里有<u>很多</u>古老的建筑。 이 골목에는 많은 오래된 건물들이 있다. → 관형어

方案设计得<u>很详细</u>。 방안이 아주 상세하게 설계되었다. → 보어

3 주술술어

주술술어는 술어가 '주어+술어' 구조로 이루어져 있는 것을 말한다.

주어 + 술어

〈주어+술어〉

주술술어 관련 문제는 ⓢ1+〈ⓢ2+ⓥ〉 형식과 ⓢ1+〈ⓢ2+ⓐ〉 형식의 문제가 나오는데, 이 경우에는 한국어 어순인 '~는/은 ~가/이 ~한다'에 맞춰서 나열하면 된다. 주술술어 문제는 술어 관련 문제 중에서 출제 빈도가 낮으니 크게 신경 쓰지 않아도 된다.

ⓢ1+〈ⓢ2+ⓥ〉	这么高难度的手术<u>我第一次挑战</u>。 이렇게 고난도의 수술은 내가 처음 도전해 본다.
	这部电影<u>我们都看过</u>。 이 영화는 우리가 다 봤다.
ⓢ1+〈ⓢ2+ⓐ〉	互联网<u>对青少年影响巨大</u>。 인터넷은 청소년에게 영향이 아주 크다.
	张教授<u>对学生要求很严格</u>。 장 교수는 학생들에게 요구가 매우 엄격하다.
	*개사구는 주술술어 앞에 나온다.

STEP 2 술어를 수식하는 (부사어), (보어)를 찾아 배열하자

중국어의 문장은 술어를 기준으로 왼쪽으로는 주어, 오른쪽으로는 목적어로 확장되어 가고, 주어로 갈 때는 부사어, 목적어로 갈 때는 보어를 거쳐가야 한다. 부사어나 보어는 필수 성분은 아니므로, 문제에서 출현하지 않을 수도 있다.

주어 ← 부사어 ← 술어 → 보어 → 목적어

이런 특징을 쓰기 제1부분 문제에 대입해 보자. 술어를 가장 먼저 정하고, 그 다음에 부사어와 보어, 마지막으로 주어와 목적어 순으로 위치를 정하면 된다. 즉, 술어를 찾았다면, 그 술어를 수식해 주는 부사어나 보어가 쓰였는지 살펴봐야 한다.

부사어는 짧게 나오기는 하나 까다롭고 복잡해서, 실제 수험생들이 가장 많이 틀리는 부분이기도 하다. 보어는 정태보어를 제외하고 거의 대부분 술어와 붙어 나와서 크게 걱정하지 않아도 된다.

1 부사어

부사어는 술어의 앞에서 술어를 꾸며 주는 역할을 한다. 실제 언어 사용 환경에서 부사어는 매우 복잡하고 길어지곤 하지만, 쓰기 제1부분 문제에 주어지는 부사어는 짧다. 아래의 기본 어순을 토대로 접근하자. [*시간명사는 문장 앞에도 위치할 수 있다. 시험에서는 시간명사가 주어의 앞이나 뒤에 붙어 출제된다.]

① 부사어의 기본 어순

주어 + 시간명사 + 부사 + 조동사 + 개사구 + 술어
부사어

我	以后	还	能	跟你	联系吗?	내가 앞으로 계속 당신과 연락을 할 수 있을까요?
주어	시간명사	부사	조동사	개사구	술어+吗	

부사어

② 부사어 문제의 복병 '부사'

실제 언어 환경과 달리, 쓰기 제1부분에서 부사어는 길게 나올 수 없기 때문에 부사어로 나올 수 있는 성분들은 위에서 이야기한 '시-부-조-개'가 거의 전부이다. 다른 성분들은 비교적 위치가 고정되어 있지만, 부사는 부사 자체의 독특한 특성상 여러 개의 부사가 한꺼번에 등장하기도 하고, 부사어의 기본 순서를 지키지 않는 경우도 많다. 실제 시험에서도 이런 특징들 때문에 문제를 틀리는 경우가 많다. 다음에 정리된 내용을 숙지해서 문제에 적용해 보자.

부사 위치가 헷갈릴 때	**해결 포인트** 수식하는 대상이 어디까지인지 생각하자.
	该国的农业人口正在逐年减少。(○) 이 나라의 농업 인구는 해마다 감소하고 있다. 该国的农业人口逐年正在减少。(×) *지금 진행되는 것(正在)이 '감소(减少)'하는 것인지, '해마다 감소(逐年减少)'하는 것인지 생각해 보자. 黄金的价格一直在上涨。(○) 황금의 가격이 줄곧 오르는 중이다. 黄金的价格在一直上涨。(×) *줄곧 계속 되는 것(一直)이 '오르다(上涨)'인지, '오르는 중이다(在上涨)'인지 생각해 보자.
부사 나열 순서가 헷갈릴 때	**해결 포인트** 한국어 순서대로 나열하면 대부분 해결된다.
	不得不 + 重新 어쩔 수 없이 + 처음부터 다시 (○) 重新 + 不得不 처음부터 다시 + 어쩔 수 없이 (×) 已经 + 逐渐 이미 + 점점 (○) 逐渐 + 已经 점점 + 이미 (×)

③ 부사가 부사어의 기본 어순을 따르지 않는 경우

문장 맨 앞	문장 앞에 나오는 부사의 종류는 한정적이다. 难怪 ｜ 怪不得 ｜ 究竟 ｜ 到底 ｜ 幸亏 ｜ 难道 [*究竟, 到底, 难道는 주어 뒤에 나오기도 한다.] 怪不得大家都叫他胆小鬼。 어쩐지 모두들 그를 겁쟁이라고 부른다 했다. 究竟谁把花瓶打碎了? 도대체 누가 이 꽃병을 깨뜨렸어?
조동사 뒤	조동사가 꾸며 주는 대상이 어디까지인지 확인하자. 我一定会尽快完成这项工作。 → 조동사 + 부사 + 동사 나는 반드시 이 일을 최대한 빨리 완성할 것이다. 会议日期不能再推迟了。 → 조동사+부사+동사 회의 일자는 더 이상 늦추면 안 된다.
개사구 뒤	부사가 개사구 뒤에 나오는 경우는 대부분 형용사술어문이나, '把'자문, '被'자문이다. 他对球迷格外亲切。 → 개사구+부사+형용사 그는 축구 팬들에게 각별히 친절하다. 你最好把这个软件重新安装一下。 → 개사구+부사 너는 이 소프트웨어를 다시 설치하는 것이 좋겠다.

④ '헷갈리기 쉬운 부사어 어순' 빈출 문형으로 외우기

- 将 + 在/于…… 장차 (언제/어디)에서
- 不能 + 再 ⓥ 了 더 이상 ⓥ 안 된다
- 还 + 需要/要 + 再 + 进一步 + ⓥ 아직 더 진일보하여 ⓥ해야 한다
- 还 + 尽量 + ⓥ 여전히 최대한 ⓥ하다
- 还 + 在 + ⓥ 아직 ⓥ하는 중이다
- 真/简直 + 是 + 太……了 정말/그야말로 너무 ~하다
- 被……临时 + ⓥ 了 갑자기 ⓥ되어졌다
- 把……都/全…… ~를 전부 ~하다
- 把……重新…… ~를 다시 ~하다
- 并 + 不/没 결코 ~하지 않다/않았다
- 马上 + 就…… 곧 (바로) ~하다
- 立即/必须 + 得 + ⓥ 즉시/반드시 ⓥ해야 한다
- 一定 + 会/要 + 尽快 + ⓥ 반드시 최대한 빨리 ⓥ할 것이다/해야 한다
- 一定 + 会/要 + 尽量 + ⓥ 반드시 최대한 ⓥ할 것이다/해야 한다
- 一直 + 在 + ⓥ 줄곧 ⓥ하는 중이다
- 一直 + 在ⓝ + ⓥ 줄곧 ⓝ에서 ⓥ하는 중이다
- 一点儿 + 也/都 + 不 + ⓐ 조금 ~도 ⓐ하지 않다
- 一切/任何/所有 + ⓝ + 都 + ⓥ/ⓐ 일체의/어떤/모든 ⓝ가 다 ⓥ/ⓐ이다

2 보어

보어는 술어의 뒤에서 술어의 의미를 보충해 주는 역할을 한다. 보어류의 문법이 어려운 이유는 원어민이 아니고서는 어떤 상황에서 어떤 보어를 써야 하는지를 명확하게 알기 어렵고, 공식화해서 외우는 것도 거의 불가능하기 때문이다. 하지만 시험에서는 어떤 보어를 쓸 것인가를 정해 주기 때문에, <u>쓰기 제1부분에서는 보어에 대해서 신경 쓸 필요가 없다.</u> 단, 정태보어는 p.233 빈출 문법에서 확인하자!

결과보어	동작의 결과를 보충해 줌	找**到了** 찾았다 ㅣ 写**好了** 잘 썼다 放**在桌子上** 책상에 두다
방향보어	동작의 진행 방향을 보충해 줌	回**来了** 돌아왔다 ㅣ 跑**进来** 뛰어들어오다 想**起来** 떠올리다
가능보어	동작의 가능성을 보충해 줌	对**不起** 미안하다 ㅣ 对**得起** 미안하지 않다 差**不多** 차이 없다 ㅣ 差**得多** 차이가 많다
정도보어	형용사 뒤에 붙어서 정도가 상당함을 나타냄	好**极了** 매우 좋다
정태보어	동작[동사]이나 상태[형용사]가 일정 정도에 이르렀음을 나타냄	写**得很好** 잘 쓴다 委屈**得哭了起来** 너무 억울해 울기 시작했다
동량보어	동작의 횟수를 나타냄	看了**一遍** 한 번 봤다
시량보어	동작을 하는 데 걸린 시간을 나타냄	看了**一个小时** 한 시간 동안 봤다
(비교)수량보어	비교문의 형용사술어 뒤에 나옴	比我大**三岁** 나보다 세 살 많다

😺 한 걸음 더

'장소(처소사)'의 위치

명사 뒤에 '上' '下' '里' '中'과 같은 방위사가 붙어 있거나 붙여야 한다면, 그 단어는 장소명사(=처소사)가 된다. 이때 '在' '到' '往' 같은 개사가 있으면 장소는 그 뒤에 붙고, '在' '到' '往' 같은 개사가 없으면 장소는 문장 맨 앞으로 간다.

把充电器忘<u>在</u>卧室里了。 충전기를 침실에 놓고 왔다. → 개사(在) 뒤

墙上挂着一幅山水画。 벽에 산수화 한 폭이 걸려 있다. → 문장 맨 앞

1 관형어

관형어는 중심어(=피수식어)를 수식해 주는 성분이다. '관형어+중심어'의 조합은 주어와 목적어로 잘 출현하기 때문에, 주어와 목적어를 배열할 때 함께 생각하도록 하자. 관형어는 실제 언어 환경에서와 달리 쓰기 제1부분에서는 간단한 형태로 나오니, 아래 공식만 외우면 된다.

수사 + 양사 + 동사구/형용사구 + 的 + ⓝ 관형어	이 조합은 목적어로 잘 나온다. 蜜蜂是一种有益的昆虫。 꿀벌은 유익한 곤충이다.
소유 + (的) + 개사구 + 的 + ⓝ 관형어	이 조합은 사역문의 주어로 잘 나온다. 她对角色的把握真令人佩服。 그녀의 배역에 대한 자신감은 정말로 사람을 감탄하게 한다.
수사 + 양사 + ⓝ 관형어	이 조합은 목적어로 잘 나온다. 如何控制自己的心情是一门学问。 자신의 기분을 어떻게 제어하는가는 하나의 학문이다.
这/那 + (수사) + 양사 + ⓝ 관형어	이 조합은 '주어'나 '개사 把 뒤'에 잘 나온다. 医生竟然把这次机会放弃了。 의사는 뜻밖에도 이 기회를 포기했다.

2 주어, 목적어

중국어에서 '주어'와 '목적어'의 개념이 한국어와 다르기 때문에, 무작정 주어부터 찾아 써서는 안 된다. 항상 '(부사어)+술어+(보어)'를 우선적으로 배치한 후, 주어와 목적어는 마지막에 생각하도록 한다. 아래에는 '주어'와 '목적어' 관련 내용을 '초간단'하게 정리해 보았다.

① 중국어의 주어와 목적어는 위치로 결정한다.

주어는 술어 앞에, 목적어는 술어 뒤에 나온다. 목적어가 주어처럼 해석되는 존현문, 주어가 목적어처럼 해석되는 주술술어문 등은 관련 공식을 미리 알고 있어야 쓰기 제1부분에 문제로 나왔을 때 맞출 수 있다. 암기 족보에 정리된 빈출 문법들의 공식을 확실하게 외우고, 공식에 맞게 배열하자.

森林里住着一只老虎。 숲 속에 호랑이 한 마리가 살고 있다.

→ 한국어에서는 주어로 해석되지만, 중국어에서는 목적어이다.

② 주어와 목적어에 명사만 사용되는 것이 아니다.

주어와 목적어 자리에는 명사뿐만 아니라, 동사구, 형용사구, 주술구 등등 다양한 형식의 조합이 나온다. 시험에서는 '문장'이 주어나 목적어가 되는 문제가 잘 나온다.

不及时还款会影响个人信用。 제때 돈을 갚지 않으면 개인 신용에 영향을 줄 수 있다. → 주어

班主任再三强调要注意安全。 담임 선생님은 안전에 주의해야 한다고 거듭 강조했다. → 목적어

| 严重 | 病虫害 | 要比 | 造成的损失 | 想象的 |

★★ '比'가 있으므로 비교문 형식을 떠올리자.

✎ A + 比 + B + (更/还) + 술어   A는 B보다 (더) ~하다

STEP 1 비교문은 형용사와 일부 동사[*증감을 나타내는 동사]가 술어가 될 수 있다. 이 문제에서 술어는 '심각하다'라는 뜻을 나타내는 형용사 '严重'이다. 술어는 '比' 뒤에 위치한다.

✎ A + 要比 + B + 严重   A는 B보다 심각하다

STEP 2 술어를 찾았으니, 이제 A와 B에 올 말을 찾자. 우선 개사 '比' 뒤에 올 명사구 'B'를 찾자. 비교문의 특징에 따라 중심어가 생략된 '……的' 온다. 그러고나서, A에 올 말, 즉, 주어를 찾자. 비교문의 특징에 따라 중심어가 있는 문형 '造成的损失'가 주어 자리에 와야 한다. 남은 단어 '病虫害'의 위치를 찾자. 이 문장의 술어는 형용사이므로 목적어는 아닐 테고, 해석상 '병충해가 야기한 손실'이 돼야 하므로 '病虫害'는 '造成的损失' 앞으로 오면 된다.

✎ 病虫害造成的损失**要比**想象的**严重**。병충해가 야기한 손실이 상상했던 것보다 심각하다.

정답 病虫害造成的损失要比想象的严重。병충해가 야기한 손실이 상상했던 것보다 심각하다.

PART 2
쓰기 제2부분

HSK 5급 쓰기 제2부분에는 다음과 같이 두 가지 문제 형식이 출제된다. 첫 번째는 '제시어를 사용해 80자 내외로 작문하기'이고, 두 번째는 '사진 보고 80자 내외로 작문하기'이다.

유형 1 제시어를 사용해 80자 내외로 작문하기	유형 2 사진 보고 80자 내외로 작문하기
99. 请结合下列词语(要全部使用)，写一篇80字左右的短文。 游览、车坏了、生气、有意思、印象	100. 请结合这张图片写一篇80字左右的短文。

HSK 5급 수험생 중 제한 시간 안에 80자 분량의 글을 막힘 없이 작문해 낼 수 있는 사람은 아마 손에 꼽힐 것이다. 그리고 설령 분량을 채워 작문했다고 해도 그 결과물의 '문법적 오류' '오탈자' '문장간의 논리적 연결성' 등을 다 따져 보면, 쓰나마나 한 글을 쓴 사람들이 상당수일 것이다. 이는 우리가 여태까지 공부한 중국어가 대부분 짧은 회화체 문장이었고, 하나의 주제 아래, 여러 개의 문장을 논리적으로 연결해 글을 써 본 경험이 매우 적었기 때문이다.

일반적인 HSK 5급 수험 준비 기간은 2~3달이다. 정석적인 작문 연습으로 작문 점수를 높이기에는 준비 시간이 부족하다. 그렇다면 방법은 하나! '최대한 많은 모범 문장을 외우자.' 최소한의 시간을 들여 최대한 높은 성적을 내고 싶다면, 다양한 내용을 '써 보는 것'보다 모범 문장을 최대한 많이 '외우는 것'이 더 효과적이다. 아래에 소개한 공부 스킬을 읽고, p.240의 모범 예문을 외우고 활용하여 중작 수준을 향상시키길 바란다.

공부 스킬

스킬1 모범 문장을 외우자

스킬2 외운 문장을 변형 & 확장해 보자
- 1 상용 구문 활용하기
- 2 기본 문형 활용하기
- 3 부정형으로 바꾸기
- 4 '질문 + 답' 세트 만들기

스킬3 문장을 줄여 보자
- 1 보충적인 내용을 제거하자.
- 2 중복되는 내용을 제거하자.

스킬 1 ⚡ **모범 문장을 외우자**

중국어 작문 실력을 높이고 싶다면, 다짜고짜 작문부터 하려고 들지 말고, 정확한 문장들을 최대한 많이 외워서 중작을 위한 기본을 다지도록 하자. p.240에 정리된 작문 활용도가 높은 모범 예문을 반드시 외우자.

> **모범
> 문장**　一年四季中我最喜欢秋天了！北京的秋天非常美，很适合出去旅游。旅游可以使人改善紧张的工作状态、放松心情。现在的人们用旅游来放松心情已经成了一种普遍的现象。
>
> 일년사계절 중 나는 가을을 가장 좋아한다. 베이징의 가을은 매우 아름다워서 여행 다니기 매우 적합하다. 여행은 사람들로 하여금 긴장된 업무 상태를 개선시키고, 기분을 편하게 할 수 있다. 현재 사람들이 여행으로 기분을 편하게 하는 것은 이미 하나의 보편적인 현상이 되었다.

 스킬 2 ⚡ **외운 문장을 변형 & 확장해 보자**

이제는 앞서 외운 모범 문장을 활용할 차례다. 모범 문장을 변형하고 확장하는 연습을 해 보자!

> **모범
> 문장**　一年四季中我最喜欢秋天了！¹北京的秋天非常美，很适合出去旅游。²旅游可以使人改善紧张的工作状态、放松心情。³现在的人们用旅游来放松心情已经成了一种普遍的现象。
>
> 일년사계절 중 나는 가을을 가장 좋아한다. 베이징의 가을은 매우 아름다워서 여행 다니기 매우 적합하다. 여행은 사람들로 하여금 긴장된 업무 상태를 개선시키고, 기분을 편하게 할 수 있다. 현재 사람들이 여행으로 기분을 편하게 하는 것은 이미 하나의 보편적인 현상이 되었다.

상용 구문의 틀을 유지하며 주어나 목적어 등을 바꿔 본다든지, 외운 문장을 부정형 혹은 의문문 형식으로 바꿔 본다든지, 외운 문장이 답이 될 수 있는 질문 문장을 만들어 보는 식으로 연습해 보자. 모범 문장을 활용해 변형 & 확장해 보는 방법을 아래에 구체적으로 소개해 보겠다.

상용 구문 활용하기	³现在的人们用旅游来放松心情已经成了一种普遍的现象。 현재 사람들이 여행으로 기분을 편하게 하는 것은 이미 하나의 보편적인 현상이 되었다.
	변형① 현재 사회에서 이혼은 이미 하나의 보편적인 현상이 되었다. 　　　　当今社会离婚已经成了一种普遍的现象。
	변형② 이러한 위법 행위는 이미 하나의 보편적인 현상이 되었다. 　　　　这种违法行为已经成了一种普遍的现象。
	변형③ 학부모가 차로 아이를 등하교시켜 주는 것은 이미 하나의 보편적인 현상이 되었다. 　　　　家长开车接送孩子上下学已经成了一种普遍的现象。

기본 문형 활용하기	²旅游可以使人改善紧张的工作状态、放松心情。 여행은 사람들로 하여금 긴장된 업무 상태를 개선시키고, 기분을 편하게 할 수 있다.
	변형① 독서는 우리의 인생 경험을 더욱 풍부하게 할 수 있다. 读书能让我们的人生经历更加丰富。 변형② 친구의 위로는 나로 하여금 자신감을 회복하게 했다. 朋友的安慰能让我恢复自信。
부정형으로 바꾸기	¹北京的秋天非常美，很适合出去旅游。 베이징의 가을은 매우 아름다워서 여행 다니기 매우 적합하다.
	변형① 그곳의 가을은 조금 추워서, 여행 다니기에 그다지 적합하지 않다. 那里的秋天有点冷，不太适合出去旅游。 변형② 이 옷은 너무 캐주얼해서, 출근할 때 입기에는 그다지 적합하지 않다. 这件衣服太休闲了，不太适合上班穿。
'질문+답' 세트 만들기	²旅游可以使人改善紧张的工作状态、放松心情。 여행은 사람들로 하여금 긴장된 업무 상태를 개선시키고, 기분을 편하게 할 수 있다.
	'질문 + 답'을 세트로 만들어 글 도입부에 두면 비록 요행이기는 하지만, 작문해야 하는 분량 중 상당량을 대체할 수 있다. 변형① 여행은 어떤 좋은 점이 있나? 여행은 사람들로 하여금 긴장된 업무 상태를 개선시키고, 기분을 편하게 할 수 있다. 旅游有什么好处？旅游可以使人改善紧张的工作状态、放松心情。 변형② 어떻게 하면 사람들로 하여금 긴장된 업무 상태를 개선시키고, 기분을 편하게 할 수 있을까? 내 생각에는 여행이 사람들로 하여금 긴장된 업무 상태를 개선시키고, 기분을 편하게 할 수 있다. 怎样可以使人改善紧张的工作状态、放松心情？我觉得旅游可以使人改善紧张的工作状态、放松心情。

스킬 3 ⚡ 문장을 줄여 보자

암기족보에 정리된 〈모범 예문〉만으로는 공부량이 부족하다고 생각된다면 5급 독해 제2부분을 모범 예문으로 활용해 보자. 90자~150자 정도의 적당한 분량, 다양한 주제, 오류 없이 완벽한 내용 등등, 우리에게 필요한 요소를 모두 갖추고 있는 훌륭한 문장들이 모여 있는 부분이 바로 독해 제2부분이다.

90자~150자 분량의 독해 제2부분의 지문을 80자 분량으로 줄이는 연습을 하다 보면 '모범 문장'들을 자연스레 익힐 수 있고, 이것이 익숙해지면 아무리 긴 글이라도 그 안에서 핵심 내용을 쉽고 빠르게 찾을 수 있게 된다. 또한, 이런 연습은 추후에 6급 수험 대비를 할 때 큰 도움이 된다. [*6급의 작문은 1,000자의 글을 400자의 글로 줄이는 것이다.]

보충적인 내용 제거	在网上，大量的信息迅速产生出来，其中许多未经选择，可靠性差，甚至是虚假信息；有许多信息随着时间的推移已经失效，但却因为各种原因难以清理，成为"信息垃圾"，影响人们更有效地吸收有用的信息。 인터넷상에서 대량의 정보들이 신속하게 만들어진다. 그중에서 많은 것들이 선택 받지 못하거나, 신뢰성이 떨어지고, 심지어는 가짜 정보도 있다. 많은 정보들이 시간이 지남에 따라, 이미 효력을 잃었지만, 각종 원인 때문에 깨끗하게 정리되지 못하고, '쓰레기 정보'가 되어, 사람들이 효과적으로 유용한 정보를 흡수하는 데 영향을 준다.
	在网上，大量的信息迅速产生出来，其中有许多信息随着时间的推移已经失效，但却因为各种原因难以清理，成为"信息垃圾"，影响人们更有效地吸收有用的信息。 인터넷상에서 대량의 정보들이 신속하게 만들어진다. 그중에서 많은 정보들이 시간이 지남에 따라, 이미 효력을 잃었지만, 각종 원인 때문에 깨끗하게 정리되지 못하고, '쓰레기 정보'가 되어, 사람들이 효과적으로 유용한 정보를 흡수하는 데 영향을 준다.
중복되는 내용 제거	"群居本能"是指追随大众的想法及行为，缺乏自己的个性和主见的投资状态，也叫做"羊群心理"。"羊群心理"或"群居本能"是缺乏个性导致的思维或行为方式，在经济过热、市场充满泡沫时表现更加突出。 '군거본능'은 대중의 생각과 행위를 추종하고, 개인의 개성과 주관이 부족한 투자 형태를 가리키며, '군중심리'라고도 부른다. '군중심리' 혹은 '군거본능'은 개성이 부족해서 야기된 사유나 행위 방식이다. 경제가 과열되고, 시장에 거품이 충만할 때 현상이 더욱 도드라진다.
	"羊群心理"或"群居本能"是指追随大众的想法及行为，缺乏自己的个性和主见的投资状态，在经济过热、市场充满泡沫时表现更加突出。 '군중심리' 혹은 '군거본능'은 대중의 생각과 행위를 추종하고, 개인의 개성과 주관이 부족한 투자 형태를 가리키며, 경제가 과열되고, 시장에 거품이 충만할 때 현상이 더욱 도드라진다.

쓰기 제1부분

제시된 낱말을 배열해 문장으로 완성하세요.

1 做了　　我们　　充分　　为这场比赛　　准备

_____

2 她　　很有把握　　对　　演讲　　明天的

_____

3 大学生的　　测试　　一项　　这是　　针对　　心理

_____

4 效果　　这种　　明显　　治疗方法的　　不太

_____

5 不能　　根本　　解决　　逃避　　任何问题

_____

6 留下了　　给学生们　　教授的　　深刻的　　演讲　　印象

_____

7 本月　　将于　　召开　　总结会议　　下旬

_____

8 经济社会发展　　会产生　　人口减少对　　影响

_____

9 苹果的　　格外　　营养　　高　　价值

_____

10 违法　　很严重的　　是一种　　酒后驾驶　　行为

_____

11 投资股市　　一定的　　存在　　风险

_____

12 他们　　期待跟我们　　进行合作　　非常

_____

13 健身设备　　公园里　　一批　　新设了

_____

14 及时　　幸亏你　　发现了论文里的　　错误

_____

15 临时取消了　　飞往　　航班　　被　　上海的

_____

16 那些文件　　把　　我已经　　发给经理了

_____

17 上年纪的　　　一对　　　隔壁　　　住着　　　夫妻

18 不小心　　　删除了　　　把　　　我　　　字幕文件

19 一批　　　那家工厂　　　购买了　　　新设备

20 包装上的　　　有点儿　　　模糊　　　生产日期

21 这次活动的　　　由公司　　　承担　　　都　　　一切费用

22 观察　　　弟弟　　　极其　　　得　　　仔细

23 象征　　　燕子　　　吉祥的　　　是

24 用热烈的　　　欢迎　　　王女士　　　请大家　　　掌声

쓰기 제2부분

주어진 어휘를 사용해 80자 내외로 작문하시오.

1 发展、严重、污染、随着、认识

2 压力、危害、加重、放松、建议

주어진 그림과 관련지어 80자 내외로 작문하시오.

3

<table>
<tr><td></td><td></td><td></td><td></td><td></td><td></td><td></td><td></td><td></td><td></td><td></td><td></td><td></td><td></td></tr>
<tr><td></td><td></td><td></td><td></td><td></td><td></td><td></td><td></td><td></td><td></td><td></td><td></td><td></td><td></td></tr>
<tr><td></td><td></td><td></td><td></td><td></td><td></td><td></td><td></td><td></td><td></td><td></td><td></td><td></td><td></td></tr>
<tr><td></td><td></td><td></td><td></td><td></td><td></td><td></td><td></td><td></td><td></td><td></td><td></td><td></td><td></td></tr>
<tr><td></td><td></td><td></td><td></td><td></td><td></td><td></td><td></td><td></td><td></td><td></td><td></td><td></td><td></td></tr>
<tr><td></td><td></td><td></td><td></td><td></td><td></td><td></td><td></td><td></td><td></td><td></td><td></td><td></td><td></td></tr>
</table>

4

<table>
<tr><td></td><td></td><td></td><td></td><td></td><td></td><td></td><td></td><td></td><td></td><td></td><td></td><td></td><td></td></tr>
<tr><td></td><td></td><td></td><td></td><td></td><td></td><td></td><td></td><td></td><td></td><td></td><td></td><td></td><td></td></tr>
<tr><td></td><td></td><td></td><td></td><td></td><td></td><td></td><td></td><td></td><td></td><td></td><td></td><td></td><td></td></tr>
<tr><td></td><td></td><td></td><td></td><td></td><td></td><td></td><td></td><td></td><td></td><td></td><td></td><td></td><td></td></tr>
<tr><td></td><td></td><td></td><td></td><td></td><td></td><td></td><td></td><td></td><td></td><td></td><td></td><td></td><td></td></tr>
<tr><td></td><td></td><td></td><td></td><td></td><td></td><td></td><td></td><td></td><td></td><td></td><td></td><td></td><td></td></tr>
</table>

실전
모의고사

※주의 사항

– 실제 시험처럼 진행해야 한다. [잡담, 검색 금지]

– 시험을 치르는 2시간 동안 시험에만 집중한다.

– 타이머를 준비해 시험 제한 시간 안에 문제를 푼다.

– 스킬과 암기 족보를 마스터한 상태에서 풀어야 한다.

모의고사 채점표

영역	시험 시간	문항 수	점수
听力 듣기	약 30분	_____ / 45문항 (문항당 평균 배점: 2.2점)	
阅读 독해	45분	_____ / 45문항 (문항당 평균 배점: 2.2점)	
书写 쓰기	40분	_____ / 8문항 (문항당 평균 배점: 5점)	
		2문항 (문항당 평균 배점: 30점)	자신 없어도 어떻게든 채워 쓰면 부분 점수는 받는다. 백지 제출은 절대 NO.

총점

*각 영역별 만점은 100점으로, 총점이 180점 이상이면 합격입니다.

앞으로 풀게 될 모의고사 문제의 정답을 맞히기 위해 알아야 하는 최소한의 어휘로, 급수에 상관없이 정리하였다. 아래 정리된 어휘로 자신의 어휘 수준을 테스트해 보자. 모르는 어휘가 너무 많다면 아직 문제를 풀어서는 안 된다. 약 50%가 암기 족보에서 이미 다룬 표현이니, 암기 족보 어휘만 잘 암기했어도 적어도 반 이상은 알 수 있다.

过敏 guòmǐn 형 예민하다 명 알레르기		挂号 guàhào 통 등록하다, 접수하다	
股票 gǔpiào 명 주식		存 cún 통 저금하다	
股市 gǔshì 명 주식 시장		谨慎 jǐnshèn 형 신중하다	
保险 bǎoxiǎn 명 보험 형 안전하다		风格 fēnggé 명 스타일	
独特 dútè 형 독특하다		气氛 qìfēn 명 분위기	
热烈 rèliè 형 열렬하다		交 jiāo 통 제출하다	
修 xiū 통 수리하다, 고치다		延长 yáncháng 통 연장하다	
浪费 làngfèi 통 낭비하다		尽量 jǐnliàng 부 가능한, 최대한	
利用 lìyòng 통 이용하다		需要 xūyào 통 필요하다	
坚持 jiānchí 통 견지하다		表演 biǎoyǎn 명 공연 통 공연하다	
退休 tuìxiū 통 은퇴하다		辛苦 xīnkǔ 형 고생하다, 힘들다	
参加 cānjiā 통 참가하다		演出 yǎnchū 통 공연하다	
决定 juédìng 통 결정하다		航班 hángbān 명 항공편	
按时 ànshí 부 제때에		起飞 qǐfēi 통 이륙하다	
只好 zhǐhǎo 부 어쩔 수 없이		饼干 bǐnggān 명 과자	
丢 diū 통 잃어버리다		密码 mìmǎ 명 비밀번호	
过期 guòqī 통 기한이 지나다		不小心 bùxiǎoxīn 실수로	
弄丢 nòngdiū 잃어버리다		样式 yàngshì 명 양식, 스타일	
位置 wèizhi 명 위치, 자리		摆 bǎi 통 놓다, 배열하다	
不合理 bùhélǐ 형 불합리하다		包裹 bāoguǒ 명 소포	
通知 tōngzhī 통 통지하다		人事部 rénshìbù 명 인사과	
报到 bàodào 통 도착을 보고하다		涨价 zhǎngjià 통 가격이 오르다	

拥挤 yōngjǐ 형 혼잡하다

营业 yíngyè 통 영업하다

杂志 zázhì 명 잡지

名单 míngdān 명 명단

主持 zhǔchí 통 사회를 보다

失眠 shīmián 통 잠을 이루지 못하다 명 불면증

顺利 shùnlì 형 순조롭다

居然 jūrán 부 의외로

招聘 zhāopìn 통 구인하다

赶紧 gǎnjǐn 부 서둘러서

包装 bāozhuāng 통 포장하다

缩短 suōduǎn 통 단축하다

采访 cǎifǎng 통 취재하다

软件 ruǎnjiàn 명 소프트웨어

确定 quèdìng 통 확정하다

占线 zhànxiàn 통 통화 중이다

负责 fùzé 통 책임지다

胳膊 gēbo 명 팔

懒得 lǎnde 통 ~하기 싫어하다, 귀찮아하다

传染 chuánrǎn 통 전염되다

注意 zhùyì 통 주의하다

开放 kāifàng 통 개방하다

平均 píngjūn 명 평균 형 평균적으로, 균등하게

有效 yǒuxiào 형 효과가 있다

考虑 kǎolǜ 통 고려하다

销售额 xiāoshòu'é 명 매출액

技巧 jìqiǎo 명 기교, 테크닉

暂时 zànshí 명 잠시

记者 jìzhě 명 기자

嘉宾 jiābīn 명 귀빈/게스트

节目 jiémù 명 프로그램

嗓子 sǎngzi 명 목

编辑 biānjí 통 편집하다

通过 tōngguò 개 ~를 통해서 통 통과하다

晚会 wǎnhuì 명 파티

员工 yuángōng 명 직원

价格 jiàgé 명 가격

确认 quèrèn 통 확인하다

下载 xiàzài 통 다운로드하다

处理 chǔlǐ 통 처리하다

硬盘 yìngpán 명 하드디스크

联系 liánxì 통 연락하다 명 연계

报名 bàomíng 통 등록하다

接待 jiēdài 통 접대하다

锻炼 duànliàn 통 단련하다

不许 bùxǔ 통 허락하지 않다

着凉 zháoliáng 통 감기 걸리다

错失 cuòshī 명 잘못 통 놓치다

增进 zēngjìn 통 증진하다

仍然 réngrán 부 여전히

拒绝 jùjué 통 거절하다

全面 quánmiàn 명 전면 형 전면적이다

大增 dàzēng 크게 증가하다

得到 dédào 통 얻다

否定 fǒudìng 동 부정하다

误会 wùhuì 동 오해하다

手指 shǒuzhǐ 명 손가락

观看 guānkàn 동 참관하다/보다

讨论 tǎolùn 동 토론하다

基本 jīběn 명 기본

步骤 bùzhòu 명 순서, 절차

睁眼 zhēngyǎn 동 눈을 뜨다

增强 zēngqiáng 동 증강하다

测试 cèshì 동 테스트하다

有氧运动 yǒuyǎng yùndòng 명 유산소 운동

缓解 huǎnjiě 동 완화하다

设计 shèjì 동 설계하다, 디자인하다

光线 guāngxiàn 명 빛

距离 jùlí 명 거리 동 떨어지다

变化 biànhuà 동 변화하다

插 chā 동 끼우다

躲 duǒ 동 피하다, 숨다

委屈 wěiqu 형 억울하다

消灭 xiāomiè 동 소멸하다/없애다

所有 suǒyǒu 형 모든

威胁 wēixié 동 위협하다

权力 quánlì 명 권리

夸 kuā 동 과장하다/칭찬하다

更加 gèngjiā 부 더욱, 더

走遍 zǒubiàn 두루 (돌아)다니다

温暖 wēnnuǎn 형 따뜻하다

煎饼 jiānbing 명 전병[얇은 부꾸미같은 음식]

伸出 shēnchū 동 뻗다

打招呼 dǎ zhāohu 인사하다

互相 hùxiāng 부 서로

结果 jiéguǒ 명 결과

一致 yízhì 형 일치하다

相反 xiāngfǎn 동 반대로

闭眼 bìyǎn 동 눈을 감다

正确率 zhèngquèlǜ 명 정확도

睡眠 shuìmián 명 잠 동 잠자다

劳动 láodòng 동 노동하다

昂贵 ángguì 형 매우 비싸다

单一 dānyī 형 단일하다

反射 fǎnshè 동 반사하다

重量 zhòngliàng 명 중량

增加 zēngjiā 동 증가하다

背 bèi 명 등 동 외우다

无法 wúfǎ 동 방법이 없다

聊天 liáotiān 동 수다 떨다

消失 xiāoshī 동 사라지다

不快 búkuài 형 불쾌하다

钻石 zuànshí 명 다이아몬드

劝 quàn 동 권하다

弄 nòng 동 하다/만들다

自信 zìxìn 동 자신하다

到达 dàodá 동 도달하다

柔和 róuhé 형 부드럽다/온화하다

心愿 xīnyuàn 명 바람, 소원

幸亏 xìngkuī 부 다행히

可口 kěkǒu 형 맛이 좋다

无奈 wúnài 어쩔 수 없다

骄傲 jiāo'ào 형 교만하다

逃避 táobì 동 도피하다

趁早 chènzǎo 동 일찌감치

期限 qīxiàn 명 기한

藏 cáng 동 숨기다

豪华 háohuá 형 호화롭다

到处 dàochù 명 여기저기

安慰 ānwèi 동 위로하다

满足 mǎnzú 형 만족하다 동 만족시키다

追 zhuī 동 쫓다

地震 dìzhèn 명 지진

躲避 duǒbì 동 도피하다

原因 yuányīn 명 원인

措施 cuòshī 명 조치

到手 dàoshǒu 동 손에 넣다

过程 guòchéng 명 과정

发达 fādá 동 발달하다

详细 xiángxì 형 상세하다

表明 biǎomíng 동 밝히다

营养 yíngyǎng 명 영양

尤其 yóuqí 부 더욱이

丰富 fēngfù 형 풍부하다

难于 nányú 형 ~하기 어렵다

立即 lìjí 부 즉시

遗憾 yíhàn 형 유감이다 명 여한

品尝 pǐncháng 동 맛보다

光荣 guāngróng 형 영광스럽다

落后 luòhòu 형 낙후되다 동 뒤쳐지다

任何 rènhé 대 어떠한

保存 bǎocún 동 보존하다

躺 tǎng 동 눕다

跌 diē 동 넘어지다, 엎어지다

风景 fēngjǐng 명 풍경, 경치

发脾气 fā píqì 성질내다

应付 yìngfu 동 대응하다

挡 dǎng 동 막다

派 pài 명 파벌 동 파견하다

现象 xiànxiàng 명 현상

现实 xiànshí 명 현실 형 현실적이다

造成 zàochéng 동 초래하다

细节 xìjié 명 세부(사항), 자세한 사정

目标 mùbiāo 명 목표

悠久 yōujiǔ 형 유구하다

尊重 zūnzhòng 동 존중하다

真实 zhēnshí 형 진실하다

身份 shēnfèn 명 신분

价值 jiàzhí 명 가치

吸收 xīshōu 동 흡수하다

不宜 bùyí 동 적당하지 않다

产量 chǎnliàng 명 생산량

有助于 yǒuzhùyú ~에 도움이 되다

必需品 bìxūpǐn 뗑 필수품

休闲 xiūxián 통 한가하게 지내다

促进 cùjìn 통 촉진시키다/촉진하다

上层 shàngcéng 뗑 상층, 상류

接触 jiēchù 통 접촉하다

发展 fāzhǎn 통 발전하다

主动 zhǔdòng 형 능동적으로

环境 huánjìng 뗑 환경

稳定 wěndìng 형 안정되다

组成 zǔchéng 통 조성하다, 구성하다

拥有 yōngyǒu 통 소유하다, 가지다

如何 rúhé 떼 어떻게/어떠한가

无趣 wúqù 형 재미없다

场合 chǎnghé 뗑 특정한 시간/ 장소

活跃 huóyuè 형 활기차다/활기차게 하다

形式 xíngshì 뗑 형식

维护 wéihù 통 유지하고 보호하다

适合 shìhé 통 적합하다

压力 yālì 뗑 스트레스

养家 yǎngjiā 통 가족을 부양하다

收入 shōurù 뗑 수입

射击 shèjī 통 사격하다

毫无疑问 háowú yíwèn 조금의 의문도 없다

不可思议 bùkěsīyì 불가사의하다

尽管 jǐnguǎn 뿐 얼마든지 쩹 비록

刻苦 kèkǔ 통 고생을 참다

消化 xiāohuà 통 소화하다

受欢迎 shòu huānyíng 환영 받다

场所 chǎngsuǒ 뗑 장소

始于 shǐyú 통 ~에서 시작하다

处于 chǔyú 통 ~에 처하다

预测 yùcè 통 예측하다

趋势 qūshì 뗑 추세

思考 sīkǎo 통 사고하다

密切 mìqiè 통 밀접하다

明确 míngquè 형 명확하다

简单 jiǎndān 형 간단하다

离不开 líbukāi 떨어질 수 없다

调节 tiáojié 통 조절하다

破坏 pòhuài 통 파괴하다

培养 péiyǎng 통 배양하다, 키우다

打断 dǎduàn 통 끊다

有益于 yǒuyìyú ~에 유익하다

婚姻 hūnyīn 뗑 혼인

惭愧 cánkuì 형 창피하다

离婚 líhūn 통 이혼하다

家务 jiāwù 뗑 집안일

研究生 yánjiūshēng 뗑 대학원생

猜测 cāicè 통 추측하다

轮到 lúndào 통 차례가 되다

答案 dá'àn 뗑 답

优势 yōushì 뗑 우세

速度 sùdù 뗑 속도

因素 yīnsù 명 요소

具体 jùtǐ 형 구체적이다

吃惊 chījīng 통 깜짝 놀라다

穿过 chuānguò 관통하다, 통과하다

下结论 xià jiélùn 결론을 내리다

音速 yīnsù 명 음속

采用 cǎiyòng 통 채용하다, 채택하다

低头 dītóu 고개를 숙이다

抬头 táitóu 통 머리를 들다

建议 jiànyì 통 건의하다

有趣 yǒuqù 형 재미있다

自私 zìsī 형 이기적이다

轻易 qīngyì 무 쉽게, 가볍게

过分 guòfèn 통 과분하다, 지나치다

周边 zhōubiān 명 주변

遭遇 zāoyù 통 (안 좋은 일을) 만나다

挑战 tiǎozhàn 통 도전하다

相互 xiānghù 형 서로

无关 wúguān 통 무관하다

效应 xiàoyìng 명 효응[효과와 반응]

毛病 máobìng 명 고장/결점

失去 shīqù 통 잃다

判断 pànduàn 통 판단하다

内心 nèixīn 명 내심, 마음속

质量 zhìliàng 명 품질/무게

试验 shìyàn 통 실험하다

急于 jíyú 통 서둘러 ~하려 하다

运气 yùnqi 명 운

接近 jiējìn 통 접근하다 형 가깝다

摔倒 shuāidǎo 통 넘어지다

有兴趣 yǒu xìngqù 흥미 있다

奇怪 qíguài 통 이상하다

向前 xiàngqián 통 앞으로 향하다

不耐烦 búnàifán 형 귀찮다, 견디지 못하다

逻辑 luójí 명 논리

发挥 fāhuī 통 발휘하다

虚心 xūxīn 형 겸손하다

调整 tiáozhěng 통 조정하다

散发 sànfā 통 퍼지다/내뿜다

适应性 shìyìngxìng 명 적응성

搞关系 gǎo guānxi 관계를 맺다

模仿 mófǎng 통 모방하다

思维 sīwéi 통 사유하다, 생각하다

几乎 jīhū 무 거의

熟透 shútòu 통 너무 익다

耐心 nàixīn 명 인내심

命运 mìngyùn 명 운명

一、听力 🎧 Track 08

第一部分

第1-20题：请选出正确答案。

1　A 宿舍
　　B 医院
　　C 银行
　　D 玩具店

2　A 买黄金
　　B 买股票
　　C 存银行
　　D 买房子

3　A 效果不佳
　　B 风格独特
　　C 气氛很热烈
　　D 发音不准

4　A 参加学术会议
　　B 晚点儿交论文
　　C 请教授修改论文
　　D 借阅参考书

5　A 别浪费时间
　　B 打折时再买
　　C 尽量别买
　　D 只买需要的

6　A 没拍过电影
　　B 热爱教学
　　C 仍在坚持表演
　　D 未到退休年龄

7　A 公司
　　B 饭店
　　C 大使馆
　　D 教室

8　A 女的没坐飞机
　　B 男的决定坐火车
　　C 航班按时起飞了
　　D 男的订了机票

9　A 还钱
　　B 换零钱
　　C 买吃的
　　D 找人

10　A 钱包丢了
　　B 上班迟到了
　　C 信用卡密码忘了
　　D 身份证过期了

11 A 窗帘的样式

   B 装修的费用

   C 桌子的位置

   D 地毯的颜色

12 A 让他来取包裹

   B 表示歉意

   C 通知他去上班

   D 告诉他考试成绩

13 A 汽油降价了

   B 汽油要涨价

   C 路上很拥挤

   D 加油站暂时不营业

14 A 女的在看杂志

   B 男的是厨师

   C 女的是报社记者

   D 男的喜欢看杂志

15 A 嘉宾名单

   B 电视节目

   C 说话的方法

   D 晚会的地点

16 A 头疼

   B 嗓子不舒服

   C 感冒了

   D 昨晚失眠了

17 A 当编辑了

   B 顺利通过了

   C 发表了小说

   D 考上大学了

18 A 去练字

   B 参加晚会

   C 签合同

   D 招聘员工

19 A 价格

   B 包装

   C 颜色

   D 大小

20 A 问其他教授

   B 提供两封推荐信

   C 去留学中心确认

   D 给教授打电话

第二部分

第21-45题：请选出正确答案。

21 A 3000字
   B 4000字
   C 5000字
   D 6000字

22 A 在网上聊天
   B 在下载节目
   C 准备看电影
   D 在准备采访

23 A 不会唱京剧
   B 不适应退休生活
   C 不会处理问题
   D 老毛病又犯了

24 A 下载速度太慢
   B 硬盘有问题
   C 装不上软件
   D 中病毒了

25 A 人员名单不确定
   B 市长不出席会议
   C 邮箱地址有误
   D 有位专家没联系上

26 A 可以报名做志愿者
   B 得到了签名照
   C 被邀请做嘉宾
   D 有人找他拍电影

27 A 胳膊受伤了
   B 最近经常加班
   C 没坚持锻炼
   D 没时间打球

28 A 不许下载
   B 发到公共信箱里了
   C 已经出版了
   D 需要修改

29 A 一直失眠
   B 感冒是被传染的
   C 带病上班
   D 报告没写完

30 A 要注意身体
   B 要请导游
   C 别错失机会
   D 博物馆周二闭馆

31 A 实现公平

B 效率更高

C 不需要工具

D 可以增进友谊

32 A 买两个蛋糕

B 把蛋糕平均分成两份

C 找人帮忙切蛋糕

D 先选较大的

33 A 语气温柔

B 缺乏礼貌

C 易被拒绝

D 考虑全面

34 A 利润少了

B 商品供不应求

C 销售额大增

D 客人多了

35 A 怎样管理员工

B 如何挑选饮料

C 喝咖啡对身体的影响

D 语言技巧在营销中的作用

36 A 煎饼

B 饼干

C 油条

D 面包

37 A 要两个

B 不想吃

C 表示感谢

D 一共两个人

38 A 向他表示祝贺

B 他今天没吃早饭

C 误会他的意思了

D 不想让他吃别的

39 A 记数字

B 观看电影

C 提问题

D 互相讨论

40 A 结果基本一致

B 实验场所不同

C 参与人数不同

D 步骤相反

41 A 有声电影更难被记住

B 实验只出现了一次失误

C 睁眼答题正确率为71%

D 闭眼能增强回忆能力

42 A 适当吃肉

B 尽量少喝酒

C 睡眠

D 有氧运动

43 A 饮食不规律

B 与人交流过多

C 整天待在室内

D 久坐不动

44 A 价格昂贵

B 功能多样

C 种类繁多

D 设计单一

45 A 光线的反射

B 声调的高低

C 人与门距离的远近

D 地毯上重量的变化

二、阅 读

第一部分

第46-60题：请选出正确答案。

46-48.

有个年轻人不小心把一双新买的皮鞋丢了，为此，他独自__46__在家里，茶饭不思，难过了好几天。有一天，他强打着精神来到街上透透气，无意中看到一个失去一条腿的残疾人正__47__地跟别人聊天儿。他自言自语地说：这个世界上失去一条腿的人都能如此快乐，我只丢了双鞋，又算得了什么呢？想到这里，他的所有不快都__48__了。

46	A 插	B 背	C 躲	D 放
47	A 无法	B 开心	C 委屈	D 悲观
48	A 消灭	B 消失	C 体验	D 达到

49-52.

有个人一心想寻找世界上最宝贵的东西，他问他所遇到的每一个人："世上最宝贵的东西是什么呢？"黄金、美女、钻石、__49__、权力……众说纷纭。

因为__50__不清楚真正的宝贝是什么，这个人便决定走遍天涯海角去找，他想，这样一定可以找到世上最宝贵的东西。

许多年过去，这个人差不多走遍了他所能到达的每一寸土地，然而，他一无所获，__51__。

在圣诞节的那个夜晚，他终于回到了自己的家乡。他就望见他家的小窗里透出__52__、柔和的灯光。向窗里探望，饭桌上有热腾腾的饭菜，家人围坐，单空着留给他的位置。这时，他终于发现，原来世界上最宝贵的东西便是家。

49	A 知识	B 矛盾	C 命运	D 威胁
50	A 劝	B 夸	C 弄	D 冲
51	A 心情极为放松		B 只好失望地回家	
	C 变得更加自信了		D 更重视自己的身体	
52	A 谨慎	B 灵活	C 天真	D 温暖

53-56.

不知道你有没有遇到过这样的情况：买了一件很喜欢的衣服却舍不得穿，把它放在衣柜里，许久之后，当你想穿的时候，却发现它已过时了；又或者你 __53__ 买了一块美味的蛋糕却舍不得吃，把它放在冰箱里，当你再看见它的时候，却发现它已经过期了。

没有在最喜欢的时候穿上的衣服、没有在最可口的时候去品尝的蛋糕，就像没有在自己最想做的时候去做的事情，都是 __54__ 。

生命也有保存期限，__55__ 。如果只是把心愿 __56__ 在心里，却不去实现，那么唯一的结果，就是与它错过，就像过时的衣服和过期的蛋糕一样。

53	A 立即	B 曾经	C 幸亏	D 至今
54	A 梦想	B 遗憾	C 无奈	D 光荣
55	A 不要过于自信		B 骄傲使人落后	
	C 逃避解决不了任何问题		D 想做的事应该趁早去做	
56	A 躺	B 藏	C 躲	D 跌

57-60.

清朝的乾隆皇帝喜好外出巡游。有一次，他带着母亲一起去了苏州。这是皇太后第一次游访江南，此次让皇太后大开眼界。回到皇宫后，皇太后一直对江南的 __57__ 风景念念不忘。但由于她年纪很大，__58__ 。乾隆皇帝为了 __59__ 母亲的心愿，命人在北京建了一条长达数十里的苏氏商业街，俗称"苏州街"。这条街不仅在建筑方面仿照苏州，连里面的生意人也都是乾隆皇帝 __60__ 人从苏州请来的，可谓原汁原味地还原了当时苏州的街景。可惜的是，由于历史原因，这条街在近代被烧毁了，此后也就名存实亡了。

57	A 高级	B 美丽	C 热烈	D 豪华
58	A 不能经常出游		B 仍然到处去游玩儿	
	C 与皇帝关系亲近		D 从来不对人发脾气	
59	A 安慰	B 应付	C 显示	D 满足
60	A 送	B 挡	C 追	D 派

第 二 部 分

第61-70：请选出与试题内容一致的一项。

61 地震是自然原因造成的，目前我们还不能阻止地震的发生。但是可以采取有效措施，最大限度地减轻地震灾害。当遇到地震时切忌恐慌，我们要沉着冷静，迅速采取正确行动。特别在高楼和人员密集的场所，就地躲避最现实。

A 地震是一种自然现象
B 地震发生时要立即往外跑
C 地球上每天都在发生地震
D 人类可以采取措施避免地震

62 人们常说细节决定成败，但强调细节并不一定代表必然会成功。在现实当中，有的人总是怀疑计划不够准确而迟迟不能开始行动。在这个过程中，别的人却有可能拿着一个准确性只有80%的计划完成了目标。过于追求细节，会错失本来可以到手的机会。

A 目标应该有阶段性
B 结果比过程更重要
C 要透过现象看本质
D 不要因细节而错失机会

63 峨眉山又称"大光明山"，位于中国西部四川省的中南部，它是美丽的自然景观与悠久的历史文化内涵完美结合。峨眉山是"中国佛教四大名山"之一，佛教的传播、寺庙的兴建和繁荣，为峨眉山增添了许多神奇色彩。

A 四川省工商业不发达
B 峨眉山的历史很长
C 峨眉山的气候四季分明
D 峨眉山在四川省的西部

64 发电子邮件时，若对方不认识你，第一件应当说明自己的身份——姓名或你代表的企业名，以示对对方的尊重。点明身份的主要功能是为了使收件人能够顺利地理解邮件来意。正文应简明地说清楚事情，如果具体内容确实很多，正文应只做简要介绍，然后单独写个文件作为附件进行详细描述。

A 简历一定要真实

B 垃圾邮件会影响工作效率

C 表明身份是对对方的尊重

D 电子邮件的正文应该详细些

65 葡萄不仅味美可口，而且营养价值很高。身体虚弱的人，多吃些葡萄或葡萄干，有助于增强体质，这是因为葡萄含有许多种对人体有益的维生素及矿物质，尤其是葡萄糖，含量较高，而且可被人体直接吸收。

A 葡萄很难消化

B 葡萄营养丰富

C 葡萄糖不易吸收

D 身体弱的人不宜吃葡萄

66 樱桃是一种季节性水果，它主要分为酸樱桃和甜樱桃两种，前者作为果干在点心中使用，或者使用于生产樱桃汁，而后者则通常用来直接食用。新鲜的樱桃难于保存，因而其市场价格也比较高。

A 樱桃不易保存

B 樱桃的产量很大

C 酸樱桃有助于减肥

D 酸樱桃的价格比甜樱桃高

67 随着茶叶生产的发展，到了唐代，茶已成为人们日常生活的必需品，由此产生了一种很受欢迎的休闲场所——茶馆。很多人喜欢去茶馆一边喝茶一边聊天儿。四川是中国茶馆文化最发达的地区之一。

A 喝茶可以促进睡眠 　　　　B 茶馆文化始于唐代

C 四川的茶叶最受欢迎 　　　　D 饮茶是上层社会的爱好

68 一个人如果长期在一个相对不变的环境中生活，没有新信息激发他去思考、去比较，就很难有预测未来的能力。相反，一个人若处于不断变化的环境里，接触一些新的信息，他就可以思路大开，把自己在不同环境中观察到的东西加以比较，找出规律，预测出未来的发展趋势。

A 要主动适应环境

B 变化的环境能促人思考

C 人的性格与环境有密切的关系

D 稳定的环境不利于人的健康

69 对于现代人来说，似乎很难想象，如果回到没有手机的时代，我们的生活将变成什么样？一项调查显示，只有25%的人愿意回到没有手机的时代，而更多的人(75%)则明确表示不愿意。在后者看来，手机已经成为他们生活中重要的组成部分。

A 手机的设计越来越简单

B 有75%的人拥有手机

C 手机给健康带来了危害

D 大部分人已经离不开手机

70 幽默能拉近人与人之间的距离，还能缓和矛盾。在人际交往中，一个懂得幽默的人知道如何调节气氛，他会让严肃的谈话变得愉快。而不懂得幽默的人很可能一不小心就让自己变成了无趣、破坏气氛的人。

A 开玩笑应该注意场合

B 幽默感不能慢慢培养

C 幽默的人懂得活跃气氛

D 别人谈话时，不能随便打断

第 三 部 分

71-74.

近年来的一些调查发现，那些"女主外、男主内"的家庭形式虽然大多是基于经济状况的无奈选择，却不一定不幸福。从某种角度来说，这种模式能更有益于维护婚姻稳定。但过去很多人认为这给家庭稳定带来负面效果：女性经济越来越独立甚至代替男人成为养家者，就容易给丈夫造成压力，婚姻更容易出现问题。但事实也许并非如此。调查显示，家庭经济中男女地位交换实际上对婚姻起了稳定作用，使离婚率更低，婚姻更幸福。

一位社会学教授研究发现，在很多家庭中，夫妻双方能够同时工作并分担家务，比丈夫主要养家的婚姻更稳定。她以自己为例子，说："在我的婚姻中，我比丈夫的学历高，现在他退休了，我的收入相对更高。当初我选择他因为他尊重我，也乐意和我分担日常生活中的各种职责。现在越来越多的女人有能力做相似的选择。"

71 "女主外，男主内"的家庭形式：

    A 现在越来越少   B 对婚姻有好处

    C 很受长辈们的欢迎   D 不适合年龄小的夫妇

72 过去，人们认为女性代替丈夫养家：

    A 会感到很惭愧   B 会使丈夫很有压力

    C 有利于孩子的成长   D 婚姻的幸福感更弱

73 那位社会学教授有什么发现？

    A 离婚率越来越低   B 人们不再重视婚姻

    C 丈夫养家的家庭更幸福   D 夫妻同时工作的婚姻更稳定

74 关于那位社会学教授，可以知道：

    A 经常做家务   B 提前准备退休

    C 收入比丈夫高   D 有研究生学历

75–78.

主持人摆出一个装满沙子的塑料桶，放在10米之外，然后安排一个枪手和一个弓箭手上来，让他们做好向沙桶射击的准备。

这时，主持人给现场观众出了一道题：你认为子弹和弓箭，谁能够穿过这只沙桶？现场开始有人猜测：根据二者的速度，枪手子弹每秒300至500米，跟音速差不多，而弓箭的速度连子弹的四分之一都不到。毫无疑问，能穿过沙桶的应该是子弹。

试验开始了，枪手先来，"啪"，子弹飞出去，一头钻进沙桶里，却不见它从另一端出来。轮到弓箭手了，他拉开弓弦，"嗖"的一下，想不到弓箭居然从沙桶的一端穿过另一端。

这实在让人不可思议：子弹那么快的速度都射不透沙桶，弓箭那么慢的速度为什么却能轻而易举地穿过去呢？

答案就在弹头和箭的重量上。箭要比弹头重得多，尽管弓箭的速度比子弹慢，但凭借它的重量优势，依然能发出比子弹大得多的威力。

现实中，许多人为了追求成功，总是急功近利，追求速度的提高，却忽视了自身素质的培养，结果自然很难获得成功。速度并不是成功的决定因素，只有沉下心来，刻苦"修炼"，把自己的"重量"提高了，才能走向成功。

75 关于子弹，下列哪项正确？

    A 没有碰到沙桶   B 弹头和箭的重量一样

    C 速度接近音速   D 穿过了沙桶

76 弓箭为什么能穿过沙桶？

    A 弓箭手运气好   B 速度更快

    C 弓箭比一般的大   D 更重

77 根据上文，下列哪项正确？

    A 试验结果令人吃惊   B 枪手的技术很好

    C 子弹和箭都穿过了沙桶   D 主持人站在塑料桶旁边

78 上文主要想告诉我们：

    A 不要急于下结论   B 速度是成功的重要因素

    C 质量比速度更重要   D 制定目标要清晰具体

79–82.

正小时候学骑自行车，我总是低着头，两眼死盯着前轮。结果总是歪歪扭扭，还经常摔倒。

父亲说："抬起头来，往前看。"我试着采用父亲教的办法，抬起头来目视前方，结果很快就能自如笔直地前进了。

头一次参加麦收是在我上初中的时候。当时，还没有收割机，收割小麦全凭双手和铺刀。开始，我还挺有兴趣，可不一会儿就累了，频繁地站起来看看还有多远才能割到头。每次看，总感觉没有前进，好像在原地打转，地头也好像永远那么远。我心里烦躁得很，自言自语地抱怨："怎么还有那么远啊！"

割在前面的父亲回过头来说："低下头，不要往前看。"还真奇怪，我不再抬头往前看了，只管一个劲儿地割，却不知不觉就割完了。

当时，我不懂得为什么，父亲也讲不出很深的道理。随着年龄的增长，我才懂得：目光太近，找不准方向；目光太远，容易失去信心。抬起头，是为了向前；低下头，也是为了向前。

79 学骑自行车，作者：

    A 没有摔倒过   B 刚开始方法不对

    C 没有听父亲的建议   D 花了两个月才学会

80 开始时，作者觉得割麦：

    A 很不耐烦   B 很有趣

    C 不需要别人帮助   D 用收割机来收割

81 关于父亲的建议，下列哪项正确？

    A 都很有效   B 不够逻辑

    C 有些自私   D 没发挥什么作用

82 上文主要想告诉我们：

    A 不要轻易否定自己   B 虚心使人进步

    C 不要过分追求完美   D 调整目光是为了向前

83-86.

坐在你身旁的同事是否总是不停地埋怨工作伙伴或是工作压力太大？在他们抱怨时，你是否会耐心地倾听呢？如果是，那你可不只是在听别人讲而已。事实上，在倾听的过程中，你也会不知不觉地被他们的压力所"传染"。

心理学家发现，压力就像感冒一样具有感染性，这种"二手"的压力和焦虑情绪可以在工作场所迅速蔓延。因为人们能够以惊人的速度模仿他人的面部表情、声音和姿势，从而对他人的情绪感同身受。我们其实都是"海绵"，可以吸收周边人散发的感染性的情绪。而在吸收他人压力的同时，我们自己也开始感受到压力，并会不自觉地去关注那些可能会困扰我们的问题。

为什么别人的压力会传染给我们？这是因为，一方面，我们吸收朋友或同事的压力是为了和他们打成一片，但另一方面，持续灌进我们耳中的不满的声音，也会让我们的脑子开始产生消极的想法。

心理学家还说，我们不仅会接受他人消极的思维模式，还会下意识地模仿他们在压力下的身体语言，这导致我们在交谈时会与他们一样弓起背、皱起眉。另外，女性遭遇"二手压力"的风险更大，因为她们往往更容易与他人产生共鸣。

83 为什么说"我们其实都是"海绵""？

A 适应性强

B 学习能力弱

C 有很强的抗压性

D 会吸收别人的情绪

84 第3段中的"打成一片"，是什么意思？

A 挑战

B 吵架

C 搞好关系

D 相互支持

85 根据第4段，下列哪项正确？

A 男性不喜欢模仿

B 身体语言与年龄无关

C 人的思维方式不易改变

D 女性更容易受他人影响

86 最适合做上文标题的是：

A 海绵效应

B 倾诉的力量

C 会传染的压力

D 能克服的压力

87-90.

一个卖水果的摊主遇到一个麻烦的老太太。"这么难看的苹果也要5块钱一斤?"老太太拿起一个苹果左看右看。摊主很耐心地解释:"其实我这苹果都是很不错的,你可以去别家比较比较。"老太太说:"4块,不然我不买。"摊主笑着说:"我卖的都是5块1斤。""可你的苹果个头不大,颜色也不好,很丑的。""如果又大又红又漂亮,就要卖10块钱一斤了。"摊主依然微笑着说。无论老太太怎么贬低苹果,摊主始终面带微笑、不急不躁地解释。老太太虽然嫌苹果这不好那不好,最终还是以5块钱一斤的价格买了一些"丑苹果"。

老太太离开后,我问摊主:"她这么贬低你的苹果,你为什么一点儿也不生气?"摊主说:"我为什么要生气呀? 挑毛病的人才是真正想买货的人。"的确如此,那位老太太,虽然嘴里说的是苹果的缺点,但心里对"丑苹果"还是比较满意的。如果她不想买,根本不关心苹果的好坏,更不会花时间去评价。

一个小师弟结婚才半年,就跑过来找我诉苦,说他的妻子对他总是"横挑鼻子竖挑眼",几乎每天都要挑出他一大堆毛病: 饭后不洗碗、睡前不洗脚⋯⋯

没等小师弟说完,我就打断了他,把上面的故事告诉了他。

"你就是那个"丑苹果"。和老太太的心理一样,在你妻子心里,对你还是满意的。你和"丑苹果"不同的是,它生来就是那副丑样子,已经无法改变了,而你是可以改变的,完全可以变成一个完美的"苹果"。"

87 那些苹果:

A 特别便宜　　　　　　　　B 摊主自己种的

C 已经熟透了　　　　　　　D 长得不太好看

88 关于老太太,下列哪项正确?

A 失去了耐心　　　　　　　B 想去别的家比较

C 是摊主的亲戚　　　　　　D 希望苹果再便宜些

89 第3段中"横挑鼻子竖挑眼"的意思最可能是:

A 长得很一般　　　　　　　B 头脑很灵活

C 从各方面找毛病　　　　　D 无法判断苹果的好坏

90 作者告诉小师弟那个故事是为了让他明白:

A 应该考虑离婚　　　　　　B 命运是靠自己去争取的

C 妻子希望他变得更好　　　D 内心其实最重要

三、书写

第一部分

第91-98题：完成句子。

例如： 发表　　这篇论文　　什么时候　　是　　的

　　　 <u>这篇论文是什么时候发表的？</u>

91　一层　　　　灰尘　　　书架上　　　落了　　　厚厚的

92　条件　　　　恶劣　　　该国　　　　极其　　　自然

93　哪条　　　　制作的　　李师傅　　　耳环是

94　将于　　　　中旬　　　培训　　　　我们　　　这个月　　　开始

95　使　　　　　很多上班族　　失业的危机　　经济下滑　　　面临

96　更　　　　　却比以前　　舅舅退休后　　忙碌

97　女朋友　　　打算在下个月　　婚礼　　　我和　　　举行

98　要不要　　　参加　　　犹豫　　　她还在　　　晚会

第二部分

第99-100题：写短文。

99 请结合下列词语(要全部使用，顺序不分先后)，写一篇80字左右的短文。

重点、旅行、积累、关于、经验

100 请结合这张图片写一篇80字左右的短文。

해설

⚡ 연습 문제 해설

대부분의 수험생들이 틀린 문제에 한해서만 해설을 찾아볼 것이다. 하지만 이 책으로 공부하는 수험생이라면, 반드시 이 책에 실린 모든 문제의 모든 해설을 정독해 주길 바란다. 全 문항 해설을 정독해야 하는 이유는 다음과 같다.

1 본 문제는 최신 경향을 100% 반영한 문제이다.

문제 유형과 지문 속 표현들이 내가 실제로 치르게 될 시험에도 나올 수 있다.

2 스킬 재확인 & 실력 재점검을 할 수 있다.

혹시 본인이 생각한 정답의 포인트와 해설 속 포인트가 다르면, 스킬을 정확히 이해하고 적용했다고 할 수 없다. 본 교재의 스킬 내용을 다시 한번 정독하자.

3 실제 문제 풀이 상황을 100% 반영한 해설 방식이 도입되어 있다.

첫 문제부터 마지막 문제까지, 수험생의 풀이 흐름에 맞추어 해설하였다. 문제를 풀며 아리송했을 법한, 헷갈렸을 법한 포인트를 모두 짚어 내었다.

☑ 체크리스트 & 가이드

☐ 연습 문제 앞에 정리된 필수어휘를 충분히 숙지하고 문제를 풀었나요?

☐ 스킬을 모두 적용했나요?

☐ 풀면서 헷갈렸던 문항은 무엇이었나요?

듣기 _____   독해 _____

쓰기 _____

☐ 위에서 체크한 문항의 해설은 단독으로 두 번 이상 읽어 보세요.

☐ 전체 문항의 해설을 3번 이상 읽어 보세요. ☐ ☐ ☐

제1부분 🎧 Track 05

1 B	2 D	3 B	4 A	5 C	6 A	7 C	8 B
9 B	10 D	11 C	12 C	13 C	14 C	15 A	

제2부분 🎧 Track 05

16 D	17 A	18 D	19 C	20 A	21 C	22 A

1　A 警察　　　　B 秘书

　　　C 大夫　　　　D 导演

A 경찰	B 비서
C 의사	D 감독

보기 파악　'직업'과 관련된 단어 보기는 유추가 가능한 유형이다. 각각의 보기와 관련 있는 표현들을 생각해 보자.

　A 警察(경찰): 闯红灯(신호 위반), 请出示一下您的身份证(/驾照)(신분증(/운전면허증)을 제시해 주세요)

　B 秘书(비서): 总经理(사장, CEO), 会议(회의하다), 办公室(사무실) 등등 오피스와 관련된 표현

　C 大夫(의사): 打针(주사 놓다), 开药(처방전을 끊다)

　D 导演(감독): 拍电影(영화를 찍다)

女: 王总, 广告合作商刘先生已经到了。正在三
　　楼会议室等您。

男: 好, 我马上过去。

问: 女的可能是做什么工作的?

여: 왕 사장님, 광고 협력사의 리우 선생님이 이미 도착하셨습
　　니다. 지금 3층 회의실에서 기다리고 계세요.

남: 알겠어요.금방 갈게요.

질문: 여자는 무슨 일을 할까?

문제 풀이　여자가 남자를 부를 때 사용한 호칭 '王总'은 '王(왕) + 总经理(사장님)'의 줄임말이다. '사장'에게 업무적인 일정을 안내할만
한 직업은 'B. 秘书(비서)'이다. 상대방을 부를 때 성씨 뒤에 신분이나 직위를 붙여 호칭할 수 있다는 점을 알고 가자.

정답　B 秘书 비서

2　A 女的等了很久

　　　B 女的喜欢喝茶

　　　C 男的签合同了

　　　D 他们是第一次见面

A 여자는 오래 기다렸다
B 여자는 차를 좋아한다
C 남자는 계약을 체결했다
D 그들은 처음 만났다

보기 파악　문장 형식의 보기는 그 의미를 정확히 파악해 두어야 녹음에서 그 내용이 살짝 비틀려 나와도 빨리 정답을 파악할 수 있다.

男: 实在不好意思, 初次见面我就迟到了, 让你
　　久等了。

女: 没关系, 我也是刚到。你喝杯茶?

问: 根据对话, 可以知道什么?

남: 정말 죄송해요. 처음 뵙는데 제가 늦었습니다. 오래 기다리
　　시게 했네요.

여: 괜찮아요.저도 방금 도착했어요. 차 드시겠어요?

질문: 대화를 근거로, 무엇을 알 수 있나?

문제 풀이 남자가 사용한 표현 '初次见面(처음 뵙겠습니다)' 중 '初次'라는 말이 '第一次(처음)'와 같은 의미라는 것을 파악해야 'D. 他们是第一次见面(그들은 처음 만났다)'을 정답으로 고를 수 있다. 참고로 '第一⋯⋯'와 같은 표현으로는 '初⋯⋯' '首⋯⋯' '头一⋯⋯' 등이 있다. 혹시 'A. 女的等了很久(여자는 오래 기다렸다)'를 정답으로 골라서 틀렸다면, 아마도 남자의 말 '让你久等了'를 듣고 헷갈렸을 것이다. 남자의 말 '让你久等了(오래 기다리시게 했네요)'는 '客套话', 즉 '예의를 차리는 말'이므로 혼동하지 말자.

정답 D 他们是第一次见面 그들은 처음 만났다

---

3 A 没拿到冠军 B 很出色	A 1등을 하지 못했다 B 뛰어나다
C 明显退步了 D 水平一般	C 확실히 퇴보되었다 D 수준이 보통이다

보기 파악 'A. 没拿到冠军'과 같은 부정 형식의 보기는 녹음에서 '拿到冠军(1등을 했다)'과 같이 부정부사를 뺀 '긍정형'으로 언급되거나, '如果没有拿到冠军(만약 1등을 하지 못했다면)'과 같이 가정문 속의 '부정 형식'으로 나오는 등, 함정에 빠지기 쉬우니 더욱 주의하자. 'B. 很出色'에 쓰인 표현 '出色 chūsè 뛰어나다'는 녹음에서 '突出 tūchū'나 '厉害 lìhai'로 대체 가능하다. 'D. 水平一般'에 쓰인 표현 '一般 yìbān 보통이다'은 '出色'와 반대되는 뜻이다.

女: 你网球打得那么厉害，拿冠军肯定没问题。
　　为什么没参加比赛？

男: 最近工作比较忙，没时间准备，等下一届再
　　说吧。

问: 男的网球打得怎么样？

여: 너 테니스를 그렇게 잘 치니 1등 하는 것은 전혀 문제가 안
　　될 텐데, 왜 시합에 참가하지 않았어?

남: 요즘 일이 좀 바빠서 준비할 시간이 없었어. 다음 대회 때
　　로 미루어야겠어.

질문: 남자는 테니스를 어떻게 치나?

문제 풀이 첫마디에 나오는 '你网球打得那么厉害(너 테니스를 그렇게 잘 치니)'를 정확히 알아들었다면 'B. 很出色(뛰어나다)'가 정답임을 알 수 있다. 이 문장을 제대로 알아듣지 못했다면, 그 뒤에 이어져 나오는 '拿冠军' 같은 단어에 정신이 팔려 'A. 没拿到冠军'을 찍는 실수를 할 수 있다. 특히, A와 같은 '부정 형식의 보기'는 함정이 되기 쉽다.

정답 B 很出色 뛰어나다

---

4 A 太酸了 B 汤太辣了	A 너무 시다 B 탕이 너무 맵다
C 辣椒放少了 D 煮得太久了	C 고추를 조금 넣었다 D 너무 오래 끓였다

보기 파악 문장 형식의 보기는 녹음에 언급된 단서에 의지해 정답을 '유추'해 내야 하는 경우도 있다. 특히 이번 문제와 같이 보기가 '맛'에 대한 내용으로 이루어져 있으면, 각각의 보기와 관련된 '음식'이나 '재료'가 포인트가 될 수 있다.

男: 你做的酸辣汤真好吃。

女: 你喜欢就好，我还担心醋放多了呢。你再尝
　　尝这个。

问: 女的担心什么？

남: 네가 만든 쏸라탕 정말 맛있다.

여: 네가 좋아하니까 다행이다. 식초를 많이 넣었을까 걱정했
　　거든. 너 이것도 먹어 봐.

질문: 여자는 무엇을 걱정하나?

문제 풀이 보기에 쓰인 표현이 녹음에 그대로 언급되지 않아서 당황했을 수 있다. 이런 문제는 대화 내용에 근거해 정답을 '유추'해서 해결해야 한다. 여자의 말 '我还担心醋放多了呢(식초를 많이 넣었을까 걱정했다)'에서 여자가 너무 실까(太酸了) 봐 걱정하고 있음을 유추해 낼 수 있다. 이 문제는 전형적인 유추 문제이다. 대화가 끝날 때까지 답을 정하지 못했다면, 바로 다음 문제의 보기를 읽었어야 한다.

정답 A 太酸了 너무 시다

| 5　A　为人热情　　B　不懂幽默
　　C　工作勤奋　　D　过于细心 | A 인품이 친절하다　　B 유머를 모른다
C 일을 열심히 한다　　D 과하게 세심하다 |

보기 파악 보기가 사람의 '성격, 성향' 등과 관련된 내용이므로 '(누구)는 어떠니?' '(누구)는 정말 ~해, 그렇지 않니?'와 같이 평가하는 대화가 나올 수 있다고 생각하고 녹음에 대비하자. A의 '热情 rèqíng'은 '일, 업무'와 함께 쓰이면 '열정적이다'라고 해석하고, '사람'과 함께 쓰이면 '친절하다'라고 해석하면 된다.

女：小王在你们单位干得怎么样？

男：他干活儿很勤奋，人也很不错，老总和同事们都对他很满意。

问：关于小王，可以知道什么？

여: 샤오왕이 너희 회사에서 일은 어떻게 하고 있니?

남: 걔 일을 아주 열심히 해. 사람도 괜찮고. 사장님과 동료들 모두 그에게 만족하고 있어.

질문: 샤오왕에 관해서 알 수 있는 것은?

문제 풀이 보기 'C. 工作勤奋'의 '工作 gōngzuò'는 녹음 속 '干活儿 gànhuór'과 비슷한 의미이다. 두 단어가 100% 똑같은 뜻은 아니지만, 듣기 문제에서는 충분히 대체될 수 있는 표현이다. 남자가 한 말 중 '人也不错'라는 말은 인품의 여러 방면을 칭찬할 때 쓰는 말로, 반드시 '热情'으로 귀결되지는 않으므로 A는 답이 될 수 없다.

정답 C 工作勤奋 일을 열심히 한다

| 6　A　男的赢不了她
　　B　最近比较忙
　　C　男的不够细心
　　D　不愿教男的 | A 남자는 여자를 이길 수 없다
B 요즘 좀 바쁘다
C 남자는 세심하지 못하다
D 남자를 가르치는 것을 원하지 않는다 |

보기 파악 이렇게 주어가 있는 보기(A, C)와 주어가 없는 보기(B, D)가 섞여 있는 경우가 있다. 이 경우에도 기본적으로는 언급되는 내용이 답이지만, 문제가 어렵게 나올 경우를 대비해서 보기 B와 D의 내용을 누가 말하는지도 주의해서 듣자.

男：我怎么又输了？再来！咱们再下一盘吧。

女：不管下多少结果都一样，你完全不是我的对手。

问：女的是什么意思？

남: 내가 왜 또 졌지? 다시 해! 우리 한 판 더 하자.

여: 얼마를 더 두든지 간에 결과는 똑같아. 너는 결코 내 적수가 안 돼.

질문: 여자의 의미는?

문제 풀이 대화 시작 부분에 나오는 남자의 말 '我怎么又输了(내가 왜 또 졌지?)'를 통해서 답이 A라는 것을 유추할 수 있다. '怎么'가 이유를 물어보는 의문사로 쓰일 때, 뒤에 나오는 행위는 '이미 벌어진 행위'이다. 또, '又输了(또 졌다)'라는 표현을 통해서 이미 최소한 2번 이상 졌다는 것을 알 수 있기 때문에 답이 'A. 男的赢不了她(남자는 여자를 이길 수 없다)'라고 유추할 수 있다.

정답 A 男的赢不了她 남자는 여자를 이길 수 없다

7	A 不愿担任主角	A 주연을 맡기를 원하지 않는다
	B 答应拍电影	B 영화를 찍기로 약속했다
	C 提供了资金支持	C 자금 지원을 제공했다
	D 同意邀请著名导演	D 유명 감독을 초청하는 것에 동의했다

보기 파악 1~20번에서도 간혹 주어가 없는 문장 보기인데도, 보기가 2개 언급되는 경우가 있다. 문제가 어렵게 나올 경우에 대비해서, 녹음에서 보기가 언급되면 누가 말한 것인지까지 맞춰 가며 듣자. 그리고 평소 잘 안 쓰는 표현이 답인 경우에는 보기가 '그대로' 언급된다.

女：很高兴这次能一起拍电影，对你们资金方面的帮助表示深深的感谢。

男：您太客气了，导演。能与您合作我们感到很荣幸。

问：女的为什么要感谢男的?

여：이번에 같이 영화를 찍게 되어 매우 기쁩니다. 여러분들의 자금 관련 도움에 깊은 감사를 드립니다.

남：별말씀을요, 감독님. 당신과 같이 하게 되어 저희는 매우 영광으로 여기고 있습니다.

질문：여자는 왜 남자에게 감사하는가?

문제 풀이 보기를 잘 이해했다면, 여자가 이야기하는 부분 중 '对你们资金方面的帮助(여러분들의 자금 관련 도움에)'라는 말을 통해 답을 알 수 있다. '자금 관련 도움'이란 '자금 지원'을 의미하므로, 정답은 C이다.

정답 C 提供了资金支持 자금 지원을 제공했다

8	A 有发展空间	A 발전 가능성이 있다
	B 方便照顾父亲	B 아버지를 돌보기에 편하다
	C 工资高	C 월급이 높다
	D 交通方便	D 교통이 편리하다

보기 파악 '方便'이 형용사로 쓰이면 '편리하다'라는 뜻이지만, 'B. 方便照顾父亲'에서는 동사로 쓰여 '편리하게 하다'라는 의미를 나타낸다. 'C. 工资高'의 '工资 gōngzī 월급'라는 단어는 종종 '薪水 xīnshuǐ'로 대체되어 나오기도 한다.

男：您的简历我看过了，上家公司对你的待遇很不错，为什么辞职了呢?

女：我父亲需要我照顾，可上家公司离家很远。我想在我家附近工作，这样方便照顾他。

问：女的为什么想在她家附近工作?

남：당신의 이력서는 봤어요. 예전 회사의 대우가 괜찮았는데, 왜 사직했죠?

여：제 아버지께서 저의 돌봄이 필요합니다. 하지만, 지난 회사는 집에서 너무 멀었어요. 제가 집 근처에서 일을 하면 아버지를 돌보기에 편할 듯해요.

질문：여자는 왜 집 근처에서 일을 하려고 하나?

문제 풀이 여자의 말 '我父亲需要我照顾(제 아버지께서는 저의 돌봄이 필요합니다)'를 듣고 정답을 바로 체크할 수 있다. 그 뒤에 나오는 '这样方便照顾他(아버지를 돌보기에 편할 듯해요)'까지 들으면 답이 B라는 것을 더 확신할 수 있지만, 시험에서는 앞부분의 '我父亲需要我照顾'만 듣고도 망설임 없이 B를 선택할 수 있어야 한다. 시험에서는 이렇게 이야기하고 뒤에서 '그렇지만 나는 아버지를 돌보지 않을 겁니다.'라는 식으로 정답과는 전혀 다르게 이야기가 전개되는 경우는 절대 없기 때문이다.

정답 B 方便照顾父亲 아버지를 돌보기에 편하다

9 A 有很多问题	A 많은 문제가 있다
B 还在修改	B 아직 고치고 있다
C 刚完成了	C 막 완성했다
D 已经发表了	D 이미 발표했다

보기 파악 'B. 还在修改'에 쓰인 표현 '还在+ⓥ(아직도 ~하고 있다)'는 '还没+ⓥ+完(아직 ~가 끝나지 않았다)'으로 바꾸어 표현할 수 있다. 보기 C나 D처럼, 완료를 나타내는 형식 '……了(~했다)'가 쓰인 보기는 대화에서 '부정 형식'으로 나오거나 '조동사'와 같이 나와서 혼동시키니 주의해야 한다.

女: 我刚把毕业论文交上去了，你呢?

男: 我还没修改完，估计后天可以交。这样没问题吧?

问: 男的的论文怎么样了?

여: 나 방금 졸업 논문을 제출했어. 너는?

남: 나는 아직 수정을 다 끝내지 못해서 모레쯤 낼 수 있을 것 같아. 이래도 문제없겠지?

질문: 남자의 논문은 어떠한가?

문제 풀이 남자의 말 '我还没修改完(나는 아직 수정을 끝내지 못했다)'을 통해서 'B. 还在修改(아직 고치고 있다)'를 답으로 체크할 수 있어야 한다. '아직 ~가 끝나지 않았다(还没+ⓥ+完)'라는 말은 '아직도 ~하고 있다(还在+ⓥ)'라는 뜻이기 때문이다.

정답 B 还在修改 아직 고치고 있다

10 A 男的住在单位附近	A 남자는 회사 부근에서 산다
B 女的打算辞职	B 여자는 사직할 계획이다
C 他们通常坐公交上班	C 그들은 보통 버스를 타고 출근한다
D 那列地铁还未开通	D 그 지하철은 아직 개통되지 않았다

보기 파악 D와 같이 '아직 ~하지 않았다'라는 뜻의 '还未+ⓥ' '还没+ⓥ'가 쓰인 유형의 보기는 종종 대화에서 '已经+ⓥ(이미 ~했다)'와 같이 반대의 내용을 나타내는 표현이 나와서 혼동을 줄 수 있으니 주의하자.

男: 等地铁5号线开通后，我从家到单位就能直达了。

女: 那太好了，这样上下班就方便多了。

问: 根据对话，可以知道什么?

남: 5호선이 개통되면, 나는 집에서 직장까지 직통으로 갈 수 있어.

여: 잘됐다, 그렇게 되면 출퇴근이 많이 편해지겠다.

질문: 대화를 근거로 무엇을 알 수 있나?

문제 풀이 남자의 말 '等地铁5号线开通后'에서 '等……后(~한 후에)'의 '……'에 들어가는 내용은 '아직 벌어지지 않은 일'이다. 이런 용법을 알고 있다면, 해당 표현을 듣고 5호선이 '아직 개통되지 않았다(还未开通)'는 것을 알 수 있다. 만약 '等……后'의 쓰임을 잘 알고 있는데도 틀렸다면, 아마 녹음 첫마디부터 집중하지 못해서 '等……后'에 들어가는 내용을 놓치고, 그 다음 여자의 말에 나오는 '上下班'만 듣고, 허둥지둥 '上班'이 들어간 보기 'C. 他们通常坐公交上班'를 찍고 틀렸을 것이다. 아직 10번 문제인데 주의력이 분산됐다면, 경각심을 가지고 한눈 팔거나 딴 생각을 하지 않도록 주의하자.

정답 D 那列地铁还未开通 그 지하철은 아직 개통되지 않았다

11 A 需要装修	B 通风条件不好	A 인테리어가 필요하다	B 통풍 조건이 안 좋다
C 空间较小	D 房间有点儿暗	C 공간이 비교적 작다	D 집이 조금 어둡다

보기 파악 C와 D에 쓰인 표현 '(比)较'와 '有点儿/有些'는 실제 의미에서는 차이가 있지만, 듣기에서는 '조금/약간'이라는 뜻으로 똑같이 해석되고 취급되어, 서로 바꿔서 나올 수 있다.

女：这间屋子设计成会议室怎么样？

男：空间有些小，我们员工队伍正在日益扩大，以后开会可能坐不下。

女：那倒也是。那我们该怎么办呢？

男：还是改造成茶水间吧。

问：男的觉得那间屋子怎么样？

여：이 방은 회의실로 설계하는 게 어때?

남：공간이 좀 작아. 우리 직원들이 나날이 늘어가는데, 나중에 회의를 할 때 아마도 다 못 앉을 거야.

여：그것도 그렇군. 그러면 어떻게 하지?

남：아무래도 탕비실로 만드는 것이 낫겠어.

질문：남자는 그 방이 어떻다고 느꼈나?

문제 풀이 [보기 파악]에서 이야기한 대로[较+@=有些+@], 녹음 속의 표현 '空间有些小(공간이 좀 작아)'가 'C. 空间较小(공간이 비교적 작다)'와 같은 의미임을 알 수 있어야 한다.

정답 C 空间较小 공간이 비교적 작다

---

12 A 带的钱不够	A 갖고 있는 돈이 부족하다
B 刷卡机坏了	B 카드 단말기가 고장 났다
C 女的在付款	C 여자는 계산 중이다
D 现在不能开发票	D 지금은 영수증을 끊을 수 없다

보기 파악 문장 형식의 보기들은 녹음을 듣기 전에 의미를 제대로 파악하고 있어야, 정답에 해당하는 보기가 대화에서 싱크로율이 떨어지게 나와도 찾아낼 수 있다.

男：键盘和鼠标一共是五百七十三元。

女：可以刷卡吗？

男：对不起，我们这儿只能付现金。

女：好吧。给您六百。

问：根据对话，下列哪项正确？

남：자판기와 마우스 모두 5백 73위안입니다.

여：카드 되나요?

남：죄송합니다. 저희는 현금으로만 계산할 수 있어요.

여：좋아요. 600위안 드릴게요.

질문：대화에 근거하면, 아래 어느 것이 정확한가?

문제 풀이 '一共是五百七十三元(모두 5백 73위안입니다)' '可以刷卡吗？(카드 되나요?)'와 같은 '계산하기'와 관련된 표현을 통해서 'C. 女的在付款(여자는 계산 중이다)'이 답이라는 것을 알 수 있다.

정답 C 女的在付款 여자는 계산 중이다

13	A 当过足球教练	A 축구 코치를 한 적이 있다
	B 是真正的球迷	B 진정한 축구팬이다
	C 没看开幕式	C 개막식을 못 봤다
	D 希望能获得冠军	D 1등이 되길 희망한다

보기 파악 'D. 希望能获得冠军'처럼 어떤 일이 '발생하기를' 희망하는 보기는 대화에서 그 일이 '일어나지 못했거나(没获得 받지 못했다)' '이미 일어난 것(获得了…… ~를 받았다)'으로 변형되어 우리에게 혼동을 줄 수 있다는 것을 염두에 두고 듣자.

女: 昨晚的世界杯开幕式，你看了没有？

男: 没赶上，我看了开幕式后的那场比赛，真的很精彩。

女: 你觉得哪国队能进决赛？

男: 我虽然算不上球迷，可我觉得德国队能进决赛。

问: 关于男的，可以知道什么？

여: 어제저녁 월드컵 개막식 봤어?

남: 시간에 못 맞춰서 못 봤어. 나는 개막식 뒤의 그 경기를 봤는데 정말 훌륭했어.

여: 네가 보기에 어느 나라가 결승에 오를 것 같아?

남: 나는 비록 축구팬이 아니지만, 독일팀이 결승전에 진출할 것 같아.

질문: 남자에 관해 알 수 있는 것은?

문제 풀이 보기 중의 하나가 질문의 형식으로 녹음에 나온다면, 반드시 그 질문에 대한 대답까지 듣고 정답을 고르도록 하자. 개막식을 '봤냐(你看了没有)'는 여자의 말에 남자는 '没赶上 méi gǎnshang(시간에 못 맞추다)'이라고 대답했다. 시간에 못 맞추었다는 말은 즉, '개막식을 보지 못했다'라는 뜻이므로, 답은 'C. 没看开幕式(개막식을 못 봤다)'이다.

정답 C 没看开幕式 개막식을 못 봤다

14	A 相机充满电	A 사진기 충전이 다 됐다
	B 论文写完了	B 논문을 다 썼다
	C 电脑死机了	C 컴퓨터가 다운됐다
	D 突然停电了	D 갑자기 정전이 됐다

보기 파악 'A. 相机充满电'의 '充电'은 이합사이므로, 결과보어(满)는 '充'과 '电' 사이에 들어간다. 'C. 电脑死机了'의 '死机 sǐjī'라는 단어는 컴퓨터와 관련된 표현으로, '다운되다'라는 뜻이다. '死机'처럼 자주 접하기 어려운 어휘가 답이라면 글자 '그대로' 녹음에서 언급되니, 뜻이 무엇인지 몰라도 당황하지 말고 그 단어의 발음에 유의해서 녹음을 듣도록 하자.

男: 糟糕！我该怎么办啊？

女: 怎么了？

男: 我的论文都快写完了，电脑突然死机了。

女: 别着急，先开机看看，电脑应该有自动保存的功能。

问: 根据对话，可以知道什么？

남: 망했어! 어떻게 하지??

여: 왜 그래?

남: 논문을 다 써 가는데 컴퓨터가 갑자기 다운됐어.

여: 너무 초조해 말고, 우선 컴퓨터를 켜 봐. 컴퓨터에 자동 복구 기능이 있을 거야.

질문: 대화를 근거로 무엇을 알 수 있나?

문제 풀이 '快写完了'는 '거의 다 써 간다'라는 의미이므로, '写完了'라는 단어만 듣고 섣불리 'B. 论文写完了(논문을 다 썼다)'를 답으로 골라서는 안 된다. 바로 이어지는 말 '电脑突然死机了(컴퓨터가 갑자기 다운됐어)'에 보기 C의 표현이 나오므로, 답은 'C. 电脑死机了(컴퓨터가 다운됐다)'이다.

정답 C 电脑死机了 컴퓨터가 다운됐다

15 A 和张总约好了	A 장 사장과 약속을 했다
B 下午要签合同	B 오후에 계약을 체결해야 한다
C 不想责备男的	C 남자를 탓하고 싶지 않다
D 广告拍好了	D 광고를 잘 찍었다

보기 파악 '要/想+ⓥ'와 'ⓥ+了'가 쓰인 보기는 주의하여 구별하자. '要/想+ⓥ'는 '동작이 아직 벌어지지 않았다'라는 의미로 많이 쓰이지만, 'ⓥ+了'는 '동작이 이미 벌어졌다'라는 의미로 많이 쓰인다. 예를 들어, '要/想'이 쓰인 보기 B가 나타내는 의미는 '계약'이 '아직 체결되지 않았음'인데, 녹음에서는 '下午签合同了(오후에 계약을 체결했다)'로 나와서 혼동하게 될 수도 있다. 종종 있는 경우이니, 각별히 신경 쓰자.

女：你好，我想找一下贵公司的张总。	여: 안녕하세요, 귀사의 장 사장님을 뵙고 싶습니다.
男：您好，请问您有预约吗？	남: 안녕하세요. 예약을 하셨는지요?
女：我是你们公司的广告合作商李娜，我和张总约了下午两点见面。	여: 저는 귀사의 광고 협력사의 '리나'라고 합니다. 저와 장 사장님은 오후 2시에 만나기로 했어요.
男：好的，请稍等，我帮您通报一下。	남: 잠시만 기다려 주세요. 제가 말씀 전하겠습니다.
问：女的是什么意思？	질문: 여자는 어떤 의미인가?

문제 풀이 여자의 말 '我和张总约了下午两点见面(저와 장 사장님은 오후 2시에 만나기로 했어요)'를 통해서 답이 'A. 和张总约好了(장 사장과 약속을 했다)'라는 것을 알 수 있다.

정답 A 和张总约好了 장 사장과 약속을 했다

16~17

16 A 打折优惠	A 할인 혜택
B 赠送小礼物	B 작은 선물을 증정한다
C 买一送一	C 1+1
D 每月免费干洗一次	D 매월 무료 드라이클리닝 1회

17 A 看店里的服装	A 상점의 옷을 구경한다
B 与别的会员闲聊	B 다른 회원들과 이야기를 한다
C 做网络宣传	C 인터넷 광고를 한다
D 看时尚杂志	D 패션 잡지를 본다

보기 파악 '第16-17题是根据下面一段话(16~17번 문제는 다음 내용에 근거한다)'라는 녹음이 나오기 전에 이미 우리는 16~17번 보기를 한 번 이상은 읽은 상태여야 한다는 것을 꼭 기억하자! 16번 보기들은 모두 '优惠活动(혜택 행사)'과 관련 있는 표현들이므로, '상점 측에서 손님들에게 제공하는 서비스'와 관련 있는 내용이 녹음에 나올 때 정답을 찾을 수 있을 것이다. 그리고 17번 보기들은 '顾客(손님)' 혹은 '会员(회원)'들이 하는 행동으로 예측되므로, 녹음에서 손님들이 하는 행동들이 언급될 때를 주의해서 들어 보자.

一家卖高档男士商务装的服装店推出了一项会员服务，¹⁶每个月免费为顾客干洗本店购买的衣服。于是，很多顾客把衣服送到店里干洗，每次来等待取衣服时，¹⁷他们会看看店里的新款服装，看久了难免会有想买的衣服，就这样这家服装店的生意越来越好。这家店通过这项服务让顾客心甘情愿地来店里消费，这其中干洗服务的功劳是不可忽视的。

16　那家服装店的会员可享受什么服务？

17　在等待取衣服时顾客一般会做什么？

16~17번 문제는 다음 내용에 근거한다.

한 고급 신사복 매장이 ¹⁶매월 무료로 이 매장에 산 옷을 드라이클리닝 해 주는 서비스를 선보였다. 그래서 많은 고객들이 옷을 상점으로 보냈고, 매번 옷을 찾기 위해서 기다릴 때, ¹⁷그들은 매장의 신상품들을 구경했고, 오래 구경을 하다 보니 사고 싶은 옷이 생기는 것을 피할 수 없었다. 이러다 보니 이 매장은 장사가 갈수록 잘됐다. 이 매장은 이 서비스를 통해 고객들로 하여금 기꺼이 이 매장에 와서 소비를 하게 했고, 이 중에 드라이클리닝 서비스의 공로는 무시할 수 없다.

16　그 옷 가게의 회원은 어떤 서비스를 누릴 수 있나?

17　옷을 기다리는 동안 고객들은 보통 무엇을 하나?

문제 풀이　긴 글 형태의 문제는 관련 문항들의 보기를 문항 순서에 상관 없이 한꺼번에 놓고 들리는 것들을 골라야 한다는 점을 명심하자. 스킬에서 배웠 듯, 녹음 속 핵심 내용은 보기에 짧게 줄이거나 변형되어 간략히 제시된다. 16번과 17번의 답은 다음과 같이 녹음 내용에서 핵심 내용을 찾아 낼 수 있다.

16 '每个月免费为顾客干洗本店购买的衣服'를 듣고 'D. 每月免费干洗一次'를 체크할 수 있어야 한다.

17 '他们会看看店里的新款服装'를 듣고 'A. 看店里的服装'를 체크할 수 있어야 한다.

정답　**16** D 每月免费干洗一次 매월 무료 드라이클리닝 1회

17 A 看店里的服装 상점의 옷을 구경한다

18~20

18 A 最尊敬的人物　　B 有个性的同学 　　 C 单位同事　　　D 最亲密的朋友	A 가장 존경하는 인물　　B 개성 있는 동기 C 직장 동료　　　　　D 가장 친한 친구
19 A 不善交际的 　　 B 和自己性格互补的 　　 C 与自己相似的 　　 D 诚实开朗的	A 교제를 잘 못하는 사람 B 자신과 성격이 상호 보완되는 사람 C 자신과 비슷한 사람 D 진실하고 명랑한 사람
20 A 朋友的支持能带来安全感 　　 B 第一印象很难改变 　　 C 年轻人都记忆力好 　　 D 要信任工作伙伴	A 친구의 지지는 안도감을 갖게 한다 B 첫인상은 바꾸기 어렵다 C 젊은이들은 모두 기억력이 좋다 D 직장 동료를 신뢰해야 한다

보기 파악　18번과 19번의 보기가 명사이니, 녹음에서 두 개 이상의 보기 어휘가 언급될 수도 있겠다고 생각하고 듣도록 하자. 그리고 문장형 보기를 볼 때는 '모두 ~하다' '반드시 ~하다'라는 식으로 단정 짓는 보기는 정답이 될 수 없으므로 20번의 보기 'C. 年轻人都记忆力好(젊은이들은 모두 기억력이 좋다)'는 제쳐 두어도 좋다. 20번은 보기 A, B, D만 가지고 듣도록 한다.

第18到20题是根据下面一段话：

有心理学家曾做过一个实验：要求一些年轻人回忆他们结交的一位[18]最亲密的朋友，并列举这位朋友与他们自己的相似之处与不同之处。结果发现大多数人列举的都是朋友与他的相似之处，例如"我们性格内向、诚实，都喜欢养宠物""我们都很活泼开朗，喜欢交际，还常参加野外活动"等等。

实验结果显示，这是因为人们更喜欢[19]与自己相似的人交往。这样，在交往时，就很少会产生相互矛盾，而且容易获得对方的肯定和[20]支持，会给人们带来安全感，从而使彼此相处得越来越愉快。

18 实验要求年轻人回忆谁？

19 根据这段话，人们喜欢跟什么样的人交往？

20 根据这段话，可以知道什么？

18~20번 문제는 다음 내용에 근거한다

어떤 심리학자가 일찍이 한 실험을 했다. 일단의 젊은이들에게 그들이 사귀었던 [18]가장 친한 친구를 떠올려 보고, 그 친구와 그들 자신과의 비슷한 점과 다른 점을 열거해 보게 했다. 그 결과, 대다수의 사람들이 열거한 것은 친구와 그의 서로 비슷한 점이었다. 예를 들어, "우리는 성격이 내성적이고, 진실하고, 다 애완동물을 키우는 것을 좋아한다" "우리는 모두 쾌활하고 교제하는 것을 좋아하며, 야외활동을 좋아한다" 등등이 있었다.

실험 결과가 나타내길, 이는 사람들이 [19]자신과 비슷한 사람과 교제하는 것을 좋아하기 때문이라는 것이다. 이렇게 하면, 교제할 때, 상호 간의 갈등이 거의 생기지 않으며, 쉽게 상대방에 대한 긍정과 [20]지지를 얻어서, 사람들에게 안도감을 가져다준다. 그리하여 서로 갈수록 즐겁게 지내게 한다.

18 실험은 젊은이들에게 누구를 떠올려 보도록 했나?

19 이 글에 따르면, 사람들은 어떤 사람들과 교제하는 것을 좋아하는가?

20 이 글을 근거로 무엇을 알 수 있나?

문제 풀이 18 보기가 명사구이기 때문에 '最亲密的朋友(가장 친한 친구)'라는 녹음만 듣고 바로 답을 'D. 最亲密的朋友'로 체크하고 끝내 버리지 말고, 다른 보기 어휘가 또 언급되는지 주의하며 계속 듣도록 한다.

19 역시 '与自己相似的人交往(자신과 비슷한 사람과 교제하는 것)'을 듣고 'C. 与自己相似的'를 체크하는 해 두되, 다른 보기 어휘가 또 언급되는지 주의하며 계속 듣도록 한다.

20 '……支持，会给人们带来安全感'을 통해 정답이 'A. 朋友的支持能带来安全感(친구의 지지는 안도감을 갖게 한다)'임을 체크할 수 있다.

녹음이 끝나갈 때까지 18번, 19번의 다른 보기가 언급되지 않기 때문에 처음 체크했던 대로, 18번은 D, 19번은 C가 답이 된다.

정답 18 D 最亲密的朋友 가장 친한 친구

19 C 与自己相似的 자신과 비슷한 사람

20 A 朋友的支持能带来安全感 친구의 지지는 안도감을 갖게 한다

21~22

21 A 要避免出错	A 실수하는 것을 피해야 한다
B 不要过于追求完美	B 너무 과하게 완벽을 추구하면 안 된다
C 工作效率不高	C 업무 효율이 높지 않다
D 工作不够细心	D 일을 하는 데 세심함이 부족하다

22 A 找借口的危害	A 변명하기의 해악
B 怎样培养口才	B 어떻게 말재주를 키울 것인가
C 辞职的理由	C 사직하는 이유
D 什么人喜欢找借口	D 어떤 사람이 변명하는 것을 좋아하나

'怎样/如何……(어떻게 ~할 것인가)'로 시작되는 보기는 종종 가장 앞부분에 언급되기도 한다. 따라서 22번의 보기 'B. 怎样培养口才(어떻게 말재주를 키울 것인가)'가 답이라면 녹음 제일 앞부분에 언급될 수 있을 것이다.

第21到22题是根据下面一段话:

　　在日常生活中，常听到这样一些借口：上班迟到，会有"路上堵车""闹钟坏了"的借口；考试不及格，会有"试题难度太大""出题范围太广"的借口；做生意赔了有借口；工作落后了也有借口。久而久之，就会形成这样一种情况：努力寻找借口来推卸自己本应承担的责任。一旦养成找借口的习惯，做工作就会拖拖拉拉，²¹没有效率，²²做起事来就往往不诚实，这样的人不可能是好员工，他们也不可能有完美的人生。

21　"做工作就会拖拖拉拉"最可能是什么意思?

22　这段话主要谈什么?

21~22번 문제는 다음 내용에 근거한다

　　일상생활에서 다음과 같은 변명을 자주 듣는다. 출근에 늦으면 "길이 막혔어요" "알람이 고장 났어요"와 같은 변명을, 시험에 떨어지면 "문제 난이도가 너무 높아요" "출제 범위가 너무 넓었어요"와 같은 변명을 한다. 장사를 하다가 손해를 봐도 변명을 하고, 일을 하는 데 뒤처져도 변명을 한다. 이것이 오랜 기간 계속되면, 열심히 변명거리를 찾아서 자신이 마땅히 져야 할 책임을 전가하는 상황이 만들어진다. 일단 변명하는 습관이 만들어지면, 일을 하면 늑장을 부리고 ²¹효율도 없고,²²종종 불성실해진다. 이러한 사람은 좋은 직원이 될 수 없고, 완벽한 인생을 지낼 수 없다.

21　'일을 하면 늑장을 부리다'는 무슨 의미인가?

22　이 글이 주요하게 이야기 하는 것은?

21 녹음의 '拖拖拉拉'는 '拖拉 tuōlā (일을) 질질 끌다'의 중첩형이다. '拖拉'는 HSK 급수 어휘에 속하지 않으므로, 이 표현만 보고 의미가 바로 떠오르는 수험생은 거의 없을 것이다. 하지만 들리는 것을 정답으로 삼는 방법을 사용하면 매우 쉽게 풀수 있는 문제이다. 녹음에서 '拖拖拉拉' 바로 뒤에 이어지는 '没有效率(효율이 없다)'라는 표현에서 'C. 工作效率不高(업무효율이 높지 않다)'를 정답으로 유추할 수 있다.

22 정답은 이 글이 주요하게 이야기하는 대상이다. 녹음을 들어 보면, '找借口(변명하다)'라는 표현이 녹음의 처음부터 끝까지 일관되게 나오고 있다. 녹음을 중반까지만 들어도 '找借口'가 쓰인 보기 A와 D 중에 정답이 있으리라 예상할 수 있다. 녹음의 뒷 부분에는 변명하는 습관의 '부정적인 측면'에 대한 내용들이 강조되며 나열되고 있으므로 답은 'A. 找借口的危害(변명하기의 해악)'이다.

21 C 工作效率不高 업무 효율이 높지 않다

22 A 找借口的危害 변명하기의 해악

제1부분

1 D	2 A	3 C	4 A	5 C	6 B	7 B

제2부분

8 C	9 C	10 B	11 B	12 B

제3부분

13 B	14 D	15 A	16 C	17 C	18 C	19 A	20 D

독해 제1부분

1-3

1	A 始终	B 突然	C 简直	D 极其

보기 파악 A 始终 shǐzhōng 閉 계속, 시종일관 | **始终没有变化** 계속 변화가 없다

B 突然 tūrán 閉 갑자기[=忽然 hūrán] | **突然不见了** 갑자기 사라졌다

형 갑작스럽다 | **太突然了!** 너무 갑작스럽다!

C 简直 jiǎnzhí 閉 그야말로/전혀 | **简直是太棒了!** 그야말로 정말 대단하다!

🔎 '是'와 잘 결합하고, 뒤에 太@了의 형식이 잘 나온다.

D 极其 jíqí 閉 아주, 매우 | **极其好用** 매우 쓰기 좋다

🔎 '极其'는 정도부사로, 뒤에 2글자 형용사가 온다. 1글자 형용사와는 쓰지 않는다.

문제 풀이 但是猫头鹰的头部 __1__ 灵活, 그러나 올빼미의 머리는 ( ) 민첩해서

빈칸 뒤에 나온 '灵活(민첩하다)'는 형용사이므로, 형용사인 灵活 앞에 위치한 빈칸에는 '정도부사'가 위치해야 한다. 보기 중 '灵活' 뒤에 올 수 있는 정도부사는 '极其'이다.

정답 D 但是猫头鹰的头部 __极其__ **灵活**, 그러나 올빼미의 머리는 ___매우___ **민첩해서**

2	A 观察	B 展开	C 体验	D 采取

보기 파악 A 观察 guānchá 图 관찰하다 | **仔细观察** 자세히 관찰하다

B 展开 zhǎnkāi 图 전개하다, 펼치다 | **展开活动** 활동을 전개하다 / **展开翅膀** 날개를 펼치다

C 体验 tǐyàn 图 체험하다 | **体验生活** 생활을 체험하다 / **体验当地的生活** 현지 생활을 체험하다

D 采取 cǎiqǔ 图 채택하다 | **采取措施** 조치를 취하다

문제 풀이 只转动头部即可 __2__ 周围的情况。

머리만 돌리는 것으로 주위 상황을 바로 ( )할 수 있게 했다.

빈칸 뒤에 나온 '周围的情况(주위 상황)'을 목적어로 가질 수 있는 보기가 무엇인지, 하나하나 연결시켜 해석해 보자. '주위 상황을' '관찰하다(A)'라고 자연스럽게 해석되는 A가 답이다. 나머지 보기들은 각각 '주위 상황을' '전개하다(B)/체험하다(C)/채택하다(D)'로 어색하게 해석이 된다.

정답 A 只转动头部即可 __观察__ **周围的情况**。

머리만 돌리는 것으로 **주위 상황**을 바로 ___관찰___ 할 수 있게 했다.

3 A 保护   B 控制   C 保持   D 改善

보기 파악

A 保护 bǎohù 통 보호하다 | **保护(自然)环境** 환경을 보호하다 [=环保]

B 控制 kòngzhì 통 제어하다 | **控制情绪** 감정을 제어하다

C 保持 bǎochí 통 유지하다 | **保持冷静** 냉정을 유지하다 / **保持安静** 안정을 유지하다

D 改善 gǎishàn 통 개선하다 | **改善学习环境** 공부 환경을 개선하다 / **改善工作环境** 업무 환경을 개선하다

문제 풀이

这非常有利于它在寂静的夜里   **3**   安静，……

이는 올빼미가 조용한 밤에 조용함을 (   )하고, ~하는 데 대단히 유리하다

빈칸 뒤에 나온 '安静(조용하다/안정)'과 함께 쓰일 수 있는 보기가 무엇인지 살펴보자. 각 보기의 짝꿍 단어가 무엇인지 떠올려 보고, 각 보기를 '安静'과 연결시켜 해석해 보면, 유일하게 자연스럽게 해석되는 보기가 'C. 保持'라는 것을 알 수 있다. '保持'를 외울 때 '保持'만 단독으로 외우지 말고, '保持冷静' '保持安静'으로 외우자.

정답

C 这非常有利于它在寂静的夜里 保持 **安静** ，……

이는 올빼미가 조용한 밤에 **조용함**을   유지   하고, ~하는 데 대단히 유리하다

猫头鹰的眼睛大，眼珠却不会转动。但是猫头鹰的头部 **1 D. 极其** 灵活，可以旋转270度左右。如果把这个旋转角度加上它眼睛本身的视角，猫头鹰几乎就具有360度的视野了。在鸟类甚至所有的动物中，算是头部最灵活的种类之一。猫头鹰头部的这一特征使它用不着移动身体，只转动头部即可 **2 A. 观察** 周围的情况。这非常有利于它在寂静的夜里 **3 C. 保持** 安静，避免惊动附近的猎物。

올빼미의 눈은 크지만, 안구는 회전하지 못한다. 그러나 올빼미의 머리는 **1 D.매우** 민첩해서, 270도 정도를 회전할 수 있다. 만약에 이 회전 각도에 올빼미의 안구 자체의 시각 범위를 더하면, 올빼미는 거의 360도의 시야를 가진다. 조류, 심지어 모든 동물 중에 머리가 가장 민첩한 동물 중의 하나라고 할 수 있다. 올빼미 머리의 이 특징은 올빼미로 하여금 몸을 이동시킬 필요 없이, 머리만 돌리는 것으로 **주위** 상황을 바로 **2 A.관찰** 할 수 있게 했다. 이는 올빼미가 조용한 밤에 **조용함**을 **3 C.유지** 하고, 근처의 사냥감이 놀라게 하는 것을 피하게 하는 데 대단히 유리하다.

4-7

4 A 本质   B 规矩   C 规律   D 形势

보기 파악

A 本质 běnzhì 명 본질 | **从本质上看** 본질적으로 보자면

B 规矩 guīju 명 규칙 | **没规矩** 버릇이 없다 / **行业规矩** 업계의 규칙, 업계의 룰

C 规律 guīlǜ 명 규율 | **按照规律** 규율에 따라

           형 규칙적이다 | **饮食不规律** 식습관이 불규칙하다

D 形势 xíngshì 명 형세, 정세 | **经济形势** 경제 정세 / **国际形势** 국제 정세

문제 풀이

……，也就是说它   **4**   上类似于熊，……

그것은 (   )적으로 곰과 유사하지만

'它'가 가리키는 대상을 먼저 찾자. 문장 맨 앞에 '大熊猫(판다)'가 언급된 것에서 '它'가 '판다'임을 알 수 있다. 빈칸 뒤에 쓰인 '上'에는 '~상, ~적으로'라는 뜻도 있다. '팬더와 곰이 유사하다'는 문맥을 고려하면 'A. 本质'가 빈칸에 들어가서 '본질적으로(本质上)'라는 의미를 나타내야 한다.

정답

A ……，也就是说它 本质 **上**类似于熊，……

판다는   본질   **적으로** 곰과 유사하지만

5 A 早晚　　　　　B 照常　　　　　C 曾经　　　　　D 假如

보기 파악 A 早晚 zǎowǎn 🅱 조만간 | [=迟早 조만간]

B 照常 zhàocháng 🅱 평소처럼 | 照常营业 평소처럼 영업하다

C 曾经 céngjīng 🅱 일찍이 | '曾经'은 '曾'으로도 쓰인다. '曾(经)' + Ⓥ술어 형태로 쓰이며, Ⓥ술어 뒤에 항상 过/了가 붙는다.

D 假如 jiǎrú 🅱 만약에 | '要是/如果'와 같이 외우고, 후행절에는 '那么/就/会'가 잘 온다.

문제 풀이 早年间四川重庆市北碚博物馆　5　展出过"猫熊"的标本，

일찍이 쓰촨 충칭시 베이베이 박물관은 (　)"猫熊"의 표본을 전시한 적이 있는데

동사 뒤에 동태조사 '过'가 있으므로, 해석할 필요도 없이 답은 'C.曾经'이다. 시험에서 빈칸 뒤가 'Ⓥ+过'이고 보기 중에 '曾经'이 있으면 답은 100% '曾经'이 답이다. '曾经+Ⓥ+过'는 '일찍이 ~한 적이 있다'라는 의미이다.

정답 C 早年间四川重庆市北碚博物馆　曾经　展出过"猫熊"的标本，

예전에 쓰촨 충칭시 베이베이 박물관은 ___일찍이___ '猫熊'의 표본을 전시한 적이 있는데

---

6 A 预报　　　　　B 报道　　　　　C 推荐　　　　　D 谈判

보기 파악 A 预报 yùbào 🈁 예보하다 | 预报天气 날씨를 예보하다

B 报道 bàodào 🈁 보도하다 | 报道新闻 뉴스를 보도하다

C 推荐 tuījiàn 🈁 추천하다 | 强烈推荐 강력하게 추천하다

D 谈判 tánpàn 🈁 담판하다, 협상하다 | 进行谈判 협상을 진행하다

문제 풀이 所以记者们便在　6　中把"猫熊"误写成了"熊猫"。

그래서 기자들은 (　)하는 중에 '猫熊'를 '熊猫'로 잘못 썼다.

기자들이 할만한 행위는 보기 중에 'B. 报道'뿐이다.

정답 B 所以记者们便在　报道　中把"猫熊"误写成了"熊猫"。

그래서 기자들은 ___보도___ 하는 중에 '猫熊'를 '熊猫'로 잘못 썼다.

---

7 A 记者们十分慌张　　　　　　　　B 大家就将错就错

C 人们立刻改正过来　　　　　　　　D 科学家不愿承认自己错了

보기 파악 A 记者们十分慌张 기자들은 매우 당황했다

B 大家就将错就错 모두들 틀린 줄 알면서도 그냥 썼다

C 人们立刻改正过来 사람들은 즉시 고쳤다

D 科学家不愿承认自己错了 과학자는 자신이 틀렸다는 것을 인정하길 원하지 않았다

문제 풀이 人们说惯了，也就很难纠正过来了。于是，　7　，称"猫熊"为"熊猫"了。

사람들 입에 익어서 수정하는 것이 매우 어려워졌다. 그래서 (　), '猫熊'를 '熊猫'라고 불렀다.

문장 보기 유형은 빈칸 앞뒤 문맥을 따져서 가장 논리적으로 말이 되는 것을 정답으로 골라야 한다. 빈칸 앞에 쓰인 '于是(그래서)'의 앞 문장이 어떤 내용인지 확인해 보고, 빈칸 뒤 문장 '称"猫熊"为"熊猫"了'까지 연결하여 해석해 보자. 그러면 A, C, D는 빈칸 앞뒤 내용과 전혀 연결되지 않을 것이다. 그렇게 되면 B가 무슨 뜻인지 몰라도, 답이 B라는 것을 알 수 있다. B에 쓰인 성어 '将错就错'와 지문의 '人们说惯了，也就很难纠正过来了'에 쓰인 단어 '纠正(교정하다/바로잡다)'은 5급 수험생으로서는 알 수 없는 어려운 어휘이다. 이렇게 모르는 단어가 나왔을 때 시험 해석법을 이용하면 쉽게 답을 찾을 수 있다.

정답 B 人们说惯了，也就很难纠正过来了。于是，　大家就将错就错　，称"猫熊"为"熊猫"了。

사람들 입에 익어서 수정하는 것이 매우 어려워졌다. 그래서 틀린 줄 알면서도, '猫熊'를 '熊猫'라고 불렀다.

大熊猫的学名其实叫"猫熊"，意思是"像猫的熊"，也就是说它 **4 A.本质** 上类似于熊，而外貌相似于猫。严格地说，"熊猫"是错误的名词。那么这一错误的称呼是怎么来的呢？原来，早年间四川重庆市北碚博物馆 **5 C.曾经** 展出过"猫熊"的标本，说明牌自左向右横写着"猫熊"两个字。可是，当时报刊的横标题习惯于自右向左认读的，所以记者们便在 **6 B.报道** 中把"猫熊"误写成了"熊猫"。"熊猫"这一称呼经媒体广泛传播后，人们说惯了，也就很难纠正过来了。于是，**7 B.大家就将错就错**，称"猫熊"为"熊猫"了。

판다의 학명은 사실 '猫熊'이고, 뜻은 '고양이를 닮은 곰'이다. 판다는 **4 A.본질** 적으로 곰과 유사하지만, 외모는 고양이와 비슷하다. 엄밀히 말하자면, '熊猫'는 잘못된 명사이다. 그렇다면 이 잘못된 명칭은 어떻게 만들어진 것일까? 원래, 예전에 쓰촨 충칭시 베이베이 박물관은 **5 C.일찍이** '猫熊'의 표본을 전시한 적이 있는데, 설명판에 '猫熊'을 가로로 왼쪽에서 오른쪽으로 썼다. 그러나 당시 간행물의 제목은 오른쪽에서 왼쪽으로 읽는 것이 습관이 되어 있었다. 그래서 기자들이 **6 B.보도** 하는 중에 '猫熊'를 '熊猫'로 잘못 썼다. '熊猫'이 호칭은 매체의 광범위한 전파를 거친 후, 사람들 입에 익어서 수정하는 것이 매우 어려워졌다. 그래서 **7 B.사람들은 틀린 줄 알면서도** '猫熊'을 '熊猫'라고 불렀다.

독해 제2부분

8 A 很多企业家的创新能力有待提高	A 많은 기업가들의 창의성은 제고돼야 할 필요가 있다
B 小型企业成长空间相对有限	B 소규모 기업은 성장 공간이 상대적으로 한계가 있다
C 社会企业家以建设美好社会为目的	C 사회 기업가는 아름다운 사회를 건설하는 것을 목적으로 한다
D 企业家应多捐助贫困儿童	D 기업가는 재물 기부를 많이 해서 빈곤 아동을 도와야 한다

보기 파악　시험 해석법을 잘 활용하자. 어려운 단어를 '알파' '베타'로 대치시켜 해석하면 효율적으로 핵심만 이해할 수 있다. 보기 A의 '创新能力' '有待', 보기 B의 '有限', 보기 D의 '捐助'의 뜻을 몰랐다면 '알파' '베타'로 해석해도 된다.
　예　A 很多企业家的<u>创新能力</u> <u>有待</u>提高　많은 기업가들의 '알파'는 '베타'제고된다

③一般而言，企业家是为了利润才创办企业的。而②有些企业家创办企业却以解决社会问题为出发点，这些人被称为"社会企业家"。社会企业家为理想所驱动，具有持续的开拓与创新精神，肩负着企业责任、行业责任与社会责任，①为建设一个更好的社会而努力。

일반적으로 말해서, 기업가들은 이윤을 위해서 창업을 한다. 그러나 어떤 기업가들은 창업을 하지만, 사회 문제를 해결하는 것을 출발점으로 여긴다. 이러한 사람들은 '사회기업가'로 불린다. 사회 기업가는 이상을 위해 움직이고, 지속적인 진취성과 창업 정신을 가지고 있고, 기업, 업종, 사회 책임을 맡고, 더 좋은 사회를 건설하기 위해서 노력한다.

문제 풀이　독해 제2부분 풀이 스킬을 기억하자. 제일 첫 번째로 읽었을 마지막 줄의 '为建设一个更好的社会而努力(더 좋은 사회를 건설하기 위해서 노력한다)'가 'C. 社会企业家以建设美好社会为目的'와 비슷하므로, 답은 C가 되고, 나머지 ②, ③ 부분은 읽을 필요가 없어진다.
　🔎 ① 为<u>建设</u>一个<u>更好的社会</u>而努力 → C 社会企业家以<u>建设美好社会</u>为目的

정답　C 社会企业家以建设美好社会为目的 사회 기업가는 아름다운 사회를 건설하는 것을 목적으로 한다.

9 A 传统的家居装饰费用较高	A 전통적인 거실 장식 비용은 비교적 비싸다
B 年轻人已经不习惯在墙上挂照片	B 젊은이들은 이미 벽에 사진을 거는 게 익숙하지 않다
C 手绘墙画是直接画在墙上的	C 핸드페인팅 벽화는 직접 벽에 그리는 것이다
D 手绘墙画现在还不被人们接受	D 핸드페인팅 벽화는 현재 사람들에게 받아들여지지 않고 있다

보기 파악 시험 해석법을 잘 활용하자. 어려운 단어를 '알파' '베타'로 대치시켜 해석하면 효율적으로 핵심만 이해할 수 있다. 보기 A의 '家居', 보기 C와 D의 '手绘墙画'의 뜻을 몰랐다면 '알파' '베타'로 해석해도 된다.

예 C 手绘墙画是直接画在墙上的 '알파'는 직접 벽에 그리는 것이다

---

③在传统的家居装饰中，画儿一般是挂在墙上的。然而，随着崇尚个性的家居装饰潮流来袭，②直接在墙上绘出各种图案以达到装饰效果的手绘墙画，不仅以其无拘无束、天真烂漫的特点征服了人们，①更让家居装饰进入了一个更加自由的时代。

전통적인 거실 장식에서 그림은 일반적으로 벽에 거는 것이다. 그러나 개성을 숭상하는 거실 장식의 트렌드가 밀려옴에 따라, 직접 벽에 각종 도안을 그려서 장식 효과를 내는 핸드페인팅 벽화는 구속받지 않고, 천진난만한 특징으로 사람들을 사로잡았을 뿐만 아니라, 거실 장식으로 하여금 더욱 자유로운 시대에 들어서게 했다.

문제 풀이 마지막 줄(①)에 보기와 비슷한 부분이 없으므로, 첫째 줄 끝자락에서 둘째 줄 중간까지 읽어 보자. 첫째 줄 끝자락 부분은 '随着……'로 시작하는 개사구이고 어려운 어휘도 많으니 읽으면서 넘어가고, 둘째 줄 중간에 나오는 문장(②) '直接在墙上绘出各种图案以达到装饰效果的手绘墙画'에 보기 C의 내용이 담겨 있다. 두 번째 줄에서 답을 찾았으니, 첫 번째 줄(③)은 읽을 필요가 없다. 시험에서는 종종 이처럼 보기 문장과 지문 속 문장에서 연관 내용의 순서가 뒤바뀌어 나오는 경우가 있으니 주의하자.

🔍 ② 直接在墙上绘出各种图案以达到装饰效果的手绘墙画 → C 手绘墙画是直接画在墙上的

정답 C 手绘墙画是直接画在墙上的 핸드페인팅 벽화는 직접 벽에 그리는 것이다.

---

10 A 沿海地区沙尘天气一般很少见	A 해안 지역의 황사 날씨는 일반적으로 드물게 보인다
B 沙尘天气具有一定的好处	B 황사 날씨는 어느 정도 좋은 점을 가지고 있다
C 沙尘天气多发生在夏天	C 황사 날씨는 여름에 자주 발생한다
D 沙尘暴一般随酸雨一起出现	D 황사는 일반적으로 산성비와 함께 출현한다

보기 파악 시험 해석법을 잘 활용하자. 어려운 단어를 '알파' '베타'로 대치시켜 해석하면 효율적으로 핵심만 이해할 수 있다. 보기 A의 '沿海' 뜻을 몰랐다면 '알파' '베타'로 해석해도 된다.

예 A. 沿海地区沙尘天气一般很少见 '알파' 지역의 황사 날씨는 일반적으로 드물게 보인다

③沙尘天气并不完全一无是处，它也有有益的一面。②沙尘可以中和大气中的酸性物质，减少酸雨的危害。而且沙粒中含有铁等物质，当它们沉降下来后，可以成为海洋生物的养分，①有利于近海地区养殖业的发展。

황사 날씨는 결코 좋은 점이 하나도 없는 것은 아니다. 그것 역시 유익한 점이 있다. 황사는 대기 중의 산성 물질을 중화시켜서, 산성비의 위험을 줄일 수 있다. 또한 황사 입자 중에는 철 등의 물질들이 있는데, 그것들이 침전된 후 해양 생물의 양분이 될 수 있어서, 근해 지역 양식업의 발전에 유리하다.

문제 풀이 스킬 순서대로 마지막 부분(①)부터 본다. 마지막 부분(①)가 첫 번째 줄 끝자락에서 둘째 줄 중간 부분(②)과 비슷한 보기는 없으므로, 마지막으로 '맨 앞부분(③)'을 본다. ①과 ②에는 어려운 표현들이 많이 들어가 있기 때문에 더욱이 디테일하게 '해석'할 필요 없이 '읽기'만 하고 끝내자. 이 부분에 정답이 있었다면 보기에도 어려운 표현들이 그대로 나올 것이다. '它也有有益的一面'은 보기 B와 비슷하다.

🔍 ③ 沙尘天气并不完全一无是处，它也有有益的一面 → B 沙尘天气具有一定的好处

정답 B 沙尘天气具有一定的好处 황사 날씨는 일정한 좋은 점을 가지고 있다.

---

11 A 个人投资风险较大	A 개인 투자는 리스크가 비교적 크다
B 理财方案应充分考虑实际情况	B 재테크 방안은 실제 상황을 충분히 고려해야 한다
C 理财方案必须由专业人士制定	C 재테크 방안은 반드시 전문가가 제정해야 한다
D 理财还未受到人们的重视	D 재테크는 아직 사람들의 중시를 받지 못하고 있다

보기 파악 시험 해석법을 잘 활용하자. 어려운 단어를 '알파' '베타'로 대치시켜 해석하면 효율적으로 핵심만 이해할 수 있다. 보기 B, C, D의 '理财' 뜻을 몰랐다면 '알파' '베타'로 해석해도 된다.

예 B 理财方案应充分考虑实际情况 '알파' 방안은 마땅히 실제 상황을 충분히 고려해야 한다.

*'必须'와 같이 단정 짓는 표현이 있는 보기는 답이 아닐 확률이 높다.

---

③正虽然很多家庭已经认识到了理财的重要性，但究竟应该如何制定理财方案呢？②由于每个家庭的情况不尽相同，量体裁衣是十分必要的，④也就是说家庭理财方案应该是根据家庭的实际收支情况来定。总体而言，一份合理的理财方案应该在收益、①风险与流动性需求上取得一定的平衡。

비록 많은 가정이 이미 재테크의 중요성을 인식하고 있지만, 도대체 어떻게 재테크 방안을 세워야 하는 걸까? 모든 가정의 상황이 다 같지 않기 때문에, 실제 상황에 근거하는 것이 매우 필요하다. 또한 가정 재테크 방안은 가정의 실제 수입과 지출 상황에 근거해서 정해야 한다. 총체적으로 말해, 합리적인 재테크 방안은 수익, 리스크, 유동성이 일정한 균형을 이루어야 한다.

문제 풀이 이번 지문은 4줄짜리 긴 글이기 때문에 두 번째 줄 끝자락에서 세 번째 줄 앞부분(④)에서도 정답이 나올 수 있다. ④의 내용이 보기 B와 비슷하므로 답은 B이다. 문제에 따라 ①, ②에서 답이 나오는 경우도 있고 ④까지 봐야 답이 나오는 경우도 있다.

결국에는 어쩔 수 없이 지문 전체를 다 읽어 봐야 하는 경우도 생기지만, 이런 경우는 10문제 중 한두 문제 나올까 말까 할 정도로 비중이 적다. 스킬대로 풀었다면, 8~9개 문제에서 시간과 에너지를 많이 아꼈기 때문에 이런 문제를 만났을 때도 큰 영향을 받지 않는다.

🔍 ④ 也就是说家庭理财方案应该是根据家庭的<u>实际收支情况</u>来定 → B 理财方案应充分考虑<u>实际情况</u>

정답 B 理财方案应充分考虑实际情况 재테크 방안은 실제 상황을 충분히 고려해야 한다

12		
A 上海是世界最大的茶叶产地	A 상하이는 세계에서 가장 큰 차 생산지이다
B 上海的茶叶消费量很大	B 상하이의 차 소비량은 매우 크다
C 上海闸北区专门种植茶叶	C 상하이 자베이구는 전문적으로 차를 재배한다
D 上海的茶叶多销往国外	D 상하이의 차는 해외로 많이 팔린다

보기 파악 시험 해석법을 잘 활용하자. 어려운 단어를 '알파' '베타'로 대치시켜 해석하면 효율적으로 핵심만 이해할 수 있다. 보기 C의 '闸北' 뜻을 몰랐다면 '알파''베타'로 해석해도 된다.

예 C 上海<u>闸</u>北区专门种植茶叶 상하이 '알파' 지역은 전문적으로 차를 재배한다

---

③<u>经常会有人疑惑，上海不产茶叶</u>，怎么会连续举办十八届国际茶文化节？②若您有闲暇，在上海闸北区走一走，相信就会找到答案。④<u>无论是步行还是坐车，到处都可以寻觅到您心仪的茶叶</u>。①<u>上海不产茶叶，却是中国最大的茶叶消费与流通城市</u>。

항상 사람들은 '상하이는 차를 생산하지 않는데, 어떻게 연속으로 18차례의 '국제 차(茶) 문화제'를 개최하는 거지?'라는 의문을 가진다. 만약에 당신이 한가해서, 상하이 자베이(闸北)구를 거닐어 본다면 답을 찾을 수 있다고 확신한다. 걷든 차를 타든 상관없이, 곳곳에서 당신은 마음이 가는 차를 발견하게 될 것이다. 상하이는 차를 생산하지는 않지만, 중국에서 가장 큰 '차 소비와 유통의 도시'이다.

문제 풀이 마지막 부분부터 읽어 보도록 하자. 디테일까지 완벽히 해석하기보다는 보기 중에 지문의 ①~④ 문장과 비슷한 느낌이 드는 보기가 무엇인지 확인해 볼 수 있는 정도로 해석하자. 마지막 부분(①) '上海不产茶叶，却是中国最大的茶叶消费与流通城市(상하이는 차를 생산하지 않지만, 중국에서 가장 큰 차 소비와 유통의 도시이다)'는 B와 같다. 첫 번째로 읽은 부분에서 정답을 찾았으므로, 나머지 ②~④는 읽을 필요가 없다.

🔍 ① 上海不产茶叶，却是中国最大的茶叶消费与流通城市 → B 上海的茶叶消费量很大

정답 B 上海的茶叶消费量很大 상하이의 차 소비량은 매우 크다

13~16

<table>
<tr>
<td>

13 一开始面对游客给的食物，大雁：

A 很激动　　　　B 不敢吃

C 很感谢　　　　D 觉得难吃

</td>
<td>

처음에 여행객들이 준 음식을 마주하고, 기러기들은:

A 감동했다　　　　B 감히 먹지 못했다

C 감사했다　　　　D 못 먹겠다고 느꼈다

</td>
</tr>
</table>

문제 풀이 질문 '一开始面对游客给的食物，大雁'이 지문에서 '……一些食物丢给它们。一开始那群大雁……'로 나온다. 그 뒤에 이어지는 내용인 '不知道游客丢的是什么东西，"哗"全吓跑了(여행객들이 던진 것이 무엇인지 몰라서, '푸드덕'하며 놀라 도망갔다)'를 통해서 답이 'B'라는 것을 알 수 있다.

🔍 [질문] 一开始面对游客给的食物，大雁 ➡ [지문] ……一些食物丢给它们。一开始那群大雁……

🔍 [지문] 不知道游客丢的是什么东西，"哗"全吓跑了 ➡ [보기] B 不敢吃

정답 B 不敢吃 감히 먹지 못했다

<table>
<tr>
<td>

14 大雁为什么不想回南方了？

A 南方气候恶劣

B 南方食物稀少

C 南方越来越冷

D 它们习惯了舒适的生活

</td>
<td>

기러기들은 왜 남쪽으로 돌아가려고 하지 않나？

A 남쪽 기후가 열악해서

B 남쪽은 먹이가 부족해서

C 남쪽은 갈수록 추워져서

D 그것들은 편안한 생활에 익숙해졌다

</td>
</tr>
</table>

문제 풀이 질문 '大雁为什么不想回南方了？'가 지문에서 '它们不再想去南方……'으로 나온다. 그 앞뒤를 보면 '大雁们还是过着安逸的生活。……，因为飞那么远太累。'라는 내용이 연결되어 있는데, 문장 속 단어 '安逸(편안하다)'를 몰랐어도 '기러기들은 여전히 '알파'의 생활을 지내고 있다. ……왜냐하면 그렇게 멀리 나는 것은 너무 피곤하기 때문이다.'라고 시험해석 법으로 문맥을 파악하여 정답이 'D'라는 것을 알 수 있다.

🔍 [질문] 大雁为什么不想回南方了？ ➡ [지문] 它们不再想去南方 ……

🔍 [지문] 大雁们还是过着安逸的生活。 ➡ [보기] D 它们习惯了舒适的生活

정답 D 它们习惯了舒适的生活 그것들은 편안한 생활에 익숙해졌다

<table>
<tr>
<td>

15 根据第3段，下列哪个正确？

A 大雁过得很艰苦

B 大雁的羽毛很耐寒

C 大雁不喜欢单独行动

D 有些大雁成功飞到了南方

</td>
<td>

세 번째 단락을 근거로 아래 어느 것이 정확한가？

A 기러기들은 매우 힘들게 지냈다

B 기러기의 깃털은 추위에 강하다

C 기러기들은 단독 행동을 싫어한다

D 어떤 기러기들은 남쪽으로 날아가는 것에 성공했다

</td>
</tr>
</table>

문제 풀이 질문이 '根据第……段，下列哪个正确?(~번째 단락을 근거로 알 수 있는 것은?)'인 문제를 풀 때는 해당 단락을 처음부터 보기들과 대조해 보며 (해석은 하지 않고) 읽어 내려가다가 보기와 비슷한 부분이 출현하면 그 부분만 해석을 해 보고 답을 정

하면 된다. 지문의 '再加上食物越来越少，它们又冷又饿(거기에 더해서 먹을 것은 갈수록 줄어들었다. 기러기들은 춥고 배가 고팠다)'를 통해서 답이 'A'라는 것을 알 수 있다.

🔍 [지문] 再加上食物越来越少，它们又冷又饿 → [보기] A 大雁过得很艰苦

<table>
<tr><td>정답</td><td>A 大雁过得很艰苦 기러기들은 매우 힘들게 지냈다</td></tr>
</table>

<table>
<tr>
<td>

16 上文主要想告诉我们什么?

  A 不要过分追求完美

  B 遇事不要悲观

  C 幸福要靠自己争取

  D 学会适应环境

</td>
<td>

윗글이 우리에게 알려 주고자 하는 것은?

  A 너무 과하게 완벽을 추구하지 마라

  B 뜻밖의 일을 당해도 비관적이지 마라

  C 행복은 스스로 얻어내야 한다

  D 환경에 적응할 줄 알아야 한다

</td>
</tr>
</table>

문제 풀이   '주제'를 물어보는 질문 형식이다. 주제를 찾을 때는 지문의 '맨 마지막 줄'을 가장 먼저 본다. '幸福是要经过自己不断地努力和奋斗得来的(행복은 스스로 끊임없이 노력하고 분투해서 얻어내는 것이다)'를 통해서 답이 'C'라는 것을 알 수 있다.

🔍 [지문] 幸福是要经过自己不断地努力和奋斗得来的 → [보기] C 幸福要靠自己争取

<table>
<tr><td>정답</td><td>C 幸福要靠自己争取 행복은 스스로 얻어내야 한다</td></tr>
</table>

글자: 질문을 찾기 위해 읽기만 하는 부분 | 글자 문제의 '질문'에 해당하는 말 | 글자 정답인 보기에 해당하는 말

　　一群野雁落在公园的湖边，它们打算就在这里生活，到了秋天再回南方过冬。公园里的游客见到大雁都很惊喜，纷纷掏出[13]一些食物丢给它们。一开始那群大雁不知道游客丢的是什么东西，"哗"地一声全吓跑了。等游客走了以后，它们才慢慢地靠近那些食物，美美地品尝起来。

　　后来，大雁知道游客对它们没有威胁，每当游客丢下食物时，便争先恐后地一哄而上。日子久了，大雁就以游客给的食物为生，一个个长得圆滚滚的。秋天来了，[14]大雁们还是过着安逸的生活。它们不再想去南方，因为飞那么远太累。

　　到了冬天，大雪下个不停，游客日渐稀少。冷风不断地从羽毛里透进去，大雁冻得直发抖，[15]再加上食物越来越少，它们又冷又饿。有几只试图往南方飞，但沉重的身躯和寒冷的天气让它们没飞多远就折了回来。它们紧紧地依偎在一起，怀念去年的这个时候。

　　贪图安逸的人总会因小失大。[16]幸福是要经过自己不断地努力和奋斗得来的，而不是依靠别人的施舍才有的。

한 무리의 야생 기러기들이 공원의 호숫가로 내려왔다. 그것들은 여기서 생활을 하다가 가을이 되면 다시 남쪽으로 가서 겨울을 나기로 했다. 공원의 관광객들은 기러기를 보고 매우 기뻐하며, 너나할 것 없이 ¹³**그것들에게 먹을 것을 던져 줬다.** 처음에 기러기들은 관광객들이 던진 것이 무엇인지 모르고 '푸드덕'하며 놀라 도망갔다. 관광객들이 떠난 후, 그것들은 비로소 먹을 것에 가까이 가서 맛있게 먹기 시작했다.

나중에 기러기들은 관광객들이 자신들에게 위협이 되지 않는다는 것을 알고, 매번 그들이 먹을 것을 던져 줄 때 앞다투어 몰려들었다. 한참이 지난 후, 기러기들은 관광객들이 주는 것을 먹이로 삼았고, 하나같이 뚱뚱해졌다. 가을이 오고, ¹⁴기러기들은 여전히 편안한 생활을 하고 있었다. 너무 멀리 날아가는 것은 피곤했기 때문에, **그것들은 더 이상 남쪽으로 가려고 하지 않았다.**

겨울이 되어 눈이 계속 내리고, 관광객들은 날이 갈수록 줄어들었다. 찬바람이 끊임없이 깃털 사이로 들어와서, 기러기들은 덜덜 떨었고, ¹⁵거기에 더해서 먹을 것은 갈수록 줄어들었다. 기러기들은 춥고 배가 고팠다. 몇 마리가 남쪽으로 날아가 보려고 했지만, 육중한 몸과 추운 날씨는 그것들로 하여금 얼마 가시 못해 포기하고 돌아오게 했다. 그것들은 서로 한 곳에 바짝 기대어 있으면서, 작년 이맘때를 그리워했다.

편안함을 탐하는 사람은 항상 소탐대실한다. ¹⁶행복은 스스로 끊임없이 노력하고 분투해서 얻어내는 것이지, 다른 사람의 구제에 의지해서 생기는 것이 아니다.

17-20.

17 关于燕子，可以知道：	제비에 관해서 알 수 있는 것은:
A 翅膀较宽	A 날개가 비교적 넓다
B 不喜欢群居	B 무리 지어 사는 것을 싫어한다
C 飞行本领强	C 비행 본능이 강하다
D 在夜间活动	D 야간에 활동한다

문제 풀이 질문이 '关于+ⓝ，可以知道' 형식인 문제가 첫 번째 문항으로 나오면, 지문의 첫줄부터 ⓝ에 해당하는 부분(燕子)을 체크하여 그 앞뒤를 보며 보기와 대조한다. 두 번째 단락 둘째 줄의 '善于飞行(비행을 잘한다)'을 통해서, 답이 C임을 알 수 있다.

🔍 [지문] 善于飞行 → [보기] C 飞行本领强

정답 C 飞行本领强 비행 본능이 강하다

18 根据第3段，可以知道：	3번째 단락을 근거로 알 수 있는 것은:
A 鸟类一般分布在南方	A 조류는 일반적으로 남쪽에 분포한다
B 鸟的种类稀少	B 새의 종류는 희소하다
C 燕子记忆力好	C 제비는 기억력이 좋다
D 燕子只有一个住处	D 제비는 오직 하나의 거주지만 가진다

3번째 단락을 첫줄부터 보기 4개와 대조하면서 (해석은 하지 않고) 읽어 내려가자. 지문의 '惊人的记忆力(놀라운 기억력)'를 통해서 답이 C라는 것을 알 수 있다.

    🔍 [지문] 惊人的**记忆力** → [보기] C 燕子**记忆力**好

C 燕子记忆力好 제비는 기억력이 좋다

---

19 燕子为什么不在北方过冬?	제비는 왜 북쪽에서 겨울을 나지 않는가?
A 缺少食物	A 먹이가 부족해서
B 想躲开天敌	B 천적을 피하고 싶어서
C 气候恶劣	C 기후가 열악해
D 同伴不多	D 동료가 적어서

18번 문제를 풀기 위해 봤던 '惊人的记忆力' 뒷 부분부터 19번 질문의 핵심 표현인 '不在北方过冬'과 관련된 부분이 나올 때까지 읽어 내려간다. 그렇게 내려가다 보면 네 번째 단락의 '……北方的冬季没有飞虫可供燕子捕食. 食物的缺乏……(~북쪽의 겨울에는 제비가 잡아먹을 벌레들이 없다. 먹이의 부족이 ~)'를 통해서 답이 A라는 것을 알 수 있다.

    🔍 [질문] **燕子**为什么**不在北方过冬**? → [지문] **北方**的**冬季**没有飞虫可供**燕子**捕食

    🔍 [지문] **食物的缺乏** → [보기] A **缺少食物**

A 缺少食物 먹이가 부족해서

---

20 根据上文，下列哪项正确?	윗글을 근거로 아래 어느 것이 정확한가?
A 燕子是和平的象征	A 제비는 평화의 상징이다
B 燕子最爱用树叶筑巢	B 제비는 나뭇잎으로 둥지를 만드는 것을 가장 좋아 한다
C 燕子的听觉极为灵敏	C 제비의 청각은 매우 예민하다
D 如今燕子面临安家难题	D 현재 제비는 거주 문제에 직면해 있다

'어느 것이 정확한지' 묻는 유형의 질문이 나오면, 우선 이제까지 풀었던 앞의 세 문항의 풀이 포인트 문장 중 20번의 보기와 일치하는 것이 있는지 보자. 있다면 그 보기가 답이고, 일치하는 것이 없다면, 19번 문제를 풀기 위해 본 부분 뒤부터 지문을 좀 더 읽어 내려가야 한다. 읽어 내려가다 보면 보기 네 개 중에 일치하는 것이 하나 나온다. 지문의 맨 마지막 줄인 '燕子逐渐陷入无处筑巢安家的艰难境地', 이 부분을 통해서 D가 답이라는 것을 알 수 있다.

    🔍 [지문] **燕子**逐渐陷入无处筑巢**安家**的艰难境地 → [보기] D **如今燕子**面临**安家难题**

D 如今燕子面临安家难题 현재 제비는 거주 문제에 직면해 있다

　　鸟类中，与人类关系最亲密的当属燕子。几千年里，中国人一直把燕子视为吉祥与美好的象征，十分乐意让燕子在自家屋檐下筑巢"定居"。

　　[17]燕子体态轻盈，两翼狭长，[17]善于飞行。它飞行速度极快，喜欢俯冲疾驰，忽上忽下，时东时西，能在比自己身体长度还小的距离内做90度转弯，绝对是鸟类中的"飞行高手"。

　　燕子是鸟类家族中的"游牧民族"。每当秋天来临，它们就成群地飞向南方；等到第二年春暖花开时，又飞回原来生活的地方。不管路途多远，它们总能靠着[18]惊人的记忆力返回故乡。人们大都认为是北方冬天的寒冷使燕子"背井离乡"的，其实不然。

　　燕子以昆虫为食，且习惯于在空中捕食飞虫。可是，[19]北方的冬季没有飞虫可供燕子捕食。食物的缺乏使燕子不得不每年秋去春来，南北迁徙。

　　燕子一般在4至7月"返乡"。返乡后，头一件大事便是建造自己的家园，有时补补旧巢，有时建个新巢。它们衔来泥土、草茎、羽毛等，再混上自己的唾液，不久，一个个碗形巢便出现在很多屋檐下了。

　　然而，随着平房逐渐减少、高楼大厦日益增多，现代建筑的封闭式格局正使[20]燕子逐渐陷入无处筑巢安家的艰难境地。

　　조류 중에 인류와 관계가 가장 친밀한 것으로 제비를 꼽을 수 있다. 수천 년 동안 중국인들은 줄곧 제비를 상서로움과 아름다움의 상징으로 여겼다. (사람들은) 기꺼이 제비들로 하여금 자신의 집 처마 밑에 둥지를 짓고 '정착'하게 하였다. [17]제비는 체형이 날씬하고 날개가 길어서 [17]비행을 잘한다. 제비의 비행 속도는 매우 빠르고, 급강하고 질주하며 올라갔다 내려갔다, 동에 번쩍, 서에 번쩍하는 것을 좋아한다. 자신의 신체 길이보다 짧은 거리 안에서 90도 커브를 돌 수도 있는, 절대적으로 조류 중의 비행 고수이다.

　　제비는 조류 중에서 '유목 민족'으로, 매년 가을이 올 때, 그것은 무리를 이루어서 남쪽으로 내려가 이듬해 봄에 따뜻하고 꽃이 필 때, 원래 생활하던 곳으로 돌아온다. 길이 얼마나 멀든 상관없이, 제비들은 [18]놀라운 기억력으로 고향으로 돌아온다. 사람들은 대부분 북쪽 겨울의 추위가 제비로 하여금 '고향을 떠나게' 한다고 생각하지만, 사실은 그렇지 않다.

　　제비는 곤충을 먹이로 하고, 날아다니는 곤충을 공중에서 잡아먹는 것에 익숙하다. 하지만, [19]북쪽의 겨울에는 제비가 잡아먹을 곤충이 없다. 먹이의 부족이 제비로 하여금 어쩔 수 없이 매년 가을에 떠나 봄에 돌아오게 만든다.

　　제비는 일반적으로 4월~7월에 '고향에 돌아온다'. 고향에 돌아온 후, 첫 번째 큰 일은 바로 자신의 집을 짓는 것이다. 가끔은 낡은 둥지를 보수하기도 하고, 가끔은 새로 만들기도 한다. 제비들은 진흙이나, 풀, 깃털 등을 물고 와서 자신의 침과 섞는다. 얼마 되지 않아서 처마 밑에 그릇 모양의 둥지들이 출현한다.

　　그러나 단층집이 점차 사라지고 고층 건물이 나날이 늘어남에 따라, 현대 건축의 폐쇄 형식의 구조는 [20]제비들로 하여금 둥지를 지어 가족을 이룰 곳이 없는 어려운 지경에 빠지게 하고 있다.

제1부분

1 我们为这场比赛做了充分准备。

2 她对明天的演讲很有把握。

3 这是一项针对大学生的心理测试。

4 这种治疗方法的效果不太明显。

5 逃避根本不能解决任何问题。

6 教授的演讲给学生们留下了深刻的印象。

7 总结会议将于本月下旬召开。

8 人口减少对经济社会发展会产生影响。

9 苹果的营养价值格外高。

10 酒后驾驶是一种很严重的违法行为。

11 投资股市存在一定的风险。

12 他们非常期待跟我们进行合作。

13 公园里新设了一批健身设备。

14 幸亏你及时发现了论文里的错误。

15 飞往上海的航班被临时取消了。

16 我已经把那些文件发给经理了。

17 隔壁住着一对上年纪的夫妻。

18 我不小心把字幕文件删除了。

19 那家工厂购买了一批新设备。

20 包装上的生产日期有点儿模糊。

21 这次活动的一切费用都由公司承担。

22 弟弟观察得极其仔细。

23 燕子是吉祥的象征。

24 请大家用热烈的掌声欢迎王女士。

제2부분

1~4 모범답안 참고

1	做了	我们	充分	为这场比赛	准备

★★ '把' '被'가 없으므로, 'ⓥ+了' 뒤에 목적어가 나올 수 있다는 것을 생각하자.

STEP 1 '了/着/过'(동태조사)가 붙어 있는 단어가 대개 술어이다.

✎ 做了 했다

STEP 2 개사구 '为这场比赛'가 부사어로 쓰였다.

✎ 为这场比赛做了 이번 시합을 위해 ~했다

STEP 3 주어는 '我们', 목적어는 '准备'이다. '充分'은 목적어인 '准备'를 수식하는 관형어이다. '做'와 '准备'는 짝꿍으로 같이 나온다. '做好准备(준비를 잘하다)' '做充分准备(충분한 준비를 하다)'는 빈출 표현이니 외워 두자.

✎ 我们为这场比赛做了充分准备。 우리는 이번 시합을 위해 충분한 준비를 했다.

정답 我们为这场比赛做了充分准备。 우리는 이번 시합을 위해 충분한 준비를 했다.

개념정리 개사구

개사(=전치사)는 항상 뒤에 명사(구)를 가지며, 이런 '개사+명사(구)' 형태를 '개사구'라고 한다. 개사구는 부사어로 가장 많이 나오며, 개사 '在' '到' '给'가 이끄는 개사구는 술어 뒤에서 결과보어로 나오기도 한다. 간혹 문장 앞에 위치하기도 하는데, 이때는 개사구 뒤에 쉼표(,)를 쓸 수 있다.

· 在现代社会，握手是一种交流感情的重要方式。 현대 사회에서 악수는 감정을 교류하는 중요한 방식이다.

2	她	很有把握	对	演讲	明天的

STEP 1 쓰기 1부분에서 '有' '是'는 항상 '1순위 술어'이다. '有把握(자신 있다)'는 5급 필수 암기 표현이다.

✎ 很有把握 매우 자신감이 있다

STEP 2 '对'는 여기에서 개사로 쓰였다. '对' 뒤에 올 명사구를 만들자. '明天的' 뒤에 명사 '演讲'을 붙여서 명사구(明天的演讲)를 만들고 '对' 뒤에 붙여서 개사구를 완성하자.

✎ 对明天的演讲很有把握 내일의 강연에 매우 자신감이 있다

STEP 3 내일의 강연에 매우 자신감을 가질 수 있는 주체는 '她'이니, 주어 자리에 넣자.

✎ 她对明天的演讲很有把握。 그녀는 내일의 강연에 매우 자신감이 있다.

정답 她对明天的演讲很有把握。 그녀는 내일의 강연에 매우 자신감이 있다.

개념정리 很有+Ⓝ

'很有+Ⓝ(매우 ~있다)'에서 '有+명사'는 '동사(有)+명사' 형식의 동사구이지만, 형용사와 같은 역할을 한다. 그래서 '有(동사)' 앞에 '很'이 붙을 수 있고 '매우 ~있다'로 해석한다. 예를 들어 '很有意思 아주 재미있다' '很有礼貌 아주 예의 바르다'가 있다.

3	大学生的	测试	一项	这是	针对	心理

★★ 낱말에 '是'가 있으면 아래 두 문형을 떠올리자.
① A 是 B: A는 B이다
② A 是 B 的: A는 B한 것이다

STEP 1 '是' 앞에 '这'가 붙어서 나왔으므로, 주어(这)와 술어(是)는 자동 세팅 완료!

✎ 这是 이것은 ~이다

STEP 2 관형어 어순은 '지량구 + 상태 관형어 + 的 + 중심어'이다. 관형어 어순에 맞게 남은 낱말들(大学生的, 测试, 一项, 针对, 心理)을 배열해 '是의 목적어'를 만들자! 우선 지량구인 '一项'은 먼저 배열하자. [지량구: 지사대사+수사+양사]

✎ 这是一项……。 이것은 ~이다.

이어서 '상태 관형어+的+중심어'를 배열해 보자. '针对(겨냥하다)' 뒤에는 겨냥하는 대상(大学生)을 포함한 '大学生的'를 붙이고, '的' 뒤에는 명사(구) 나와야 하니, '心理测试'를 붙이면 된다.

✎ 这是一项针对大学生的心理测试。 이것은 대학생을 겨냥한 심리테스트이다.

정답 这是一项针对大学生的心理测试。 이것은 대학생을 겨냥한 심리테스트이다.

개념정리 쓰기 제1부분에서 '是'가 출제되는 유형

① '这是' 뒤에 목적어 넣기: 이때의 목적어는 [수사+양사+……的+명사] 형식이 가장 많이 나온다.

② A(주어) + 是 + B(목적어) 배열하기: 주어 자리에는 짧은 내용이, 목적어 자리에는 상대적으로 긴 내용이 들어간다. 이때 A와 B의 위치를 바꾸면 안 된다.
· 鸽子是和平的象征。 비둘기는 평화의 상징이다.

③ A 是 B 的 구문: 이때는 '是'와 '的' 사이에 '언제/어디서/누가/어떻게/왜'와 관련된 내용이 나온다.
· 这双手套是用丝绸做的。 이 장갑은 비단으로 만들었다.

4	效果	这种	明显	治疗方法的	不太

★★ 형용사, 정도부사가 보이면 '형용사 술어문'을 바로 떠올리자! 형용사 술어 문제는 (1) '정도부사'와 '형용사술어'를 찾아 배열한 후, (2) 주어를 구성하는 단어를 어순에 맞게 배열하는 2 STEP으로 해결된다.

주어 + 정도부사 + 형용사술어

STEP 1 '明显'은 형용사, '不太'는 정도부사이다.

✎ 不太明显 명확하다

STEP 2 형용사 술어는 목적어를 취하지 않으므로, 남은 낱말들을 어순에 맞게 조립해 '주어' 자리에 배치시켜 주면 된다. '治疗方法的'의 뒤에는 명사(效果)를 놓으면 되고, '这种'은 '种'을 양사로 가질 수 있는 명사(方法) 앞쪽에 놓는다.

✎ 这种治疗方法的效果**不太明显**。 이 치료 방법의 효과는 그다지 명확하지 않다.

정답 这种治疗方法的效果不太明显。 이 치료 방법의 효과는 그다지 명확하지 않다.

개념정리 형용사술어 관련 문제의 특징

① 형용사술어는 주어의 성질이나 상태를 묘사하는 역할을 하며, 목적어를 취하지 않는다. 그렇기 때문에 목적어까지 신경 써야 하는 동사술어 관련 문제와는 다르게 형용사술어 관련 문제는 주어만 신경 쓰면 된다. 그래서 형용사술어 관련 문제는 '관형어 +중심어(这种治疗方法的+效果)' '정도부사+형용사(不太+明显)' 이 2가지 조합을 만드는 것만 신경 쓰면 된다.

② 간혹 형용사술어 앞에 정도부사 외에도 개사구가 부사어로 나오는 경우도 있는데, 이런 경우에는 보통 '对+명사구'나 '比+명사구'가 나온다.

· 他**对**自己的表现很满意。 그는 스스로의 발표에 만족했다

5	不能	根本	解决	逃避	任何问题

STEP 1 제시된 낱말 중 술어가 될 수 있는 단어는 '解决'와 '逃避'이다. 두 단어에 모두 '동사' 용법이 있기 때문이다.

✎ ?

STEP 2 STEP 1에서 술어를 확정 짓지는 못했으니, 부사어를 먼저 어순에 맞게 조립하자. 술어 후보들 중 무엇이 조립된 부사어와 어울릴지도 생각해 보자. '根本'은 명사[근본]이지만, 부사[전혀,이제까지]로도 쓰이는데, 부사로 쓰일 경우에는 항상 부정부사 앞에 나온다.

✎ 根本不能+ 동사 술어 전혀 ~할 수 없다

STEP 3 '任何'의 출제 특징 중 하나는 '任何+명사'가 '술어 앞' 위치일 경우, '都'가 함께 제시된다('任何+명사+都+술어')는 것이다. 제시된 낱말 중 '都'가 없으면 '任何+명사'는 목적어 자리로 보내면 된다.

✎ 根本不能 + 동사 술어 + 任何问题 어떠한 문제도 전혀 ~할 수 없다

확정된 목적어 '任何问题'와 매칭 가능한 동사는 '解决'이므로, '解决'가 술어이고, '逃避'는 주어이다.

✎ 逃避**根本**不能解决**任何问题**。 도피는 어떠한 문제도 전혀 해결할 수 없다.

정답 逃避根本不能解决任何问题。 도피는 어떠한 문제도 전혀 해결할 수 없다.

---

6 留下了　　给学生们　　教授的　　深刻的　　演讲　　印象

★★ 'ⓥ+了'가 '把/被' 없이 나올 때는 'ⓥ+了' 뒤에 목적어가 나올 수 있다는 것을 생각하자.

STEP 1 '了/着/过(동태조사)'가 붙어 있는 단어가 대개 술어이다.

✍ 留下了 남겼다

STEP 2 제시된 낱말 중 개사구 성분이 있다면, 가장 먼저 부사어 후보로 체크하자.

✍ 给学生们留下了 학생들에게 남겼다

STEP 3 '留下了深刻的印象(깊은 인상을 남기다)'은 최빈출 짝꿍 표현들 중 하나이다. 짝꿍 표현들을 외워 두면 문제 풀이가 몇 배로 수월해진다.

✍ 给学生们留下了深刻的印象 학생들에게 깊은 인상을 남겼다

이렇게 짝꿍 표현을 활용해 술어(留下)에 알맞은 목적어(印象)까지 찾고 나면, 남은 낱말 '教授的'와 '演讲'이 위치할 곳은 주어 자리뿐이다.

✍ 教授的演讲给学生们留下了深刻的印象。 교수님의 강연은 학생들에게 깊은 인상을 남겼다.

정답 教授的演讲给学生们留下了深刻的印象。 교수님의 강연은 학생들에게 깊은 인상을 남겼다.

7	本月	将于	召开	总结会议	下旬

STEP 1   제시된 낱말 중 술어가 될 수 있는 단어는 동사인 '召开'이다.

     ✏️ 召开 개최하다

STEP 2   부사어를 만들자. '将于'의 '于(~에서)'는 개사로, '于 + 시간/장소' 형태로 잘 나온다.

     ✏️ 将于本月下旬召开 이번 달 하순에 개최한다

STEP 3   남은 낱말 '总结会议'는 주어 자리에 놓이는 게 맞을까, 목적어 자리에 놓이는 게 맞을까? 목적어 자리에 넣는다면 '~가 총결산 회의를 이번 달 하순에 개최한다'로 해석이 되어야 한다. 하지만 이 문제에는 개최하는 주체로 쓸 수 있는 낱말이 없다. 따라서 '总结会议'는 주어 자리에 놓아야 한다.

     ✏️ 总结会议将于本月下旬召开。총결산 회의는 이번 달 하순에 개최한다.

정답   总结会议将于本月下旬召开。총결산 회의는 이번 달 하순에 개최한다.

> **개념정리**   '개최하는 주체'가 있을 경우에는 어떻게 될까?
>
> · 在本月下旬，我们照例召开了本月的总结会议。이번 달 하순에, 우리는 관례대로 이번 달의 총결산 회의를 개최했다.
>
> · 公司将于2019年一月十四日召开2018年终总结会议。회사는 2019년 1월 14일에 2018년도 총결산 회의를 개최한다.

8	经济社会发展	会产生	人口减少对	影响

STEP 1   조동사(会)는 술어 앞에 붙으므로, 술어는 '产生'이다.

     ✏️ 会产生…… ~를 만들어 낼 수 있다

STEP 2   부사어를 찾아 배열하자. '人口减少对'는 '人口减少(명사구)'와 '对(개사)'가 조합된 구문이다. 개사(对) 뒤에는 명사(구)가 와야 한다. 남은 낱말 중 명사(구)는 '经济社会发展(경제 사회 발전)'과 '影响(영향)'이다. 주어는 이미 '人口减少'로 확정되어 있으므로, 두 명사(구)는 문장에서 각각 개사 '对' 뒤, 동사 '产生' 뒤에 쓰일 것임을 알 수 있다.

     ✏️ 人口减少对……会产生…… 인구 감소는 ~에 ~를 만들어 낼 수 있다

STEP 3   남은 명사(구) '经济社会发展(경제 사회 발전)'과 '影响(영향)'의 자리를 찾아 보자. 이미 완성된 부분 '人口减少对……会产生……' 사이사이에 낱말을 넣어 어떻게 배치해야 매끄럽게 연결되는지를 보자. 자연스러운 해석이 되려면 '经济社会发展'이 '对' 뒤에 붙어 부사어를 이루고, '影响'이 '产生' 뒤에 붙어 목적어가 되는 것이 맞다.

     ✏️ 人口减少对经济社会发展会产生影响。인구 감소는 경제 사회 발전에 영향을 끼칠 수 있다.
     [人口减少对影响会产经济社会发展。인구 감소는 영향에 대해 경제 사회 발전을 만들어 낼 수 있다.(X)]

정답   人口减少对经济社会发展会产生影响。인구 감소는 경제 사회 발전에 영향을 끼칠 수 있다.

> **개념정리**   '产生' 정복하기
>
> ① '产生'과 잘 어울리는 단어: 兴趣(흥미) / 误会(오해) / 矛盾(갈등) / 影响(영향) / 错觉(착각)
>
> ② '产生'과 '生产'의 차이: '产生'은 추상적인 것들이 만들어지거나 생길때 쓴다. 📌 产生兴趣 흥미가 생기다
>   '生产'은 '(물건을) 생산하다'라는 의미로 쓴다. 📌 生产生活用品 생활용품을 생산하다

| **9** | 苹果的 | 格外 | 营养 | 高 | 价值 |

★★ 형용사, 정도부사가 보이면 '형용사 술어문'을 바로 떠올리자! 형용사 술어 문제는 (1) '정도부사'와 '형용사술어'를 찾아 배열한 후, (2) 주어를 구성하는 단어를 어순에 맞게 배열하는 2 STEP으로 해결된다.

주어 + 정도부사 + 형용사술어

STEP 1 '格外'는 정도부사, '高'는 형용사이다. 이번 문제는 술어가 형용사인, 형용사 술어문이다.

✐ 格外高 매우 높다

STEP 2 형용사 술어문의 출제 특징을 생각하자. 형용사 술어문은 '관형어+중심어[주어]' '정도부사+형용사[부사+술어]', 이 2가지 조합을 만드는 것에만 신경쓰면 된다. 조사 '的' 뒤에는 명사구가 와야 한다. '苹果的' 뒤에 올 명사구를 '营养''价值'를 가지고 만들자. 두 단어의 배열 순서는 해석했을 때 자연스러운 의미 순서에 따르면 된다. [영양(营养)+가치(价值)]

✐ 苹果的营养价值**格外高**。 사과의 영양 가치는 매우 높다.

정답 苹果的营养价值格外高。 사과의 영양 가치는 매우 높다.

개념정리 형용사술어 앞에 나올 수 있는 표현들을 다시 떠올려 보자.

很 hěn 매우 | **太** tài 너무 | **非常** fēicháng 대단히 | **十分** shífēn 아주 | **格外** géwài 유난히 | **极其** jíqí 몹시 | **简直** jiǎnzhí 그야말로 | **比较** bǐjiào 비교적 | **相当** xiāngdāng 상당히 | **更加** gèngjiā 더욱 | **有点儿** yǒudiǎnr 조금 | **有些** yǒuxiē 조금 | **越来越** yuèláiyuè 갈수록

| **10** | 违法 | 很严重的 | 是一种 | 酒后驾驶 | 行为 |

★★ 낱말에 '是'가 있으면 아래 두 문형을 떠올리자.
① A 是 B: A는 B이다
② A 是 B 的: A는 B한 것이다

STEP 1 'A是一种B'는 'A는 일종의 B이다'라는 뜻이고, '是' 뒤에 붙여져 제시된 '一种'이 목적어(B)를 찾는 힌트가 될 것이다.

✐ ……是一种…… ~는 일종의 ~이다

STEP 2 목적어(B)를 먼저 만들어 보자. '种'을 양사로 가질 수 있는 명사는 '行为(행위)'이고, '수사+양사+……的+명사'의 공식에 대입하면 '很严重的'는 '行为' 앞에 나와야 한다.

✐ ……是一种很严重的行为 ~는 일종의 매우 심각한 행위이다

이어서 A에 해당하는 말을 찾아 보자. '심각한 행위'라고 설명될 수 있는 대상인 '酒后驾驶(음주 운전)'가 A이다. 이제 남은 낱말 '违法'의 위치를 설정해 보자. '行为' 앞에 붙어 '위법 행위(违法行为)'라는 의미를 나타내는 것이 가장 적합하다.

✐ 酒后驾驶**是一种很严重的**违法**行为**。 음주 운전은 심각한 위법 행위이다.

정답 酒后驾驶是一种很严重的违法行为。 음주 운전은 일종의 매우 심각한 위법 행위이다.

'驾驶' 정리하기

'驾驶'는 '疲劳驾驶(졸음운전)' '酒后驾驶(음주 운전)' '驾驶执照(=驾照)(운전 면허증)' 형태로 자주 나오며, 자동차 외에 배나 비행기를 운전하는 것을 나타낼 때에도 쓰인다.

· 驾驶一艘游艇 요트를 몰다

---

11 投资股市　　　一定的　　　存在　　　风险

주어진 낱말에서 술어의 역할을 할 수 있는 낱말은 '存在(존재하다)'이다. '存在(존재하다)'가 술어가 되면, 'A存在B(A는 B가 존재한다)'로 구성될 것이다.

✎ A存在B　A는 B가 존재한다

이번 문제에서는 부사어로 쓸 수 있는 어휘가 없다. '一定的'의 '一定'은 부사가 아니다. 부사어로 혼동하지 말자.

'一定的' 뒤에 나올 수 있는 명사를 생각해 보자. '一定的' 뒤에 남은 단어들(投资股市/风险)을 모두 대입해 봤을 때 가장 의미 연결이 자연스러운 것은 '风险'이다. 맥락상, 남은 낱말인 '投资股市'가 주어가 된다.

✎ 投资股市**存在**一定的风险。주식 시장에 투자하는 것은 일정한 위험이 존재한다.

投资股市存在一定的风险。주식 시장에 투자하는 것은 일정한 위험이 존재한다.

'一定' 정리하기

'一定'은 처음에는 보통 [부사] 반드시'로만 배우지만, '一定'에는 [형용사] 일정하다'라는 의미도 있다. 다만 형용사이지만 술어로는 쓸 수 없고 관형어로만 쓰인다.

· 一定要……　반드시 ~해야 한다　　　　　· 一定会……　반드시 ~할 것이다

· 不一定……　반드시 ~한 것은 아니다　　　· 达到一定的程度　일정 정도에 도달하다

---

12 他们　　　期待跟我们　　　进行合作　　　非常

동사 '期待'의 특징을 떠올려 보자. '期待'는 목적어로 '문장'을 가질 수 있다.

✎ 期待跟我们……　우리와 ~하는 것을 기대한다

'期待'는 동사지만 '정도부사'를 대동할 수도 있다.

✎ 非常期待跟我们……　우리와 ~하는 것을 매우 기대한다

'期待跟我们' 뒤에 나올 수 있는 낱말을 생각해 보자. '개사구(跟我们)' 뒤에는 술어구가 나올 수 있다. 남은 낱말인 '他们'은 주어 자리에 두면 된다.

✎ 他们**非常期待跟我们**进行合作。그들은 우리와 합작하는 것을 매우 기대하고 있다.

他们非常期待跟我们进行合作。그들은 우리와 합작하는 것을 매우 기대하고 있다.

개념정리 **문장 형식을 목적어로 가지는 동사 (1)**

- **打算** ~할 계획이다 | 打算在元旦举行婚礼。 설날에 결혼식을 거행할 계획이다.
- **期待** 기대하다 | 非常期待与您进行合作。 당신과 협력하는 것을 매우 기대하고 있습니다.
- **犹豫** 망설이다 | 还在犹豫要不要参加。 참가할 것인가 말 것인가 아직도 망설이고 있다.
- **决心** 결심하다 | 决心用一年时间通过考试。 일년의 시간을 들여서 시험에 통과하기로 결심했다.
- **决定** 결정하다 | 决定取消明天的聚会。 내일 모임을 취소하기로 결정했다.
- **承认** 인정하다 | 承认自己缺乏自信。 자신이 자신감이 부족하다는 것을 인정했다.
- **学会** (배워서) 할 수 있다 | 学会控制自己的情绪。 자신의 기분을 제어할 줄 알아야 한다.
- **希望** 희망하다 | 希望保持肌肉发达的身材。 근육이 발달한 신체를 유지하길 희망한다.

---

13 健身设备　　公园里　　一批　　新设了

★★ 'ⓥ+了'가 '把/被' 없이 나올 때는 'ⓥ+了' 뒤에 목적어가 나올 수 있다는 것을 생각하자.

STEP 1 동태조사(了)가 붙어 있는 '新设'가 술어가 된다.

✎ 新设了 새로 설치했다

STEP 2 장소(처소사)는 '在' '到' '往'이 있으면 그 뒤로, 없으면 문장 앞으로 간다. 이 문제에는 '在' '到' '往'이 제시되어 있지 않으므로, 장소(公园里)는 문장 앞으로 간다.

✎ 公园里新设了…… 공원에 ~를 새로 설치했다.

STEP 3 '把/被'가 없으므로, 동사 뒤에 목적어가 올 수 있다. 이때 목적어는 '수사 + 양사 + ⓐ/ⓥ的 + ⓝ'의 공식을 따른다. 그래서 '一批 + 健身设备' 조합이 '新设了' 뒤에 목적어로서 위치한다.

✎ 公园里新设了一批健身设备。 공원에 헬스 기구들을 새로 설치했다.

정답 公园里新设了一批健身设备。 공원에 헬스 기구들이 새로 설치되었다.

개념정리 **'批' 정리하기**

批 ① 양 무리, 무더기 | 一批人 한 무더기 (*수사는 '一'만 나온다)
　② 동 비준하다, 허락하다 [批准의 줄임말] | 已经批下来了 이미 허락이 떨어졌다
　③ 동 정정하다, 고치다 [批改의 줄임말] | 批作业 숙제를 고치다

| **14** 及时 | 幸亏你 | 发现了论文里的 | 错误 |

STEP 1 '发现了论文里的'에서 동태조사(了)가 붙어 있는 '发现'이 술어가 된다.

    ✎ 发现了论文里的…… 논문 속의 ~를 발견했다

STEP 2 '幸亏'는 문장 맨 앞에 나올 수 있는 부사이다. 또 다른 부사 '及时'의 특징을 생각하자. '及时'는 형용사로 쓰이면 'Ⓥ + 得 + 及时'로 나오고, 그렇지 않으면 부사로 쓰인다. 여기에서는 부사로 쓰였으므로, 술어(发现) 앞에 위치하면 된다.

    ✎ 幸亏你及时发现了论文里的……네 덕분에 논문 속의 ~를 제때 발견했다

STEP 3 '的' 뒤에 붙을 명사(구)를 찾아서 목적어 파트를 완성하자. 남은 낱말 중 '的' 뒤에 붙을 수 있는 명사는 '错误(실수)'뿐이다.

    ✎ 幸亏你及时发现了论文里的错误。네 덕분에 논문 속의 실수를 발견했다

정답 幸亏你及时发现了论文里的错误。네 덕분에 논문 속의 실수를 제때 발견했다.

개념정리 '亏'가 들어가는 5급 필수 어휘

- 多亏 duōkuī **동** 덕분이다 | 这都多亏了你的帮助。이것은 모두 네 도움 덕분이다.
- 幸亏 xìngkuī **부** 다행히 | 幸亏火车还没有开。다행히 열차가 아직 출발하지 않았다.
- 吃亏 chīkuī **동** 손해보다 | 绝对不做吃亏的事情。절대 손해 보는 일은 안 한다.

| **15** 临时取消了 | 飞往 | 航班 | 被 | 上海的 |

★★ 제시 낱말에 '被'가 있으므로, 이 문제는 피동문 '被'자문의 공식대로 나열해야 한다.

    A(사물) + 被 + B(사람) + Ⓥ + 기타성분

STEP 1 술어는 '临时取消了'의 '取消'이고, 기타성분으로는 '了'가 쓰였다.

    ✎ A(사물) + 被 + B(사람) + 临时取消了A는 B에 의해 갑자기 취소되었다.

STEP 2 남은 낱말 '飞往' '航班' '上海的'를 가지고 'A(사물)' 'B(사람)'를 만들자. '飞往' 뒤에는 장소가 나와야 하며[飞往 + 上海的], '的' 뒤에는 명사가 와야 한다[飞往上海的 +航班]. 피동문의 경우, 행위의 주체(B)는 생략될 수 있으므로, 조립된 '飞往上海的航班'은 A(행위의 대상) 자리에 두면 된다.

    ✎ 飞往上海的航班被临时取消了。상하이로 가는 항공편이 갑자기 취소되었다.

정답 飞往上海的航班被临时取消了。상하이로 가는 항공편이 갑자기 취소되었다.

개념정리 '被'자문의 자세한 공식은 p.231를 참고하세요.

16 那些文件　　把　　我已经　　发给经理了

★★　제시 낱말에 '把'가 있으므로, 이 문제는 '把'자문의 공식대로 나열해야 한다.
A(사람) + 把 + B(사물) + Ⓥ + 기타성분

STEP 1　술어는 '发给经理了'의 '发'이다. '发' 뒤에 붙은 '给经理了'는 기타성분으로 쓰였다.
🖉 A(사람) + 把 + B(사물) + 发给经理了 A는 B를 사장님에게 보냈다

STEP 2　'A'와 'B'를 찾자. A에는 '사람'이, B에는 '사물'이 와야 하므로, A는 '我', B는 '那些文件'이다.
🖉 我已经把那些文件发给经理了。나는 이미 그 문건들을 사장님에게 보냈다.

정답　我已经把那些文件发给经理了。나는 이미 그 문건들을 사장님에게 보냈다.

> **개념정리** '把'자문의 자세한 공식은 p.230를 참고하세요.

---

17 上年纪的　　一对　　隔壁　　住着　　夫妻

★★　제시된 낱말에 동태조사(着)가 있으면, 먼저 '장소'가 있는지 찾아 보자. '장소'가 있으면 '존현문', 없으면 '상태의 지속'으로 만든다. 존현문에서는 '행위의 주체'가 목적어 자리에 오지만 상태의 지속에서는 주어 자리에 온다.
존현문 형식: 장소 + Ⓥ着 + 수사 + 양사 + ……的 + 명사(행위의 주체)
상태의 지속 형식: 주어(행위의 주체) + Ⓥ着 + 목적어

STEP 1　장소(隔壁)가 있으니 존현문 형식에 맞게 배열하자. 'Ⓥ着'인 '住着'를 기준으로 앞에는 '장소' 뒤에는 '존재하는 대상'이 온다.
🖉 隔壁住着 이웃에 ~가 산다

STEP 2　'Ⓥ着' 뒤에 올 '수사 + 양사 + ……的 + 명사'대로 남은 단어를 조합해 보면 '一对(수사+양사) + 上年纪的(……的) + 夫妻(명사)'가 된다. 즉, 존재하는 대상은 '一对上年纪的夫妻(나이가 많은 부부)'이다.
🖉 隔壁住着一对上年纪的夫妻。이웃에 나이가 많은 부부가 살고 있다.

정답　隔壁住着一对上年纪的夫妻。이웃에 나이가 많은 부부가 살고 있다.

> **개념정리** 주어 자리에 올 수 없는 '비한정 사물'
> 중국어에서는 '비한정(=막연한)' 사물은 주어로 쓰일 수 없다. 따라서, 이 문제에서 '一对上年纪的夫妻'를 주어 자리에 쓸 수 없다. 비한정의 대표적인 형태가 '수사+양사+명사'로, 이 형태가 앞으로 나가 '주어'로 쓰이려면 '有一天(어느날)' '有一次(한번은)' '有一个人(어떤 사람)'처럼 '有(어떤)'를 동반해야 한다. [*하지만 간혹 有가 생략된 상태로 나오는 경우도 있다.]

18 不小心　　删除了　　把　　我　　字幕文件

★★　　제시 낱말에 '把'가 있으므로, 이 문제는 '把'자문의 공식대로 나열해야 한다.

A(사람) + 把 + B(사물) + Ⓥ + 기타성분

STEP 1　'删除了'의 '删除'가 술어, '了'는 기타성분으로 쓰였다.

✎ A(사람) + 把 + B(사물) + 删除了　A가 B를 삭제했다

STEP 2　'A(사람)'와 'B(사물)'를 찾자. '把'를 기준으로 사람과 사물의 위치를 정하자.

✎ 我把字幕文件删除了　내가 자막 파일을 삭제했다

'不小心'의 위치를 정하자. '실수로'라는 뜻으로 '부사어'로 쓰이는 '不小心'은 '把' 앞에 위치한다.

✎ 我不小心把字幕文件删除了.　내가 실수로 자막 파일을 삭제했다.

정답　我不小心把字幕文件删除了. 내가 실수로 자막 파일을 삭제했다.

개념정리 **不小心의 위치**

'不小心(실수로)'은 '把자문'에서와 '被자문'에서의 위치가 달라진다. '把자문'에서는 '把' 앞에, '被자문'에서는 술어 앞에 쓰인다. 이는 '把자문'과 '被자문'의 주체와 대상의 위치가 서로 바뀔 수 있고, 그로 인해 '不小心'이 커버하는 범위가 달라지기 때문이다.

· 我不小心把字幕文件删除了. 나는 실수로 자막 파일을 삭제했다.
→ '不小心'(실수로)이 수식해 주는 범위는 '삭제하다'가 아니고 '자막 파일을 삭제하다'이기 때문에 '把' 앞에 놓는다.

· 字幕文件被我不小心删除了. 자막 파일은 나에 의해 실수로 삭제됐다.
→ '字幕文件'이 당하는 행위가 '삭제되다'인지, '실수로 삭제되다'인지 따져 보자.

---

19 一批　　那家工厂　　购买了　　新设备

★★　　'Ⓥ+了'가 '把/被' 없이 나올 때는 'Ⓥ+了' 뒤에 목적어가 나올 수 있다는 것을 생각하자.

STEP 1　동태조사(了)가 붙어 있는 '购买'가 술어이다.

✎ ……购买了…… ～를 구매했다

STEP 2　'一批(수사+양사)'의 수식을 받을 수 있는 단어는 '新设备'이다.

✎ 一批新设备　새로운 설비들

STEP 3　'购买了'를 중심으로 [지대+수+양+명]은 주어 자리, [수+양+명]은 목적어 자리에 둔다.

✎ 那家工厂购买了一批新设备. 그 공장은 새로운 설비들을 구매했다.

정답　那家工厂购买了一批新设备. 그 공장은 새로운 설비들을 구매했다.

개념정리 **'买'와 '卖'의 또 다른 표현들**

'买(사다)'는 '购'로 대체될 수 있다. ⑩ 购买(구매하다), 购物(물건을 사다), 网上购物(온라인 구매)
'卖(팔다)'는 '售'나 '销'로 대체될 수 있다. ⑩ 售货(물건을 판다), 销售(판매하다), 销售量/销量(판매량)

★★　형용사, 정도부사가 보이면 '형용사 술어문'을 바로 떠올리자! 형용사 술어 문제는 (1) '정도부사'와 '형용사술어'를 찾아 배열한 후, (2) 주어를 구성하는 단어를 어순에 맞게 배열하는 2 STEP으로 해결된다.

주어 + 정도부사 + 형용사술어

STEP 1　'有点儿'이 있으므로, 이 문제는 형용사 술어문이다. 형용사 술어의 기본 형식인 'A的B + 有点儿 + 형용사'를 생각하자. 그렇다면 '有点儿' 뒤에 위치해 술어가 될 '형용사'는 무엇일까? 만약 형용사 '模糊(모호하다)'의 뜻과 품사를 몰랐다고 해도, '生产日期(생산 일자)'와 연결하게 되면 '생산 일자가 조금 있다(有点儿生产日期)'라는 이상한 뜻이 되므로 술어를 찾기는 어렵지 않다.

✎ A的B + 有点儿模糊 A의 B가 조금 모호하다

STEP 2　'包装上的'의 '的' 뒤에 넣을 명사는 남은 단어인 '生产日期'이다. 형용사 술어는 목적어를 갖지 못하므로, 형용사 술어 뒤에는 아무것도 오지 않는다.

✎ 包装上的生产日期**有点儿模糊**。 포장상의 생산 일자가 조금 모호하다.

정답　包装上的生产日期有点儿模糊。 포장상의 생산 일자가 조금 모호하다.

개념정리 '有点儿'과 '一点儿' 간단 정리

有点儿　① 有点儿 + ⓝ(ⓝ이 조금 있다): '有(동사) + (一)点儿(수량사)' 조합이다.
ⓔ 有点儿时间 시간이 조금 있다 / 有点儿钱 돈이 조금 있다.

② 有点儿 + ⓐ/ⓥ(조금 ⓐ/ⓥ하다): 이때 '有点儿'은 부사로 '불만의 어투'를 나타낸다. ⓥ는 심리동사여야 한다.
ⓔ 有点儿凉 조금 춥다 / 有点儿担心 조금 걱정된다

一点儿　① ⓥ + 一点儿 + ⓝ(ⓝ를 좀 ⓥ해라): 수량사 '一点儿'의 위치는 동사 뒤 명사 앞이다.
ⓔ 吃一点儿东西 뭐 좀 먹어

② ⓐ + 一点儿(좀 ⓐ하다): 이 표현은 '긍정의 어기'로도 쓰이고, 가벼운 명령의 의미로도 쓰인다.
ⓔ 比以前好一点儿 예전보다 좀 좋아졌다 / 快点儿 빨리 좀 해라

③ 一点儿 + 也/都 + 不 + ⓐ(조금도 ⓐ하지 않다): '부정적인 의미'를 강조하기 위한 강조 구문이다.
ⓔ 这个皮包一点儿也不结实。 이 가죽 가방은 조금도 튼튼하지 않다.

STEP 1　술어는 동사인 '承担'이다. '承担'은 '由……承担(~가 책임지다)'으로 자주 활용된다. 빈출 표현이니 반드시 기억하자.

✎ 由公司承担 ~를 회사가 책임지다

STEP 2　'都'는 '부사'이므로, 개사구인 '由公司' 앞에 위치한다.

✎ 都由公司承担 ~를 회사가 모두 책임지다

STEP 3　'一切(일체의, 모든)'라는 단어가 나왔을 때 문제에 '都'가 있으면 '一切'를 포함한 말이 '주어' 자리로, 없으면 술어 뒤 '목적어' 자리로 간다. 남은 낱말인 '这次活动的'는 자연히 명사구인 '一切费用' 앞에 위치한다.

✎ 这次活动的一切费用**都由公司承担**。 이번 활동의 모든 비용은 다 회사가 책임진다.

정답　这次活动的一切费用都由公司承担。 이번 활동의 모든 비용은 다 회사가 책임진다.

① '~가': 행위의 주체 강조함 **예** 由我承担。 내가 책임진다.
② '~으로': 구성 요소를 나타냄 **예** 由5各部分构成。 5부분으로 구성되다.
③ '~로': 동작의 노선이나 장소를 소개함 **예** 由这条路走。 이 길로 가자.
④ '~에서': 동작의 기점을 나타냄 **예** 由东到西。 동쪽에서 서쪽까지.

---

22 观察　　弟弟　　极其　　得　　仔细

★★　　조사 '得'가 있으니 '정태보어' 공식을 생각하자.

정도부사가 있으면 → ⓥ得ⓐ句

정도부사가 없으면 → ⓐ得ⓥ句

STEP 1　　정도부사(极其)가 있으므로, 이 문제는 'ⓥ得ⓐ句' 문형을 따른다. '得' 뒤에는 형용사(仔细)를, '得' 바로 앞에는 동사(观察)를 넣자.

🖊 观察**得**极其仔细 아주 자세하게 관찰하다

STEP 2　　남은 단어인 '弟弟'는 주어가 된다.

🖊 弟弟观察**得**极其仔细。 남동생은 아주 자세하게 관찰한다.

정답　　弟弟观察得极其仔细。 남동생은 아주 자세하게 관찰한다.

---

① '把'자문의 기타성분이 된다. **예** 把房间打扫**得**干干净净。 방을 아주 깨끗하게 청소한다.
② '비교문'과 조합된다. **예** 中文说**得**比中国人还流利。 중국어를 중국인보다 더 유창하게 한다.

一定会比他处理**得**更好。 반드시 그보다 더 잘 처리할 것이다.

['比+비교 대상'이 'ⓥ得'의 앞에 나올 수도 있다.]

---

23 象征　　燕子　　吉祥的　　是

★★　　낱말에 '是'가 있으면 아래 두 문형을 떠올리자.
　　　　① A 是 B: A는 B이다
　　　　② A 是 B 的: A는 B한 것이다

STEP 1　　문제에 '是'의 앞뒤에 다른 단어가 붙여진 채로 나왔다면, A와 B를 정하는 것이 좀 더 수월했을 테지만, 이렇게 '是'가 단독으로 주어졌다면 'A'에는 설명하는 대상이, 'B'에는 설명이 와야 하기 때문에 'A'는 짧게, 'B'는 길게 만들어진다.

STEP 2　　남은 단어로 조합해 만든 경우의 수 (1), (2) 중에 가장 말이 되는 것은 (2)이다.
　　　　경우의 수 (1): A: 象征(상징) / B: 吉祥的燕子(행운의 제비) → 象征是吉祥的燕子。 상징은 행운의 제비이다. (X)
　　　　경우의 수 (2): A: 燕子(제비) / B: 吉祥的象征(행운의 상징) → 燕子是吉祥的象征。 제비는 행운의 상징이다. (O)

🖊 燕子**是**吉祥的象征。 제비는 행운의 상징이다.

정답　　燕子是吉祥的象征。 제비는 행운의 상징이다.

쓰기 제1부분에서 아래 두 문제의 답은 무엇일까?

(1) 문제: 象征　是　和平的　鸽子 (정답:鸽子是和平的象征。비둘기는 평화의 상징이다.)

(2) 문제:古代人对自然的　解释　是　神话 (정답:神话是古代人对自然的解释。신화는 고대인의 자연에 대한 해석이다.)

두 문제의 답을 和平的象征是鸽子。와 古代人对自然的解释是神话。로 하면 왜 오답이 될까?

A是B의 A, B가 서로 자리를 바꿀 수 있으려면 아래처럼 사전에 대화가 전제되어야 한다.

A: 燕子是和平的象征吧？제비가 평화의 상징이지?

B: 不是，和平的象征是鸽子。아니야. 평화의 상징은 비둘기야.

하지만 쓰기 제1부분에서는 사전에 전제된 대화가 있을 수 없다. 그래서 '是'가 따로 떨어져 나오는 문제는 시험지에 나온 정보(=어휘)만으로 가장 '기본적'이고 '일반적'인 의미를 가지는 문장을 만들어야 한다.

---

24 用热烈的　　欢迎　　王女士　　请大家　　掌声

STEP 1 쓰기 제1부분에 '请(~해 달라고 청하다)'이 나오면 항상 '请'을 문장의 맨 앞에 두자. 술어로 쓸 수 있는 어휘는 동사인 '欢迎(환영하다)'이다.

> 🖉 请大家…… 모두에게 ~해 달라고 청하다 → 🖉 请大家欢迎 모두에게 환영해 달라고 청하다

STEP 2 '用'의 특징을 생각하자. '用'은 동사로 쓰여 '사용하다'라는 뜻을 나타낼 수도 있고, '개사'로 쓰여 '~으로(써)'라는 뜻을 나타낼 수도 있다. 개사로 쓰이면 '用 + 수단/도구 + (来) + 행위' 형태를 취하는데, 이 문장이 그러하다. '열렬한'이라는 의미를 가지는 '热烈的' 뒤에는 '掌声(박수)'이 와야 한다.

> 🖉 请大家用热烈的掌声欢迎 모두 열렬한 박수로 ~를 환영합시다.

STEP 3 환영하는(欢迎) 대상, 즉 목적어는 '王女士(왕 여사)'이다.

> 🖉 请大家用热烈的掌声欢迎王女士。모두 열렬한 박수로 왕 여사를 환영합시다.

정답 请大家用热烈的掌声欢迎王女士。모두 열렬한 박수로 왕 여사를 환영합시다.

쓰기 제1부분 문제에 위 단어가 제시되어 있으면, 문장의 맨 앞머리에 두자.

· 请您关闭所有的电子设备。모든 전자 설비를 꺼 주세요.

· 不要急于扩大规模。급하게 규모를 확대하지 마라.

단, 문제에 '要' '不要' '别'가 '你'와 같이 나오면, '你要' '你不要(/别)'로 시작한다.

· 你要学会如何控制情绪。너는 어떻게 기분을 제어하는지 알아야 한다.

· 你别把咖啡洒在文件上。너 커피를 문건 위에 쏟지 마.

쓰기 제2부분

1 문제 发展　　严重　　污染　　随着　　认识

모범답안

		随	着	工	业	的	不	断	发	展	，	环	境	污	染
问	题	越	来	越	严	重	。	如	今	，	环	境	污	染	问
题	直	接	影	响	到	人	类	的	生	存	与	发	展	。	目
前	很	多	国	家	逐	渐	认	识	到	环	保	的	重	要	性 ，
很	多	社	会	团	体	都	为	保	护	自	然	环	境	而	努
力	。														

공업이 끊임없이 발전함에 따라, 환경 오염 문제도 갈수록 심각해졌다. 오늘날, 환경 오염 문제는 인류의 생존과 발전에 직접적으로 영향을 준다. 현재 많은 국가들이 점점 환경 보호의 중요성을 인식하고 있고, 많은 사회 단체들이 자연 환경 보호를 위해 노력하고 있다.

2 문제 压力　　危害　　加重　　放松　　建议

모범답안

		过	大	的	压	力	会	严	重	危	害	身	体	健	康
是	人	人	都	知	道	的	。	随	着	压	力	和	负	担	的
加	重	，	对	人	体	的	危	害	也	会	随	之	而	来	。
我	觉	得	旅	游	可	以	使	人	放	松	心	情	，	所	以
我	建	议	压	力	过	大	的	人	用	旅	游	的	方	式	来
缓	解	压	力	吧	。										

너무 심한 스트레스는 신체 건강에 심각하게 피해를 입힌다는 것은 사람들마다 모두 알고 있다. 스트레스와 부담이 가중됨에 따라, 인체에 대한 피해도 뒤따라 올 수 있다. 나는 여행이 사람으로 하여금 기분을 편안하게 할 수 있다고 생각한다. 그래서 나는 스트레스가 너무 심한 사람은 여행을 통해 스트레스를 완화시키길 제안한다.

3

모범답안

		这	是	一	个	人	拿	着	相	机	给	家	人	拍	照
的	图	片	。	从	这	幅	图	片	上	,	我	可	以	看	出
照	片	的	真	正	意	义	是	什	么	。	跟	同	学	们	的
合	影	、	跟	家	人	的	全	家	福	等	,	照	片	可	以
帮	助	我	们	留	下	美	好	的	时	刻	,	也	可	以	让
我	们	回	忆	幸	福	的	过	去	。						

이것은 한 사람이 사진기를 들고 가족들을 사진 찍어 주는 사진이다. 이 사진에서 나는 사진의 진정한 의의가 무엇인지를 알 수 있다. 학우들과 찍은 단체 사진, 가족들과 찍은 가족 사진 등, 사진은 우리가 아름다운 시간을 남기는 것을 도와주고, 우리로 하여금 행복한 과거를 회상하게 해 줄 수 있다.

4

모범답안

		人	类	生	存	的	土	地	是	有	限	的	。	每	天
人	类	生	活	会	产	生	很	多	的	生	活	垃	圾	。	这
些	生	活	垃	圾	对	环	境	造	成	了	非	常	严	重	的
影	响	。	因	此	,	我	们	应	该	提	高	环	境	保	护
意	识	,	经	常	密	切	关	注	我	们	周	围	的	环	境
变	化	。													

인류가 생존하는 땅은 유한하다. 매일 인류는 생활하면서 많은 생활 쓰레기들을 만들어 낸다. 이 생활 쓰레기들은 환경에 매우 심각한 영향을 초래한다. 이 때문에, 우리는 마땅히 환경 보호 의식을 키워야 하고, 항상 우리 주변의 환경 변화에 꼼꼼한 관심과 주의를 기울여야 한다.

⚡ 모의고사 해설

모범답안

듣기 🎧 Track 08

제1부분

1	B	2	C	3	C	4	B	5	D	6	C	7	A	8	A
9	C	10	A	11	C	12	C	13	B	14	A	15	B	16	B
17	C	18	D	19	B	20	C	21	C	22	B	23	B	24	D
25	D	26	B	27	C	28	B	29	C	30	D				

제2부분

31	B	32	B	33	C	34	C	35	D	36	A	37	A	38	C
39	B	40	A	41	D	42	C	43	D	44	C	45	D		

독해

제1부분

46	C	47	B	48	B	49	A	50	C	51	B	52	D	53	B
54	B	55	D	56	B	57	B	58	A	59	D	60	D		

제2부분

61	A	62	D	63	B	64	C	65	B	66	A	67	B	68	B
69	D	70	C												

제3부분

71	B	72	B	73	D	74	C	75	C	76	D	77	A	78	C
79	B	80	B	81	A	82	D	83	D	84	C	85	D	86	C
87	D	88	D	89	C	90	C								

쓰기

제1부분

91 书架上落了一层厚厚的灰尘。

92 该国自然条件极其恶劣。

93 哪条耳环是李师傅制作的?

94 我们将于这个月中旬开始培训。

95 经济下滑使很多上班族面临失业的危机。

96 舅舅退休后却比以前更忙碌。

97 我和女朋友打算在下个月举行婚礼。

98 她还在犹豫要不要参加晚会。

제2부분

99 해설 참고

100 해설 참고

듣기

<table>
<tr><td rowspan="2">1</td><td>A 宿舍</td><td>B 医院</td><td>A 기숙사</td><td>B 병원</td></tr>
<tr><td>C 银行</td><td>D 玩具店</td><td>C 은행</td><td>D 완구점</td></tr>
</table>

보기 파악 보기가 '장소'와 관련된 단어들이다. 'A. 宿舍(기숙사)'는 유추형 보기로 오해하기 쉬운데, 회화에서 기숙사를 특정하는 표현들을 배우지 않기 때문에, '宿舍'는 '언급'되는 장소 보기이다. 관련 표현이 중국어로 바로 떠오르는 보기 B, C, D가 답이라면 녹음을 듣고 '유추'해 풀어야 할 가능성이 높다. B, C, D와 관련 있는 표현들을 생각해 보자.

B 医院(병원): 挂号(접수하다)

C 银行(은행): 办信用卡(신용카드를 발급하다), 开网上银行(온라인 뱅킹을 개설하다), 账户(계좌)

D 玩具店(완구점): 계산 관련 표현 [*玩具店이 그대로 언급될 수도 있다]

女: 您好，我吃海鲜有些过敏，请问应该看哪个科？
男: 去皮肤科看看，您先去一楼挂号。
问: 他们可能在什么地方？

여: 안녕하세요. 제가 해산물을 먹고 알레르기가 생겼는데, 어느 과에서 진료를 받아야하나요?
남: 피부과에 진료를 받으세요. 우선은 1층에 가서 접수하세요.
질문: 그들은 어떤 곳에 있나?

문제 풀이 HSK 5급 듣기에서 '挂号 guàhào 접수하다'가 들리면 대화가 이루어지는 장소가 '병원(医院)'이라고 생각하면 된다. '挂号'는 주로 병원에서 접수할 때 쓰는 말로, '哪个科'와 결합해서 '挂哪个科?(어떤 과에 접수하나?)'로 활용되어 나오기도 한다.

정답 B 医院 병원

<table>
<tr><td rowspan="2">2</td><td>A 买黄金</td><td>B 买股票</td><td>A 황금을 사다</td><td>B 주식을 사다</td></tr>
<tr><td>C 存银行</td><td>D 买房子</td><td>C 은행에 저금하다</td><td>D 집을 사다</td></tr>
</table>

보기 파악 보기가 문장 형식인 문제는 까다롭게 나올 수 있으므로, 녹음이 시작되기 전에 미리 보기 각각의 뜻을 완벽하게 이해해 두어야 한다.

男: 银行的利息怎么又降了，要不要把钱取出来投资股市呢？
女: 你又不了解股市，你要谨慎点儿，存银行还是比较保险。
问: 女的劝男的应该怎么投资？

남: 은행의 이자가 왜 또 떨어지지? 돈을 뽑아서 주식 시장에 투자할까?
여: 너는 주식 시장을 모르니까 신중해야 해. 은행에 저축하는 것이 아무래도 좀 안전할 듯하다.
질문: 여자는 남자에게 어떻게 투자하라고 권하는가?

문제 풀이 남자의 말에서 '投资股市'만 듣고 B를 선택하면 안 된다. '投资股市'가 언급된 문장은 의문문이다. 녹음 속 대화가 질문으로 시작되면 무조건 상대방의 대답까지 듣고 답을 정해야 한다. '주식 시장에 투자할까?'라는 남자의 질문에 여자가 '你又不了解股市(너는 주식 시장을 모른다)'라고 대답한 것에서 B는 답이 아니라는 것을 알 수 있다. 바로 뒤에 나오는 '存银行还是比较保险(은행에 저축하는 것이 아무래도 좀 안전할 듯하다)'을 통해서 답이 C라는 것을 알 수 있다.

정답 C 存银行 은행에 저금하다

3 A 效果不佳	B 风格独特		A 효과가 좋지 않다	B 스타일이 독특하다
C 气氛很热烈	D 发音不准		C 분위기가 뜨겁다	D 발음이 정확하지 않다

보기 파악　문장 형식의 보기들은 녹음이 시작되기 전에 미리 읽고 그 뜻을 완벽하게 이해해 두어야 한다.

女： 今天的晚会你主持得相当好，气氛搞得很热烈。

男： 主要是您指导得好，没有您的指导，达不到这样的效果。

问： 男的主持得怎么样?

여： 오늘 저녁파티, 너 진행을 상당히 잘하더라. 분위기도 뜨겁게 만들고.

남： 지도를 잘해 주신 덕분이죠. 당신의 지도가 없었다면, 이러한 성과를 이루어 내지 못했을 거예요.

질문： 남자는 진행을 어떻게 했나?

문제 풀이　여자의 말 '气氛搞得很热烈(분위기도 뜨겁게 만들고)'를 통해서 답이 'C. 气氛很热烈'라는 것을 바로 알 수 있다.

정답　C 气氛很热烈 분위기가 뜨겁다

4 A 参加学术会议		A 학술 회의에 참가하다
B 晚点儿交论文		B 논문을 늦게 제출하다
C 请教授修改论文		C 교수에게 논문을 수정해 달라고 부탁하다
D 借阅参考书		D 참고서를 빌려 읽다

보기 파악　이번 문제도 문장 형식의 보기이다. D에 쓰인 단어 '借阅 jièyuè'는 HSK 필수어휘가 아니므로, 뜻은 몰라도 상관 없다. 발음만 할 수 있으면 된다. 우리가 평소에 잘 접하지 않았던 단어나 표현이 쓰인 보기가 답이라면, 녹음에 토씨 그대로 나오기 때문이다.

男： 李教授，我的论文还要修改一下，可以晚点交吗?

女： 好的，那再给你延长一个星期吧。

问： 男的有什么请求?

남： 리 교수님, 제 논문을 더 수정해야 하는데, 늦게 제출해도 될까요?

여： 좋아요. 그러면 1주일 연장해 줄게요.

질문： 남자는 어떤 부탁을 했나?

문제 풀이　남자가 하는 말 '可以晚点交吗?'만 듣고 바로 답을 B로 체크하였는가? 정답은 맞췄겠지만, 의문문만 듣고 바로 답을 고르는 것은 위험한 습관이다. 질문은 항상 대답까지 들어야 하기 때문이다. 남자의 질문에 여자가 '好的'라고 대답하는 것까지 듣고 나서 B를 골라야 한다.

정답　B 晚点儿交论文 논문을 늦게 제출하다

5 A 别浪费时间	B 打折时再买	A 시간을 낭비하지 마라	B 세일할 때 사라
C 尽量别买	D 只买需要的	C 될 수 있으면 사지 마라	D 필요한 것만 사라

보기 파악　이번 문제의 보기들도 문장 형식이므로 읽을 줄 알고, 뜻을 파악할 수 있으면 된다.

女：超市促销时买了很多东西，可是现在一个也没怎么用，真是太浪费了。	여: 슈퍼마켓에서 판촉 행사를 할 때 많은 것들을 샀는데, 지금은 어떤 것도 잘 쓰질 않네. 정말 너무 낭비했어.
男：很多商家就是利用消费者的心理发大财，以后只买需要的就行了。	남: 많은 상점들이 소비자들의 심리를 이용해서 돈을 벌지. <u>앞으로 필요한 것만 사면 돼</u>.
问：男的是什么意思？	질문: 남자는 무슨 의미인가?

문제 풀이 녹음 초반부터 익숙하지 않은 표현이 많이 섞여 나와서 당황하기 쉽다. 하지만 우리는 대화의 자세한 내용까지 다 알아들을 필요가 없으므로, 언제 녹음에서 보기의 내용이 비슷하게 언급될지 차분히 기다리기만 하면 된다. 그렇게 기다리면 마지막 문장 '以后只买需要的就行了'를 통해서 답이 'D. 只买需要的'라는 것을 알 수 있다.

정답 D 只买需要的 필요한 것만 사라

---

6 A 没拍过电影	A 영화를 찍은 적이 없다
B 热爱教学	B 가르치는 것을 사랑한다
C 仍在坚持表演	C 여전히 공연하는 것을 견지한다
D 未到退休年龄	D 아직 은퇴할 나이가 되지 않았다

보기 파악 C의 '坚持(견지하다)'는 5급 수험생이라면 반드시 알고 있어야 하는 단어이다. '坚持'는 단어 그대로 녹음에 언급되는 경우도 있지만, 대부분은 의미가 상통하는 다른 표현으로 사용되어 답을 유추하도록 한다. 예를 들어 , '포기하면 안 된다'는 의미를 나타내는 표현 '不要放弃' '不可以放弃' 등을 사용해 '坚持'의 의미를 나타낸다. D의 '未'는 부정(还不/还没)의 의미로 쓰이므로 '未'가 들어 있는 경우, 그 문장은 부정문으로 생각하면 된다.

男：王阿姨，您都退休了。怎么还这么辛苦地来参加演出？	남: 왕씨 아주머니, 당신은 이미 은퇴하셨는데, <u>왜 이렇게 힘들게 공연에 참가하시나요?</u>
女：我虽然已经退休了，但还舍不得离开这个舞台。	여: 내가 비록 은퇴했지만, 무대를 떠나기가 싫구나.
问：关于王阿姨，可以知道什么？	질문: 왕씨 아주머니에 관해서 무엇을 알 수 있나?

문제 풀이 남자의 말 '怎么还这么辛苦地来参加演出'에서 '아주머니가 아직도 계속 공연을 하고 있음'을 알 수 있고, 이를 통해 답이 C임을 알 수 있다. '怎么'로 시작하는 의문문의 경우, '이미 벌어진 일'에 대해서 이야기하는 것이기 때문에, '怎么' 뒤에 나오는 표현이 보기에 나오면 그것이 답이라고 생각하면 된다.

정답 C 仍在坚持表演 여전히 공연하는 것을 견지한다

---

7 A 公司	B 饭店	A 회사	B 식당
C 大使馆	D 教室	C 대사관	D 교실

보기 파악 '장소'와 관련된 보기들이므로, '언급'된 것을 듣고 바로 고르면 되는지 '유추'해야 하는지 잘 구별해서 듣도록 하자. 보기 A와 B, D는 관련 표현이 중국어로 떠오르는 장소이므로, 'C. 大使馆(대사관)'을 제외한 나머지 보기는 '유추' 유형으로 나올 수도 있다.

A 公司(회사): 办公室(사무실) / 单位(직장)
B 饭店(식당): 点菜(주문하다) / 有名的菜(유명한 요리) / 结账(계산하다)
D 教室(교실): 预习(예습하다) / 复习(복습하다) / 功课(숙제, 레포트)

女: 都几点了，你还在公司加班！吃饭了吗？

男: 还没呢，我一会儿去吃，还要打印几份文件。

问: 男的现在在哪儿？

여: 지금이 몇 시인데, 넌 아직도 회사에서 야근하니! 밥은 먹었어?

남: 아직 못 먹었어. 이따가 먹을 거야. 아직 몇 개의 문건을 프린트해야 해.

질문: 남자는 지금 어디에 있나？

문제 풀이 여자의 말에서 '公司'가 그대로 언급되었으므로, 'A. 公司'가 정답이다.

정답 A 公司 회사

---

8 A 女的没坐飞机

B 男的决定坐火车

C 航班按时起飞了

D 男的订了机票

A 여자는 비행기를 안 탔다

B 남자는 기차를 타기로 결정했다

C 항공편이 제때 이륙했다

D 남자는 비행기표를 예매했다

보기 파악 문장 형식의 보기이다. 대화에서 언급되는 내용이 어떤 것인지 주의해서 듣도록 하자. 녹음을 듣기 전에 반드시 보기 파악이 선행돼야 한다는 것을 명심하자!

男: 你不是订机票了吗？怎么改成火车了？

女: 今天雾太大，所有航班都取消了。我只好坐火车了。

问: 根据对话，下列哪项正确？

남: 너 비행기표 예매하지 않았어? 왜 기차로 바꿨어?

여: 오늘 안개가 너무 심해서 모든 항공편이 취소됐어. 어쩔 수 없이 기차를 탔어.

질문: 대화를 근거로 아래 어느 것이 정확한가？

문제 풀이 여자의 말 '所有航班都取消了。我只好做火车了。'에 여자가 '비행기를 안 타고 기차를 탔다'는 정황이 드러났다. 이 문제를 틀렸다면 사전에 보기를 제대로 숙지하지 않고 녹음을 들으면서 보기를 읽었을 확률이 높다.

정답 A 女的没坐飞机 여자는 비행기를 안 탔다

---

9 A 还钱　　　B 换零钱

C 买吃的　　　D 找人

A 돈을 갚다　　　B 잔돈을 바꾸다

C 먹을 것을 사다　　　D 사람을 찾다

보기 파악 문장 형식의 보기이므로, 미리 읽고 뜻을 파악하는 것이 중요하다. 우리 교재의 듣기 스킬대로 문제를 풀고 있다면, 9번 문제가 시작되기 전에 반드시 9번 보기를 두 번 읽은 상태여야 한다.

女: 有零钱吗？我想去楼下无人售货机那儿买包饼干。

男: 抽屉里应该有几个硬币，我找找看。

问: 女的要做什么？

여: 잔돈 있어? 나 아래층 자판기에서 과자를 사고 싶어.

남: 서랍에 동전이 몇 개 있을 거야. 내가 찾아볼게.

질문: 여자는 무엇을 하려고 하는가？

문제 풀이 '과자(饼干)'는 '먹을 것(吃的)'이므로, 여자의 말 '买包饼干'을 통해 답이 'C. 买吃的'라는 것을 알 수 있다.

정답 C 买吃的 먹을 것을 사다

10	A 钱包丢了	A 지갑을 잃어버렸다
	B 上班迟到了	B 출근하는데 지각했다
	C 信用卡密码忘了	C 신용카드 비밀번호를 잊어버렸다
	D 身份证过期了	D 신분증 유효 기간이 지났다

보기 파악 문장 형식의 보기들은 대화에서 나오는 긴 표현을 짧게 줄여 놓은 것인 경우가 종종 있다. 그렇기 때문에 미리 보기의 내용을 숙지해 두어야 표현이 살짝 변형되어 나와도 쉽게 대처할 수 있다.

男 : 这是谁呀？真没想到会在这儿碰到你。

女 : 唉，我的钱包不小心弄丢了，身份证和信用卡都在里面，就赶紧来挂失了。

问 : 女的怎么了？

남 : 이게 누구야? 여기서 널 만날 줄 생각도 못했어.

여 : 아이고, 지갑을 실수로 잃어버렸어. 신분증과 신용카드가 다 안에 있어서, 서둘러 분실 신고를 하러 왔어.

질문 : 여자는 어떠한가?

문제 풀이 여자의 말 '我的钱包不小心弄丢了'가 보기 A에 '钱包丢了'로 줄여져서 나왔다. 녹음이 시작되기 전에 보기를 다 파악해 놓지 못했다면 뒤쪽에 나오는 몇몇 단어[身份证/信用卡]들만 듣고 잘못된 보기를 고를 수 있으니, 반드시 녹음이 시작되기 전에 보기를 파악해 두자.

정답 A 钱包丢了 지갑을 잃어버렸다

11	A 窗帘的样式	A 커튼의 스타일
	B 装修的费用	B 인테리어 비용
	C 桌子的位置	C 탁자의 위치
	D 地毯的颜色	D 카페트의 색깔

보기 파악 '사물'과 관련된 '단어' 형식의 보기이기 때문에 답이 녹음에 그대로 '언급'될 확률이 높다.

女 : 我觉得这个设计图很不错。你觉得呢？

男 : 阳台、卧室的整体感觉都很好。不过桌子摆这儿，明显不合理。

问 : 男的觉得哪方面需要改进？

여 : 나는 이 설계도가 괜찮은 것 같아. 네가 느끼기엔?

남 : 베란다, 침실의 전체적인 느낌은 좋아. 그런데 탁자를 여기에 놓으면 확실히 안 어울리는 것 같아.

질문 : 남자는 어느 방면을 고쳐야 한다고 느끼나?

문제 풀이 남자의 말 끝 부분에 나오는 '桌子摆这儿，明显不合理'를 통해서 C가 정답임을 알 수 있다. C를 제외하고 어떤 보기도 녹음에서 언급되지 않았기 때문에, 대화의 디테일한 내용까지 파악하지 못했어도 충분히 답을 맞힐 수 있다. 그런데 만약, 녹음에서 보기가 '두 개' 언급됐다면 어떻게 대비했어야 했을까? 이 경우에 대해서, 우리는 이미 P.19에서 짚어 보았다. 기억 나지 않는다면 다시 한번 스킬 복습!

정답 C 桌子的位置 탁자의 위치

12	A 让他来取包裹	A 그에게 소포를 찾아오게 하다
	B 表示歉意	B 유감을 표시하다
	C 通知他去上班	C 그에게 출근하라고 통지하다
	D 告诉他考试成绩	D 그에게 시험 성적을 알려 주다

보기 파악 문장 형식의 보기들이니 보기를 해석한 후, 각각의 보기에서 포인트 표현들을 생각하면서 대화를 듣도록 하자. A는 '取包裹 (소포/택배를 찾다)', B는 '歉意(미안함)', C는 '通知/上班(통지하다/출근하다)', D는 '考试成绩(시험 성적)'가 포인트 표현이 되겠다. 이중에서 대부분의 수험생이 B의 '歉意' 뜻을 몰랐을 텐데, 5급 어휘가 아니기 때문에, B가 정답이면 '歉意'가 그대로 언급될 것이다.

男：实在不好意思，刚才不小心把您电话挂断了。

남: 정말 미안합니다. 방금 실수로 전화를 끊었습니다.

女：没关系，我是想通知你，下星期一上午九点来人事部报到。

여: 괜찮아요. 다음 주 월요일 오전 9시까지 인사과에 등록하시라고 통지하려던 거였어요.

问：女的为什么打电话给男的？

질문: 여자는 왜 남자에게 전화했나?

문제 풀이 '报到'는 '도착을 보고하다'라는 뜻인데, 이번 문제처럼 '회사/면접 합격'이 대화의 주제일 때 나오는 '报到'는 신입직원이 첫 출근 시 인사과에 등록하는 것을 의미한다. HSK 4급, 5급 어휘인 '通知'와 '报到'를 통해서 답이 C임을 알 수 있어야 한다.

정답 C 通知他去上班 그에게 출근하라고 통지하다

13	A 汽油降价了	A 휘발유 가격이 떨어졌다
	B 汽油要涨价	B 휘발유 가격이 오르려고 한다
	C 路上很拥挤	C 길이 혼잡하다
	D 加油站暂时不营业	D 주유소가 잠시 영업을 안 한다

보기 파악 보기의 의미는 파악하지 않고 특정 단어만 듣고 바로 답을 고르려고 하는 수험생이 종종 있다. 보기의 의미를 파악하지 않고 들리는 단어만 골라 찍으면 맞히는 경우보다 틀리는 경우가 더 많으니, 반드시 '의미 파악'을 먼저 확실히 하도록 하자.

女：你看新闻了吗？从后天开始汽油又要涨价了。

여: 뉴스 봤어? 모레부터 휘발유가 또 가격이 오른다는군.

男：怪不得这几天加油站又排起了那么长的车队。

남: 어쩐지 요 며칠 주유소에 차가 길게 늘어섰다 했어.

问：根据对话，可以知道什么？

질문: 대화를 근거로 무엇을 알 수 있나?

문제 풀이 여자의 말 '从后天开始汽油又要涨价了'를 통해 답이 'B. 汽油要涨价'라는 것을 알 수 있다. 집중을 하지 않아서 핵심 표현인 '又要涨价了'는 놓치고 '汽油'나 '加油站'만 듣고서 A나 D를 선택해서 틀리는 경우가 종종 있다. 이번 문제에서 A나 D를 선택해서 틀렸다면, 앞으로 녹음을 들을 때 더 집중할 수 있도록 신경 써야 할 것이다.

정답 B 汽油要涨价 휘발유 가격이 오르려고 한다

14 A 女的在看杂志	A 여자는 잡지를 보고 있다
B 男的是厨师	B 남자는 주방장이다
C 女的是报社记者	C 여자는 신문사 기자다
D 男的喜欢看杂志	D 남자는 잡지 보는 것을 좋아한다

보기 파악 문장 보기이니, 질문은 '대화 내용에 관해서 알 수 있는 것'을 물어보는 형식일 것이다. 대화에서 어떤 보기가 언급되는지 주의해서 듣자.

男: 你在看什么呢? 这么专心? 让我看一下。

女: 一本杂志, 介绍了很多生活常识, 还介绍了各地美食。

问: 根据对话, 可以知道什么?

남: 너 뭘 보는데 이렇게 열심이야? 나도 좀 보자.

여: 잡지. 많은 생활 상식도 소개하고, 각 지역의 맛있는 음식을 소개하고 있어.

질문: 대화를 근거로 무엇을 알 수 있나?

문제 풀이 '무엇을 보고 있냐'는 남자의 질문에 여자가 '杂志(잡지)'라고 대답했으므로, 답은 A이다.

정답 A 女的在看杂志 여자는 잡지를 보고 있다

| 15 A 嘉宾名单 B 电视节目 | A 게스트 명단 B 티비 프로그램 |
| C 说话的方法 D 晚会的地点 | C 말하는 방법 D 저녁파티의 장소 |

보기 파악 보기가 단어 형식이고, 일상생활에서 나오는 수준이므로, 단어가 직접 '언급'될 것임을 알 수 있다.

女: 你看过《有话好好说》那个节目吗?

男: 看过, 我喜欢那个女主持人, 她非常风趣。

问: 他们在谈什么?

여: 너 「有话好好说」라는 프로그램 본 적 있어?

남: 본 적 있어. 나는 그 여성 사회자를 좋아해. 그녀는 매우 유머스해.

질문: 그들은 무엇에 대해 이야기 중인가?

문제 풀이 여자가 직접 '节目(프로그램)'라는 단어를 언급한 것에서 'B. 电视节目'가 답임을 알 수 있다.

정답 B 电视节目 티비 프로그램

| 16 A 头疼 B 嗓子不舒服 | A 머리가 아프다 B 목이 불편하다 |
| C 感冒了 D 昨晚失眠了 | C 감기에 걸렸다 D 어젯밤에 잠을 못 잤다 |

보기 파악 문장 형식의 보기이다. B에 쓰인 표현 '不舒服 bù shūfu'는 종종 대화에서 '难受' '疼' 등으로 대체되어 나오기도 한다. C에 쓰인 표현 '感冒 gǎnmào'는 '着凉'으로, D에 쓰인 표현 '失眠 shīmián'은 '睡不着'로 대체되어 나오기도 한다.

男: 你怎么了? 声音听起来怪怪的。

女: 可能是嗓子发炎了, 今天早晨一起床就很不舒服。

问: 女的怎么了?

남: 너 왜 그래? 목소리가 이상해.

여: 아마도 목에 염증이 생겼나 봐. 오늘 아침에 일어나면서부터 불편해.

질문: 여자는 어떠한가?

17	A 当编辑了	B 顺利通过了	A 편집자가 됐다	B 순조롭게 통과했다
	C 发表了小说	D 考上大学了	C 소설을 발표했다	D 대학에 합격했다

보기 파악	문장 형식의 보기이다. 문장 형식의 보기는 보기 각각의 의미를 제대로 파악하지 않고, 단편적으로 들리는 단어에만 의지해 답을 고르려고 한다면 틀릴 수 있다. 반드시 보기를 잘 해석해서 어떤 의미인지 파악을 한 후 듣도록 하자.

女: 刘编辑说你的小说发表了，恭喜你!

男: 谢谢。其实我也没想到居然会这么顺利。

问: 关于男的，可以知道什么?

여: 리우 편집자가 네 소설이 발표됐다고 말해 줬어. 축하해!

남: 고마워. 사실 나도 이렇게 순조로울 줄은 생각 못했어.

질문: 남자에 관해 무엇을 알 수 있나?

문제 풀이	앞부분만 잘 들어도 답이 C라는 것을 쉽게 알 수 있다. 정답이 대화 도입부에 나오는 경우가 상당히 많은데, 보기를 미리 확인 하지 않은 상태에서 녹음이 시작되고서야 보기를 읽는다면, 정답을 십중팔구 놓치게 된다.
정답	C 发表了小说 소설을 발표했다

18	A 去练字	B 参加晚会	A 글씨 연습을 하다	B 저녁파티에 참가하다
	C 签合同	D 招聘员工	C 계약을 체결하다	D 직원을 뽑다

보기 파악	문장 형식의 보기이므로 보기를 꼼꼼하게 파악한 후 집중해서 녹음을 듣자.

男: 李总，这份合同需要您签字，请您先看一下。

女: 你先放这儿吧，九点有个招聘会，我得赶紧 过去。

问: 女的要去做什么?

남: 리 사장님, 이 계약서는 사장님 사인이 필요합니다. 한번 보 세요.

여: 우선 여기에 놔 둬요. 9시에 면접이 있어서 어서 가 봐야 해요.

질문: 여자는 무엇을 하려고 하나?

문제 풀이	이번 문제는 보기가 2개 언급되는 문제이다. 출현 빈도는 적지만 1부분에서도 이런 식으로 문장 형식의 보기가 2개 언급되는 경우가 있으니 주의하자. 남자의 말 중 '合同' '签字'만 듣고서 C를 체크했을 수도 있었을 테지만, 이어서 여자가 하는 말에서 보기 D의 어휘 '招聘'도 언급이 된다. 이런 경우, 마지막에 들린 표현을 '누가' 언급했는지 체크하고 '질문'까지 들어야 한다.
정답	D 招聘员工 직원을 뽑다

19	A 价格	B 包装	A 가격	B 포장
	C 颜色	D 大小	C 색깔	D 크기

보기 파악	단어 유형의 보기로, 직접 '언급'되어 나오는 명사들이다. 집중해서 듣기만 하면 쉽게 풀리는 문제이다.

女：你确定就是这种？我怎么觉得包装不一样呢。

男：没错吧，就是这个标志的。

问：女的觉得哪里不一样？

여: 확실히 이 종류야? 난 왜 포장이 다르다고 생각되지?

남: 맞을걸. 바로 이 상표였어.

질문: 여자는 어디가 다르다고 느끼나?

문제 풀이 보기 B의 단어 '包装'이 직접 언급되었다. 여자의 말 '怎么觉得包装不一样'에서 답이 B라는 것을 알 수 있다.

정답 B 包装 포장

---

20 A 问其他教授

B 提供两封推荐信

C 去留学中心确认

D 给教授打电话

A 다른 교수에게 물어보다

B 두 통의 추천서를 제공하다

C 유학 센터에 확인하다

D 교수에게 전화하다

보기 파악 문장 형식의 보기이므로 앞에서 이야기했던 주의점들을 잘 기억하고 문제에 대비하자.

男：留学网站上说申请留学要有两位教授的推荐信，但邮件里却说只要一位。

女：啊？那你赶紧去留学中心确认一下吧。

问：女的建议怎么做？

남: 유학 홈페이지에는 유학을 신청하려면 교수님 두 분의 추천서가 필요하다고 되어있는데, 우편물에는 한 분만 필요하다고 되어 있어.

여: 아? 그러면 서둘러 유학 센터에 확인해 봐.

질문: 여자는 어떻게 하라고 건의하나?

문제 풀이 남자의 말 '申请留学要有两位教授的推荐信'만 듣고, '推荐信'이 사용된 보기 'B. 提供两封推荐信'을 답으로 골라선 안 된다. 보기에 사용한 표현 '提供(제공한다)'과 대화에서 사용한 표현 '要有(있어야한다)'는 같은 의미도 아니다. 여자의 말 '去留学中心确认'에 보기 'C. 去留学中心确认'이 그대로 나오므로, 답은 C이다.

정답 C 去留学中心确认 유학 센터에 확인하다

---

21 A 3000字　　　　B 4000字

C 5000字　　　　D 6000字

A 3000자　　　　B 4000자

C 5000자　　　　D 6000자

보기 파악 보기가 숫자이니 언급일 확률이 높다. 다만, 경우에 따라서 보기에 나온 숫자가 2개 언급되거나, 계산을 통해 답을 찾아야 하는 경우도 있으니 긴장을 놓치지 말고 듣자.

女：你的毕业论文怎么样了？导师怎么说的？

男：他建议我把文章缩短到五千字，题目也要换一个。

女：看来问题不是很大，那么大概什么时候交论文？

男：可能下个月。导师多给我时间了。

问：导师建议将论文改为多少字？

여: 네 졸업 논문 어떻게 됐어? 지도 교수님은 뭐라셔?

남: 나보고 글을 5천자로 줄이고, 제목도 한 개 바꾸라고 하셨어.

여: 보아하니, 문제는 크지 않을 것 같아. 그러면 대략 언제쯤 논문을 낼 거야?

남: 아마도 다음 달쯤. 지도 교수님이 시간을 많이 주셨어.

질문: 지도 교수는 논문을 몇 글자로 고치라고 건의했나?

문제 풀이 대화에서 숫자 '5000'이 그대로 나오므로 답은 C이다.

정답 C 5000字 5000자

22	A 在网上聊天	A 인터넷에서 채팅을 하고 있다
	B 在下载节目	B 프로그램을 다운로드하고 있다
	C 准备看电影	C 영화를 보려고 한다
	D 在准备采访	D 인터뷰를 준비 중이다

문장 형식의 보기이므로 보기에 대한 파악이 필수이다. 컴퓨터 관련 표현이 쓰인 보기가 답이라면, 녹음에 단어가 그대로 언급되니, 발음 파악에 신경 쓰자.

男: 你不用电脑，就把它关了吧，让它也休息一下。

女: 我正在下载一个节目，还有三分钟就下完了。

男: 什么节目？

女: 是一个访谈节目，主持人总是开车在车里和被访谈者聊天。最近特别火。

问: 女的为什么不关电脑？

남: 너 컴퓨터 안 쓰면 꺼라. 컴퓨터도 좀 쉬어야지.

여: 나 지금 프로그램 하나 다운로드하고 있어. 3분이면 다운이 끝나.

남: 무슨 프로그램?

여: 탐방 프로그램이야. 사회자가 항상 운전을 하면서 차 안에서 인터뷰이와 이야기를 하는데, 요즘 엄청 인기 있어.

질문: 여자는 왜 컴퓨터를 끄지 않나?

여자의 말 '我正在下载一个节目'에 보기 'B. 在下载节目'가 그대로 나온다. 이번 문항은 보기의 표현이 초반에 그대로 나왔기 때문에, 아주 쉽게 정답을 맞추었을 것이다. 이 대목에서 주요하게 확인해야 할 포인트는 정답을 맞추었는지가 아니라, 답을 고른 후 '자투리 시간'을 이용해서 빠르게 다음 문제들의 보기를 확인했는지이다. 현재 22번 문제이니, 23번 문제 녹음이 시작되기 전까지 우리는 이미 26~27번 문제의 보기를 보고 있어야 한다. 만약에 그러지 못했다면 듣기 스킬을 정확하게 구사하고 있다고 할 수 없다.

B 在下载节目 프로그램을 다운로드하고 있다

23	A 不会唱京剧	A 경극을 부를 줄 모른다
	B 不适应退休生活	B 은퇴 후 생활에 적응하지 못한다
	C 不会处理问题	C 문제를 처리할 줄 모른다
	D 老毛病又犯了	D 고질병이 또 도졌다

어렵거나 자주 쓰지 않는 표현이 쓰인 보기가 답일 경우, 그 표현이 녹음에서 거의 그대로 나오는 경향이 있다. 반대로 아주 쉽거나 자주 쓰는 익숙한 표현이 쓰인 보기가 답일 경우, 그 뜻은 같더라도 전혀 다른 표현으로 녹음에 나오는 경향이 있다.

女: 哥，妈妈怎么又不在家？

男: 去文化活动中心了。最近妈妈每天都去学书法、唱京剧。

女: 是吗？我还担心她不适应退休后的生活呢。

男: 没有，她现在适应得挺好。

问: 女的担心母亲什么？

여: 오빠, 엄마 왜 또 집에 안 계셔?

남: 문화센터에 가셨어. 요즘 엄마 매일 서예와 경극을 배우러 가셔.

여: 그래? 나는 은퇴 후 생활에 적응을 못하실까 걱정했는데.

남: 아니야. 엄마 적응 잘하고 계셔.

질문: 여자는 엄마의 무엇을 걱정하나?

여자의 말 '还担心她不适应退休后的生活'에 보기 'B. 不适应退休生活'가 그대로 나왔으므로, 답이 B라는 것을 쉽게 알아챌 수 있다.

B 不适应退休生活 은퇴 후 생활에 적응하지 못한다

24 A 下载速度太慢	A 다운로드 속도가 너무 느리다
B 硬盘有问题	B 하드웨어에 문제가 있다
C 装不上软件	C 소프트웨어를 다운로드할 수 없다
D 中病毒了	D 바이러스에 걸렸다

보기 파악 문장 형태의 보기이다. 모두 '컴퓨터'와 관련된 내용이므로, 정답에 해당하는 보기에 쓰인 핵심 표현이 녹음에서 그대로 언급될 것이다.

男：你看怎么样？能修好吗？

女：没问题，一会儿就能搞定。

男：到底哪儿出问题了？是硬盘有问题吗？

女：没有，就是中病毒了。你的电脑没装杀毒软件呢。

男：是吗？我以为已经装好了呢。

问：这台电脑怎么了？

남：네가 보기에 어때? 수리할 수 있을까?

여：문제없어. 좀 있으면 될 거야.

남：도대체 어디에 문제가 생긴 거야? 하드웨어에 문제가 있나?

여：아니. 바이러스에 걸렸어. 컴퓨터에 백신 프로그램을 설치 안 했네.

남：그래? 난 설치한 줄 알았어.

질문：이 컴퓨터는 어떠한가?

문제 풀이 남자의 말에서 '是硬盘有问题吗'만 듣고 성급하게 B를 고르는 실수는 하지 않도록 한다. 대화 속 질문은 항상 상대방의 대답까지 들어보고 정답을 골라야 한다. 남자의 질문에 대한 여자의 대답은 '没有，就是中病毒了'이었으므로, 답은 'D. 中病毒了'이다.

정답 D 中病毒了 바이러스에 걸렸다

25 A 人员名单不确定	A 인원 명단이 확정되지 않았다
B 市长不出席会议	B 시장이 회의에 출석하지 않았다
C 邮箱地址有误	C 이메일 주소가 틀렸다
D 有位专家没联系上	D 연락이 안 되는 전문가가 있다

보기 파악 주어가 있는 문장 형식이 보기인 문제가 어렵게 출제될 경우, 보기의 표현이 녹음에 그대로 언급되지 않아 유추해서 풀어야 한다. '유추'는 녹음의 모든 대화 내용을 다 이해해야 풀이가 가능한 유형이다. 대화가 끝날 때까지 답을 선택하지 못했다면 쿨하게 버리고 다음 문제에 집중하도록 하자.

男：周日出席会议的人员确定了吗？

女：邮件已经都发出了，但是现在还有一位专家没反馈……

男：那直接打电话跟他联系啊？

女：我已经打了好几次，可一直占线。

问：根据对话，下列哪项正确？

남：일요일 회의에 출석하는 인원 확정했나요?

여：메일은 이미 다 보냈는데, 전문가 한 분이 피드백이 없으세요.

남：그러면 직접 전화를 걸어 보죠?

여：몇 번 걸어 봤는데, 계속 통화 중이네요.

질문：대화를 근거로, 아래 어느 것이 정확한가?

문제 풀이 여자가 '现在还有一位专家'라고 말하는 때에 보기 'D. 有位专家没联系上'에 포인트를 찍고 계속 녹음을 듣자. 남자가 '打电话跟他联系'라고 이야기를 하자, 여자가 이어서 '可一直占线'이라고 대답한다. '占线(통화 중이다)'의 뜻을 알고 있다면, '전화했으나 계속 통화 중이다'라는 내용에서 D가 답이라는 것을 알 수 있다.

정답 D 有位专家没联系上 연락이 안 되는 전문가가 있다

26 A 可以报名做志愿者	A 지원자로 등록할 수 있다
B 得到了签名照	B 사인이 된 사진을 얻었다
C 被邀请做嘉宾	C 손님으로 초대받았다
D 有人找他拍电影	D 그와 영화를 찍으려는 사람이 있다

보기 파악 문장 형식의 보기이므로, 녹음이 시작되기 전에 보기에 대한 의미 파악이 끝나 있어야 한다.

女: 快看! 这是我最喜欢的演员的签名照。	여: 이것 봐! 내가 가장 좋아하는 배우의 사인이 된 사진이야.
男: 看你兴奋的。这是怎么拿到的呀?	남: 흥분하는 것 좀 봐. 이걸 어떻게 얻었어?
女: 我去电影节做志愿者啦! 他是开幕式的嘉宾，刚好我负责接待他。	여: 내가 영화제 자원봉사자를 했는데. 그가 개막식 게스트였어. 마침 내가 그를 접대하는 것을 맡았어.
男: 你运气真的很好。	남: 운이 정말 좋구나.
问: 女的为什么很兴奋?	질문: 여자는 왜 흥분했나?

문제 풀이 여자의 말에서 '签名照(사인이 된 사진)'가 언급됐을 때 보기 B에 포인트를 찍어놓고 계속 들어 보자. 이어지는 남자의 말에서 '这是怎么拿到的呀'까지 듣고 나면 정답이 B임을 확신할 수 있다. '怎么' 뒤에 이어지는 말은 '이미 벌어진 일'이기 때문에 '这是怎么拿到的呀'라는 말에서 '사진을 얻었음'을 알 수 있는 것이다.

정답 B 得到了签名照 사인이 된 사진을 얻었다

---

27 A 胳膊受伤了	A 팔을 다쳤다
B 最近经常加班	B 요즘 자주 야근한다
C 没坚持锻炼	C 단련을 꾸준히 하지 못했다
D 没时间打球	D 공을 칠 시간이 없다

보기 파악 A처럼 '……受伤了'라는 표현이 쓰인 보기가 답일 경우, 녹음에 '……怎么了'라는 표현이 함께 나올 수 있다. D에 쓰인 '没时间'이라는 표현은 녹음에 '没有空(시간이 없다)' '哪儿有时间(시간이 어디 있어)' 등의 표현으로 나올 수 있다.

男: 你打球的水平怎么退步了这么多? 你以前跟我不分上下的啊。	남: 너 공을 치는 수준이 왜 이렇게 퇴보했어? 너 예전에 나와 우열을 가릴 수 없었는데.
女: 很长时间没打了，连球拍都不会握了。	여: 오랫동안 안 쳤더니, 라켓 잡는 것도 못하겠네.
男: 最近工作那么忙?	남: 요즘 일이 그렇게 바빴어?
女: 那也不是，还是懒得不想打球，没坚持锻炼。	여: 그건 아니고, 그냥 공을 치기 귀찮아서 꾸준히 하지 않았어.
问: 女的打球的水平为什么退步了?	질문: 여자의 공을 치는 수준은 왜 퇴보했나?

문제 풀이 대화 끝에 'C. 没坚持锻炼'이 그대로 나오기 때문에 쉽게 답을 고를 수 있다. 실제 시험에서도 이렇게 보기가 토씨 그대로 언급되는 경우가 10~20% 비중으로 꾸준히 나오니, 모든 듣기 문제는 항상 문제 시작 전에 보기를 확실하게 파악해야 한다.

정답 C 没坚持锻炼 단련을 꾸준히 하지 못했다

<table>
<tr><td>28 A 不许下载</td><td>A 다운로드하는 것을 허락하지 않다</td></tr>
<tr><td>B 发到公共信箱里了</td><td>B 공용 이메일에 보냈다</td></tr>
<tr><td>C 已经出版了</td><td>C 이미 출판했다</td></tr>
<tr><td>D 需要修改</td><td>D 수정이 필요하다</td></tr>
</table>

보기 파악 이번 문제도 27번 문제와 마찬가지로 보기에 대한 파악이 끝난 상황이라면 쉽게 답을 고를 수 있을 것이다.

女: 张老师，您今天的讲座太棒了呢! 我可以拷一下您的讲稿吗?	여: 장 선생님, 오늘 강좌 정말 훌륭했어요! 제가 강의 원고를 카피할 수 있을까요?
男: 我已经发到公共信箱了，你可以随时下载。	남: 이미 공용 이메일에 보내 놨어요. 아무 때나 다운로드할 수 있어요.
女: 太好了，那么以后的讲稿也都会发到信箱里?	여: 정말 잘됐네요. 그러면 앞으로의 강의 원고도 이메일로 보내 줄 수 있나요?
男: 是的，我会陆续发的。	남: 네, 계속해서 보내 줄게요.
问: 关于今天的讲稿，下列哪项正确?	질문: 오늘의 강의 원고에 대해 아래 어느 것이 정확한가?

문제 풀이 남자의 말 '我已经发到公共信箱了'에 보기 'B. 发到公共信箱里了'가 그대로 언급이 된다. 이것을 듣고 바로 B를 답으로 고르고 다음 문제의 보기를 읽으려고 할 수도 있겠지만, 4줄 이상의 대화문은 보기가 2개 언급되는 경우가 있으니, 초반에 답이 들렸다고 성급하게 답으로 선택하고 넘어가지 말고 조금 더 들어보고 넘어가는 습관을 들이자.

정답 B 发到公共信箱里了 공용 이메일에 보냈다

<table>
<tr><td>29 A 一直失眠   B 感冒是被传染的</td><td>A 계속해서 잠을 못 잤다   B 감기는 전염됐다</td></tr>
<tr><td>C 带病上班   D 报告没写完</td><td>C 아픈 상태로 출근하다   D 보고서는 다 못 썼다</td></tr>
</table>

보기 파악 보기가 문장 형식일 때 주의해야 할 유형이 '유추'라고 했다. 이 경우, 대화가 끝날 때까지 답을 못 고르면 대범하게 포기하고 다음 문제에 집중하자. 이번 문제의 경우 대화 내용을 텍스트로 보면 쉽지만, 단순히 녹음만 들으면서 문제를 풀어 보면 답을 고르기 쉽지 않다.

男: 我感冒了，你小心别被我传染了。	남: 나 감기 걸렸어, 전염 안 되게 조심해.
女: 怎么这么严重?	여: 왜 이렇게 심해?
男: 哎，前两天熬夜赶报告睡眠不足，昨晚又着凉了。	남: 에휴, 며칠 전부터 보고서를 쓰느라 잠이 부족했는데, 어제 밤에 감기까지 걸렸어.
女: 那你今天怎么还来上班? 赶紧去看大夫啊!	여: 그런데 넌 오늘 왜 출근했어? 어서 병원에 가야지!
问: 关于男的，下列哪项正确?	질문: 남자에 관해, 아래 어느 것이 정확한가?

문제 풀이 녹음 첫마디에 나오는 남자의 말만 듣고 '感冒'와 '传染'에 꽂혀서 보기 'B. 感冒是被传染的'를 정답으로 고르면 안 된다. 녹음에서 이 어휘들이 사용된 문장의 전체 의미는 '감기가 옮았다'가 아니고 '감기에 걸렸으니 옮지 않게 조심하라'는 내용으로, 보기 B와는 전혀 다른 의미이기 때문이다. 남자의 말 '睡眠不足，昨晚又着凉了'와 여자의 말 '怎么还来上班'을 통해서 '남자가 감기가 걸린 상황에서 출근을 했다'는 것을 알 수 있고, 이를 통해 답이 C라는 것을 알 수 있다.
덧붙여, '睡眠不足'는 '수면 부족', 즉 잠이 부족하는 것이고, '失眠'은 '불면증', 즉 잠을 자지 못한다는 것이기 때문에 '잠'이라는 공통 분모에만 꽂혀서 'A. 一直失眠'을 선택해서는 안 된다. 참고로 '失眠'은 듣기에서 '睡不着'라는 표현으로 대체될 수 있다.

정답 C 带病上班 아픈 상태로 출근했다

30	A 要注意身体	A 건강에 주의해야 한다
	B 要请导游	B 가이드를 부르려고 한다
	C 别错失机会	C 기회를 잃지 마라
	D 博物馆周二闭馆	D 박물관은 화요일에 폐관한다

문장 형식의 보기에서 잘 나오는 유형 중 하나가 바로 '같은 뜻 다른 표현'이다. 정답인 보기에 쓰인 표현과 녹음 속 대화에 쓰인 표현이 뜻은 같지만, 표현 방식이 달라서 보기를 완벽히 이해하지 못하면 맞추기 어려울 수 있는 유형이다.

女：西安哪里比较好玩儿？	여：시안은 어디가 비교적 놀기 좋아?
男：西安到处都是好玩儿的地方。对了，陕西省博物馆很值得去看，那里陈列的文物都很珍贵。	남：시안은 놀기 좋은 곳이 곳곳에 널려 있어. 맞다, 산시성 박물관이 가 볼 만한 해. 거기 진열된 문물들이 다 진귀해.
女：那我一定抽一天去看看。	여：그러면 하루 시간 내서 가 봐야겠네.
男：可以，不过那儿每周二不对外开放。	남：그래. 그런데 거기 매주 화요일에는 대외에 개방하지 않아.
问：男的提醒女的什么？	질문：남자는 여자에게 무엇을 주지시키나?

남자의 말에서 '博物馆(박물관)'이 언급되므로, 일단 포인트는 D로 둔다. 그리고 마지막에 나오는 남자의 말 '那儿每周二不对外开放'에서 '不对外开放(대외에 개방하지 않아)'이 '闭馆(폐관하다)'과 같은 의미라는 것을 파악했다면 답이 D라는 것을 확실히 알 수 있다. '유추'나 '같은 뜻 다른 표현' 유형 문제가 어렵게 나오면 포기하기 쉽지만, 어려울수록 힌트를 보기나 녹음 속 대화에 꼭 남긴다. 이번 문제는 D 외에는 다른 보기에 있는 단어들이 대화에서 언급되지 않기 때문에, 전체적인 뜻을 몰라도 D를 답으로 찍을 수 있다.

D 博物馆周二闭馆 박물관은 화요일에 폐관한다

31~32

31	A 实现公平	A 공평을 실현하다
	B 效率更高	B 효율이 더 높다
	C 不需要工具	C 도구가 필요 없다
	D 可以增进友谊	D 우정을 증진시킬 수 있다

32	A 买两个蛋糕	A 케이크 2개를 사다
	B 把蛋糕平均分成两份	B 케이크를 균등하게 2개로 나누다
	C 找人帮忙切蛋糕	C 케이크를 자르는 것을 도와줄 사람을 찾다
	D 先选较大的	D 먼저 좀 큰 것을 선택한다

하나의 녹음에 여러 문제가 주어지는 '긴 녹음 형식'의 문제들은 내용을 듣고 이해한 다음에 질문을 듣고 정답을 고르는 식으로는 절대 점수를 낼 수 없다. 이 모의고사를 풀면서 앞에서 배운 스킬대로 문제를 풀었다면, 녹음에서 '第31~32题是根据下面一段话'라는 말이 나올 때, 우리는 이미 31번, 32번 보기에 대한 이해가 끝나 있어야 한다. 그렇게 하지 못했다면 스킬 부분을 다시 숙지하고 모의고사를 다시 풀어 보도록 하자!

第31-32题是根据下面一段话

　　事实上，对于两个人分蛋糕的情况，"你来分我来选"的方法[31]仍然是非常有效的。首先，由其中一人把蛋糕切成两块，然后另一个人优先选出他自己想要的那块，剩下的那块就留给切蛋糕的人，由于切蛋糕的人事先不知道选蛋糕的人会选哪一块，为了保证自己的利益，[32]他必须尽量把蛋糕平均分成两份，这样不管对方选择了哪一块，他都能保证自己总可以得到蛋糕总价值的1/2。

31　你来分，我来选的方法有什么好处？

32　要想保证自己的利益，切蛋糕的人需要怎么做？

31~32번 문제는 다음 내용에 근거한다

　　사실, 두 사람이 케이크를 나누는 상황에서, '네가 나누고 내가 선택한다'라는 방법은 [31]여전히 대단히 효과적이다. 우선, 둘 중에 한 명이 케이크를 두 조각으로 나누고, 다른 한 사람이 자신이 원하는 것을 우선 선택하고, 남은 조각을 케이크를 자른 사람에게 준다. 케이크를 자르는 사람은 사전에 케이크를 선택하는 사람이 어떤 것을 선택할지 모르기 때문에, 자신의 이익을 보장하기 위해서, [32]그는 반드시 최대한 균등하게 케이크를 둘로 나눌 것이다. 이렇게 하면 상대방이 어떤 조각을 선택하든, 자신은 항상 케이크의 절반을 얻을 수 있다.

31　네가 나누고 내가 선택하는 방법은 어떤 좋은 점이 있나?

32　자신의 이익을 확실히 하기 위해, 케이크를 자르는 사람은 어떻게 해야 하는가?

문제 풀이

31 녹음 초반에 언급된 '仍然是非常有效的'를 통해서 31번의 정답이 'B. 效率更高'임을 알 수 있다. '非常有效'가 '效率更高'와 서로 비슷한 뜻임을 파악하는 것이 관건이다. 참고로, 듣기 영역에서는 정도부사의 유무나 종류의 차이는 무시해도 된다.

32 31번의 정답을 체크하고 나면, 32번의 보기 4개에 집중하며 녹음을 들어 보자. 뒷 부분에 나오는 '他必须尽量把蛋糕平均分成两份'을 통해서 32번의 정답이 'B. 把蛋糕平均分成两份'라는 것을 알 수 있다.

이렇게 32번의 답까지 고르고 나면, 정답을 체크한 그 직후부터 33번 녹음이 시작되기 전까지의 '자투리 시간'에 우리는 33번~35번의 보기를 최대한 많이 파악해야 한다. 질문까지 듣고서 정답을 골라서는 안 된다.

정답

31 B 效率更高 효율이 더 높다

32 B 把蛋糕平均分成两份 케이크를 균등하게 2개로 나누다

33~35

33	A 语气温柔	B 缺乏礼貌	A 어기가 온유하다	B 예의가 부족하다
	C 易被拒绝	D 考虑全面	C 쉽게 거절당한다	D 전체적으로 고려하다

34	A 利润少了	A 이윤이 줄었다
	B 商品供不应求	B 상품이 수요를 따라가지 못하다
	C 销售额大增	C 판매액이 크게 늘었다
	D 客人多了	D 손님이 많아졌다

35	A 怎样管理员工	A 어떻게 직원을 관리하나
	B 如何挑选饮料	B 어떻게 음료를 선택하나
	C 喝咖啡对身体的影响	C 커피 마시기가 신체에 주는 영향
	D 语言技巧在营销中的作用	D 언어 테크닉의 영업에서의 영향

'긴 녹음 형식'의 문제들은 주어진 보기 8개, 혹은 12개를 '한꺼번에' 놓고 들리는 것 2, 3개를 고르는 것이라고 스킬에서 이야 기했다. 그 이유는 순서대로 보기를 보며 답을 체크하고자 하면 뒷 문제의 보기가 먼저 언급될 경우 그것을 바로 인지하지 못 하여 놓치게 되기 때문이다. 그러니, 31번~32번 문제를 풀고 난 후 생긴 '자투리시간' 동안 33번~35번 보기를 최대한 많이 읽고 의미를 파악해 두었어야 한다.

第33到35题是根据下面一段话：

有时，³⁵谈判的语言技巧在营销谈判中运用得好可带来营业额的高增长。某商场休息室里经营咖啡和牛奶，刚开始服务员总是问顾客："先生，喝咖啡吗？"或者是："先生，喝牛奶吗？"其销售额平平。后来，老板要求服务员换一种问法："先生，喝咖啡还是牛奶？"³⁴结果其销售额大增。这是为什么？原因就在于问话时的语言技巧。第一种问法，³³容易得到否定的回答，而后一种选择式问法，在大多数情况下，顾客总会选择其中一种。

33 关于第一种问法，可以知道什么？

34 服务员改变问法后，情况有什么变化？

35 这段话主要谈什么？

33~35번 문제는 다음 내용에 근거한다

가끔, ³⁵교섭의 언어 테크닉이 영업 중에 잘 쓰이면 판매 금 액의 높은 증가를 가져오기도 한다. 어떤 쇼핑센터의 휴게실에 서 커피와 우유를 파는데, 처음에는 종업원들이 항상 고객들에 게 '고객님, 커피를 드시겠습니까?' 혹은 '고객님, 우유를 드시 겠습니까?'라고 물어봐서 판매액이 그저 그랬다. 나중에 사장이 종업원들에게 '선생님, 커피를 드시겠어요, 아니면 우유를 드시 겠어요?'라고 질문 방식을 바꾸게 했고, ³⁴그 결과 판매액은 크 게 증가했다. 이것은 왜 그럴까? 원인은 바로 물어볼 때의 언어 테크닉에 있다. 첫 번째 질문 방식은 ³³부정의 대답을 얻기 쉽지 만, 두 번째 선택식 질문은 대부분의 상황에서 고객이 항상 그중 에 하나를 선택할 수 있다.

33 첫 번째 질문에 관해서, 무엇을 알 수 있나?

34 종업원이 질문 방식을 바꾼 후, 상황에 어떤 변화가 있었나?

35 이 글이 주요하게 이야기하는 것은?

문제 풀이 **35** 녹음 초반에 나오는 '谈判的语言技巧在营销谈判中运用得好'를 통해서 35번의 답이 'D. 语言技巧在营销中的作用'라는 것을 알 수 있다.

34 '结果其销售额大增'을 통해서 34번의 답이 'C. 销售额大增'라는 것을 알 수 있다. 각종 전문용어(컴퓨터/무역 용어 등) 는 그것이 답일 경우, 용어가 글자 그대로 녹음에서 언급된다. 또, 단어 자체의 뜻은 모르더라도 글자 하나하나는 다 우리 가 충분히 읽을 수 있는 수준이니, 뜻을 몰라도 걱정하지 말고, 보기의 발음에만 신경 쓰면 된다.

33 녹음 후반부에 나오는 '容易得到否定的回答'를 통해서 33번의 답이 'C. 易被拒绝'라는 것을 알 수 있다. 33번의 경우, 보기를 미리 파악하지 못했다면 결코 맞출 수 없는 문제이다. 33번의 보기 'C. 易被拒绝'에 쓰인 易는 '容易'의 줄임말이 고, 피동문인 '被'자문이 쓰였으므로 '被拒绝'는 '거절당한다'로 해석한다

이번 문제는 왜 보기를 '한꺼번에' 놓고 들리는 보기를 골라야 하는지를 알 수 있는 문제였다. 33번~35번 문제를 다 맞추지 못했다면 반드시 본 교재에서 공부한 듣기 스킬 부분을 다시 숙지하자!

정답 **33** C 易被拒绝 쉽게 거절당한다

34 C 销售额大增 판매액이 크게 늘었다

35 D 语言技巧在营销中的作用 언어 테크닉의 영업에서의 영향

36~38

36	A 煎饼	B 饼干	A 전병	B 과자
	C 油条	D 面包	C 요우티아오	D 빵

37	A 要两个	B 不想吃	A 두 개를 원한다	B 먹고 싶지 않다
	C 表示感谢	D 一共两个人	C 감사를 표하다	D 모두 2명이다

38 A 向他表示祝贺	A 그에게 축하해 주다
B 他今天没吃早饭	B 그는 오늘 아침을 먹지 않았다
C 误会他的意思了	C 그의 뜻을 오해했다
D 不想让他吃别的	D 그에게 다른 것을 먹게 하고 싶지 않다

보기 파악 긴 글 형식의 문제에서 보기가 단어, 특히 '물건'이나 '숫자'로 되어 있다면 녹음에 2개 이상의 보기가 언급될 수 있다고 생각하고 대비해야 한다. 각각의 보기가 언급될 때 같이 들리는 표현들을 적어 두고 '질문'에서 어떤 표현이 언급되는지에 따라 정답을 체크하면 된다. 그리고 녹음이 끝날 때까지 답을 찾지 못한 문제는 틀리라고 낸 문제라고 생각하고 쿨하게 미련을 버리고 다음 문제들에 대비하도록 하자.

第36到38题是根据下面一段话：

　　早上上班，差不多每天我都在单位门口的煎饼摊上买个 ³⁶煎饼当早饭。时间一长，就和卖煎饼的阿姨熟了。每次我举起手，伸出一个手指，阿姨就会马上动手，做好一套煎饼，等我放好自行车后过来拿。有时胃口大开，³⁷一套不够吃，伸两个手指就行了。昨天起得早，我在家里吃了早点再来上班。路过煎饼摊儿时，³⁸就抬手跟阿姨打了个招呼。放好自行车后，我直接进了办公室。没想到刚坐下不久，那个阿姨就跑进来，手里拿着一个袋子，说："³⁸你刚才伸了五个手指，我就做了五套煎饼，等了半天你都不来，只好给你送来了，快趁热吃吧。"

36 他平时早饭吃什么？

37 他伸出两个手指是什么意思？

38 阿姨为什么给他五个煎饼？

36~38번 문제는 다음 내용에 근거한다

　　아침에 출근할 때, 거의 매일 회사 입구의 전병 파는 곳에서 ³⁶전병을 사서 아침으로 먹는다. 시간이 흘러서, 주인 아주머니와 친해졌다. 매번 내가 손을 들어서 손가락을 하나 내밀면, 아주머니는 바로 전병을 하나 만든다. 그러면 내가 자전거를 세워 두고 가져간다. 가끔 식욕이 돌아서 ³⁷한 개로는 부족할 때는 손가락을 두 개 내밀면 된다. 어제는 일찍 일어나서 집에서 아침을 먹고 출근했다. 전병 파는 곳을 지나면서 ³⁸아주머니에게 손을 들어 인사를 했다. 자전거를 놓고 나는 사무실로 바로 들어갔고, 자리에 앉은 지 얼마 안 돼서, 그 아주머니가 손에 봉지를 하나 들고 뛰어 들어와서는 "³⁸아까 손가락을 다섯 개를 펴기에 전병 다섯 개를 만들었는데, 한참이 지나도 안 와서 내가 가져왔어요. 어서 뜨거울 때 먹어요."라고 말했다.

36 그는 평소에 아침으로 무엇을 먹나?

37 그가 손가락을 두 개 내밀면 무슨 뜻인가?

38 아주머니는 왜 그에게 전병 다섯 개를 줬나?

문제 풀이
36 녹음이 시작되고 바로 36번의 보기 'A. 煎饼'이 언급된다. 이때 녹음에서 '煎饼'과 함께 나오는 표현 '当早饭'을 보기 A 옆에 적어 두자. 그리고 나머지 보기들이 녹음에서 언급되는지 주의해서 들어 보자. 38번의 정답을 고를 때까지 나머지 보기들은 언급이 안 되기 때문에, 36번은 질문을 들을 필요 없이 'A. 煎饼'이 답이다.

37 '一套不够吃, 伸两个手指就行了(한 개로 부족할 때는 손가락을 두 개 내밀면 된다)'를 통해서 내민 손가락 개수가 원하는 전병의 개수라는 것을 이해하고, 답으로 'A. 要两个(두 개를 원한다)'를 유추할 수 있다. 이 문제는 우리 레벨에서 맞추기 어려운 난이도이므로, 답을 모르겠어도 쿨하게 넘어가자. 이미 틀린 문제에 미련을 갖고 시간을 낭비하다가 맞출 수 있는 문제까지 틀리는 어리석음을 범하지 말자!

38 유추해야 하는 문제이다. 문제의 흐름상 38번 문제는 녹음의 후반부를 집중해서 들어 봐야 하는 문제이다. 보기를 숙지하고 있다는 가정에서, 마지막에 아주머니가 하는 말을 놓치지 않는다면, 아주머니가 화자의 행동을 전병 5개를 주문하기 위해 다섯 손가락을 편 것이라 '오해(误会)'한 것이라는 것을 유추할 수 있다. 그래서 답은 'C. 误会他的意思了'가 된다.

유머와 관련된 이야기인 경우, 내용을 유추해 풀어야 하는 경우가 많다. 독해 2부분의 경우와 마찬가지로, 이런 유형은 내용이 크게 어렵지 않고, 항상 순리대로 이야기가 흘러간다는 것을 명심하고 녹음을 듣도록 하자.

정답
36 A 煎饼 전병
37 A 要两个 두 개를 원한다
38 C 误会他的意思了 그의 뜻을 오해했다

39 A 记数字 B 观看电影 C 提问题 D 互相讨论	A 숫자를 기록하다 B 영화를 관람하다 C 문제를 제기하다 D 서로 토론하다
40 A 结果基本一致 B 实验场所不同 C 参与人数不同 D 步骤相反	A 결과가 기본적으로 일치한다 B 실험 장소가 다르다 C 참여 인수가 다르다 D 절차가 다르다
41 A 有声电影更难被记住 B 实验只出现了一次失误 C 睁眼答题正确率为71% D 闭眼能增强回忆能力	A 유성영화는 기억되어지는 것이 더 어렵다 B 실험은 오직 한 번의 실수만 나타났다 C 눈을 뜨고 답하는 것의 정확도는 71%이다 D 눈을 감는 것은 기억 능력을 강화시킬 수 있다

보기 파악   이제 [보기 파악]에 익숙해져 있어야 한다. 39~41번 녹음이 시작되기 전에 이미 [보기 파악]이 끝나 있었는지 따져 보자. 步骤처럼 비교적 어려운 어휘가 보기에 등장하기는 했지만, 암기족보의 어휘와 연습 문제 앞의 필수어휘를 확실히 숙지 했다면 수월하게 파악할 수 있었을 것이다. 39~41번 [보기 파악]이 원활하지 않았다면 어휘 암기 및 스킬 준수가 덜 된 것이니 다시 연습하자.

第39到41题是根据下面一段话：

当你忘记密码时，不妨闭上双眼回忆。美国某大学的心理学家通过实验发现，排除外部干扰后记忆力就会有所增强。心理学家选了两百名参与者，[39]要求他们先观看一段无声电影后回答问题。心理学家让一半儿的人睁着眼睛回答，另一半儿则闭上眼睛回答。结果显示，睁着眼睛的参与者回答的正确率仅有48%，而闭着眼睛的参与者正确率却达到了71%。接着参与者又观看了一段有声电影，并接受了同样的测试，[40]结果与前面的测试基本一致。这项研究成果表明，闭眼这种简单的方法会对日常生活起到帮助作用。因为排除外部干扰能释放出必要的大脑智能空间，从而[41]增强对视觉和听觉信息的回忆能力。

39 心理学家让参与者做了什么？

40 关于两次测试，下列哪项正确？

41 根据这段话，可以知道什么？

39~41번 문제는 다음 내용에 근거한다

네가 비밀번호를 잊어버렸다면, 눈을 감고 기억을 떠올려 보는 것도 무방하다. 미국의 어떤 대학의 심리학자가 실험을 통해 '외부 간섭을 배제한 후 기억력이 강화되는 것'을 발견했다. 심리학자는 200명의 참가자를 뽑아서, [39]그들에게 우선 무성영화를 보게 하고 질문에 대답하게 했다. 심리학자는 절반의 사람들은 눈을 뜨고 대답하게 하고, 나머지 절반의 사람들은 눈을 감고 대답하게 했다. 결과에 따르면, 눈을 뜬 참여자의 대답의 정확도는 겨우 48%였지만, 눈을 감은 참여자의 정확도는 71%에 달했다. 이어서 참여자들은 유성영화를 보고 똑같은 테스트를 받았다. [40]결과는 앞의 테스트와 기본적으로 일치했다. 이 연구 성과는 '눈을 감는 것과 같은 간단한 방법이 일상생활에 도움을 줄 수 있다는 것'을 밝혔다. 외부 간섭을 배제하면 필요한 대뇌의 지식 공간을 만들어 낼 수 있고, 그렇게 하면 [41]시각과 청각 정보에 대한 기억 능력을 강화할 수 있다.

39 심리학자는 참여자에게 무엇을 하게 했나?

40 두 번의 테스트와 관련해서 아래 어느 것이 정확한가?

41 이 글을 근거로 무엇을 알 수 있나?

문제 풀이   **39** '要求他们先观看一段无声电影后回答问题'라는 문장을 통해서 39번의 답이 'B. 观看电影'이라는 것을 알 수 있다.

    40 '结果与前面的测试基本一致'라는 문장을 통해서 40번의 답이 'A. 结果基本一致'라는 것을 알 수 있다.

41 녹음 흐름상, 40번 답을 고른 후에 '闭眼'이 들렸을 것이다. 이때 'D. 闭眼能增强会议能力'에 포인트를 주고 있다가, 녹음 마지막에 '增强……回忆能力'가 언급되면 답을 D로 확정하면 된다.

정답 **39** B 观看电影 영화를 관람하다

40 A 结果基本一致 결과가 기본적으로 일치한다

41 D 闭眼能增强回忆能力 눈을 감는 것은 기억 능력을 강화시킬 수 있다

42~43

42 A 适当吃肉　　　B 尽量少喝酒 　　 C 睡眠　　　　　D 有氧运动	A 적당히 고기를 먹는다　 B 술은 최대한 줄여라 C 잠을 잔다　　　　　　 D 유산소운동
43 A 饮食不规律 　　 B 与人交流过多 　　 C 整天待在室内 　　 D 久坐不动	A 식습관이 불규칙하다 B 사람들과의 교류가 너무 잦다 C 하루 종일 실내에 있는다 D 움직이지 않고 오래 앉아 있는다

보기 파악 42번의 보기에는 '문장'과 '단어(명사)'가 섞여 있다. '단어' 형식으로 주어진 'C. 睡眠(수면, 잠을 자다)'과 'D. 有氧运动(유산소운동)'은 2개가 모두 언급될 수도 있다고 생각하고 녹음을 들어야 한다. 43번의 보기는 '잘 쓰지 않는 표현들이 답일 때는 그대로 나온다'는 것을 염두에 두고 듣도록 하자.

第42到43题是根据下面一段话：

　　[42]对于体力劳动而言，睡觉是一种有效的休息方式。由于长期干重体力活，人体内会产生大量酸性物质，睡觉可以清除这些代谢废物，从而恢复精力。长时间用脑的人，身体因[43]久坐不动，而容易处于低兴奋状态，精神压力比较大，单纯依靠睡觉无法达到恢复精力的目的。所以，[42]对于脑力劳动者来说，缓解疲劳的最佳方式，是[42]做有氧运动。

42　下列哪种方式，适合体力工作者缓解疲劳？

43　为什么脑力劳动者的身体，容易处于低兴奋状态？

42~43번 문제는 다음 내용에 근거한다

　　[42]육체노동에 있어 수면은 효과적인 휴식 방법이다. 장기간 힘든 육체노동을 하면, 체내에 대량의 산성 물질이 생기는데, 잠을 자면 이러한 (체내) 대사 노폐물을 깨끗하게 제거하고 에너지를 회복할 수 있다. 장시간 머리를 쓰는 사람들은 몸이 [43]움직이지 않고 오래 앉아 있게 돼서, 쉽게 낮은 흥분 상태에 놓이고, 정신 스트레스도 비교적 심하다. 그래서 단순히 잠에만 의존해서는 에너지 회복이라는 목적을 달성할 수 없다. 그래서 [42]정신노동자들의 입장에서 피로를 완화하는 가장 좋은 방법은 바로 [42]유산소운동을 하는 것이다.

42　아래 어떤 방식이 육체노동자가 피로를 회복하는 데 적합한가?

43　왜 정신노동자들의 건강은 쉽게 낮은 흥분상태에 놓이나?

문제 풀이 녹음이 시작되자마자 보기 'C. 睡眠'과 뜻이 통하는 '睡觉'라는 단어가 들렸을 것이다. 우선은 '睡觉'와 같이 나온 표현 '体力劳动(육체노동)'과 '有效的(효과적인)'를 보기 C 옆에 메모해 두자. 그리고 보기 'D. 有氧运动'이 언급된 부분인 '做有氧运动'과 같이 들린 표현 '脑力劳动者(정신노동자)'를 보기 D 옆에 메모해 두자.

42 [보기 파악]에서 예상한 것처럼 42번의 보기 C와 D가 모두 언급되었다. 각각의 보기가 들렸을 때 어떤 표현이 같이 쓰였는지도 체크하자. [C: 体力劳动(육체노동), 有效的(효과적인) / D: 脑力劳动者(정신노동자)] 그리고, 이렇게 보기가 두 개 들렸을 때는 질문까지 들어야 한다고 했었다. 질문에 '体力工作'가 언급되었으므로, 비슷한 의미인 '体力劳动'과 함께 언급된 C가 답이다.

43 보기 'D. 久坐不动'이 녹음에 그대로 언급되기 때문에 쉽게 답이 D라는 것을 알 수 있다.

정답 **42** C 睡眠 잠을 잔다

43 D 久坐不动 움직이지 않고 오래 앉아 있는다

44~45

44 A 价格昂贵	A 가격이 비싸다
B 功能多样	B 기능이 다양하다
C 种类繁多	C 종류가 많다
D 设计单一	D 디자인이 단일하다

45 A 光线的反射	A 빛의 반사
B 声调的高低	B 목소리의 높낮이
C 人与门距离的远近	C 사람과 문의 거리
D 地毯上重量的变化	D 카페트 위 무게의 변화

보기 파악 보기에 어려운 표현이나 과학적인 어휘가 섞여 있는 경우, 그 보기가 답이라면 녹음에 글자 그대로 나온다는 특징을 기억하고, 겁 먹지 말고 차분히, 보기의 의미를 파악하자.

第44到45题是根据下面一段话：

现在，⁴⁴自动门的种类越来越多，构造也越来越简单。目前比较常见的自动门是地毯式自动门。这种门是在门前放一块地毯，地毯下面有一条电线与电源相连。当人往地毯上一站，⁴⁵地毯上的重量便增加了，电源就会被接通，门便打开了；人进去后，⁴⁵地毯上的重量减少了，电源就会自动断开，过了几秒钟后，门便自动关上。

44 关于自动门，下列哪项正确？

45 地毯式自动门通过什么来控制门的开关？

44~45번 문제는 다음 내용에 근거한다

현재, ⁴⁴자동문의 종류는 갈수록 많아지고, 구조도 갈수록 간단해지고 있다. 현재 비교적 자주 보이는 자동문은 카페트식 자동문이다. 이 문은 문 앞에 카페트가 놓여 있고, 그 아래에는 전선과 에너지원이 서로 연결되어 있다. 사람이 카페트 위에 서면 ⁴⁵카페트의 중량이 증가하고, 에너지원이 연결되면서 문이 열린다. 사람이 들어간 후에는 ⁴⁵카페트 위의 중량이 감소하고, 전원은 자동적으로 끊어진다. 그리고 몇 초 후에 문은 자동으로 닫힌다.

44 자동문에 관해 아래 어느 것이 정확한가?

45 카페트식 자동문은 무엇을 통해 문의 개폐를 제어하나?

문제 풀이 **44** '自动门的种类越来越多'를 통해서 44번의 답이 'C. 种类繁多'라는 것을 알 수 있다.

45 '地毯上的重量便增加了'에서 보기 D에 쓰인 어휘 '地毯上的重量'이 언급되었으므로, D에 포인트로 두고 들어 보자. 뒤이어 '地毯上的重量减少了'라는 문장까지 듣고 나면 45번의 답이 D라는 것이 확실해진다.

정답 **44** C 种类繁多 종류가 많다

45 D 地毯上重量的变化 카페트 위 무게의 변화

독해 제1부분

46~48

> **46** A 插 　　　　 B 背 　　　　 C 躲 　　　　 D 放

보기 파악

A 插 chā 图 꽂다 | 插在 +[장소] ~에 꽂다

B 背 bèi 图 외우다/등[신체 부위] | 背课文 본문을 외우다 | 腰酸背痛 허리와 등이 아프다

　　bēi 图 업다 | 背在背上 등에 업다

C 躲 duǒ 图 숨다 | 躲在 +[장소] ~에 숨다

D 放 fàng 图 놓다 | 把+ A + 放+ 在 +[장소] A를 ~에 놓다

문제 풀이 他独自 ___46___ 在家里，茶饭不思, …… 그는 혼자 집에 (　) 식음을 전폐하고

빈칸 뒤에 '在家里(집에)'와 연결하여 해석해 보기만 해도, 정답 후보를 보기 C, D로 추릴 수 있다. 앞에 나온 '他独自(그는 혼자)'와도 연결하여 해석해 보자. 빈칸에 'C. 躲'가 들어가야 해석이 '그는 혼자 집에 숨어'로 자연스러워지므로, 답은 C이다. 빈칸에 'D. 放'이 들어가면 '그는 혼자 집에 났다(她独自放在家里)'라고 해석되므로 매우 어색하다.

정답 C 他独自 ___躲___ 在家里，그는 혼자 집에 ___숨어___ 식음을 전폐하고

> **47** A 无法 　　　　 B 开心 　　　　 C 委屈 　　　　 D 悲观

보기 파악

A 无法 wúfǎ 图 방법이 없다 | 无法 + Ⓥ ~할 방법이 없다

B 开心 kāixīn 혱 즐겁다 | 开心地回家 즐겁게 집으로 가다

C 委屈 wěiqu 혱 억울하다 | 受委屈 억울한 일을 당하다

D 悲观 bēiguān 혱 비관적이다 | 悲观情绪 비관적인 기분[↔乐观情绪 즐거운 기분]

문제 풀이 无意中看到一个失去一条腿的残疾人正 ___47___ 地跟别人聊天儿。
다리를 하나 잃은 장애인이 (　) 다른 사람과 이야기하는 것을 무의식 중에 목격했다.

빈칸 뒤의 '地跟别人聊天儿(~하게 다른 사람과 수다를 떨다)'와 연결해 해석해 보자. 'B. 开心'을 빈칸에 넣어 해석했을 때 '즐겁게 다른 사람과 수다를 떨다'로, 가장 해석이 자연스러우므로 답은 B이다. 보기 C와 D는 각각 '억울하게 다른 사람과 수다를 떨다' '비관적으로 다른 사람과 수다를 떨다'로 해석된다. 보기 B에 비해 훨씬 부자연스러운 해석이다. 보기 A는 '无法 + Ⓥ(~할 방법이 없다)' 형식으로 쓰이는 단어인데, 본 문제에서는 빈칸 뒤에 동사가 아닌 '地'가 있으므로, 해석해 볼 필요도 없다. 보기로 나온 어휘들은 서로 같은 품사라고 했지만, 예외도 있다. '无法'는 동사이나, 주된 역할이 마치 부사어와 같기 때문에 이번처럼 부사어 자리를 채우는 문제에 보기로 나왔다.

정답 B 无意中看到一个失去一条腿的残疾人正 ___开心___ 地跟别人聊天儿。
다리를 하나 잃은 장애인이 ___즐겁게___ 다른 사람과 이야기하는 것을 무의식 중에 목격했다.

> **48** A 消灭 　　　　 B 消失 　　　　 C 体验 　　　　 D 达到

보기 파악

A 消灭 xiāomiè 图 ~를 없애다, 소멸시키다 | 消灭害虫 해충을 없애다

B 消失 xiāoshī 图 ~가 사라지다, 없어지다 | A消失了 A가 사라졌다

C 体验 tǐyàn 图 체험하다 | 体验当地人的生活 현지인의 생활을 체험하다

D 达到 dádào 图 도달하다 | 达到目标 목표에 도달하다 | 达到一定的程度 일정한 정도에 도달하다

문제 풀이 ……，他的所有不快都　48　了。그의 모든 불쾌함은 다 (   ).

보기의 짝꿍 어휘들만 떠올려 봐도, 보기 'C. 体验'와 'D. 达到'는 이 빈칸에 들어갈 수 없음을 알 수 있다. C와 D는 [보기 파악]에서 제시한 짝꿍 어휘들과 거의 항상 같이 나오니, 꼭 암기하도록 하자.

남은 보기 A와 B 중에 답을 가리기 위해서, 빈칸 앞의 '他的所有不快(그의 모든 불쾌함은 다~)'와 연결하여 해석해 보자. '그의 모든 불쾌함은 다 사라졌다'라고 가장 자연스럽게 해석되는 'B. 消失'가 답이다. 'A. 消灭'와 헷갈렸을 수도 있을 텐데, '消灭'는 목적어와 함께 쓰여 '~를 없애다, 소멸시키다'라는 의미를 나타내거나, 목적어 없이 쓰인다 해도 '(멸종되어) 없어지다'라는 의미를 가지기 때문에, '불쾌함'과 쓰이기에는 논리적으로 맞지 않는다.

정답　B ……，他的所有不快都　消失　了。그의 모든 불쾌함은 다 사라져 버렸다.

有个年轻人不小心把一双新买的皮鞋丢了，为此，他独自 **46** C.躲 在家里，茶饭不思，难过了好几天。有一天，他强打着精神来到街上透透气，无意中看到一个失去一条腿的残疾人正 **47** B. 开心 地跟别人聊天儿。他自言自语地说：这个世界上失去一条腿的人都能如此快乐，我只丢了双鞋，又算得了什么呢？想到这里，他的所有不快都 **48** B. 消失 了。

어떤 젊은이가 실수로 새로 산 구두를 잃어버렸다. 이 때문에 그는 혼자 집에 **46** C.숨어 식음을 전폐하고 며칠을 힘들어했다. 어느 날, 그는 기운을 내서 바람을 쐬러 거리로 나왔다가, 다리를 하나 잃은 장애인이 **47** B.즐겁게 다른 사람과 이야기하는 것을 무의식 중에 목격했다. 그는 혼잣말을 했다. '이 세상에 다리를 하나 잃은 사람도 이렇게 즐거운데, 나는 겨우 신발을 잃어버린 것이 뭐가 대단하다고?'라고. 생각이 여기까지 미치자 그의 모든 불쾌함은 다 **48** B.사라져 버렸다.

49~52.

49	A 知识	B 矛盾	C 命运	D 威胁

보기 파악 **A** 知识 zhīshi 명 지식 | 掌握知识 지식을 터득하다

B 矛盾 máodùn 명 갈등/모순 | 产生矛盾 갈등이 생기다[*矛盾은 모순이라는 뜻보다 '갈등'이라는 뜻으로 더 많이 쓰인다.]

C 命运 mìngyùn 명 운명 | 命运掌握在自己手中 운명은 자신의 손에 달려 있다

D 威胁 wēixié 명 위협 | 面临威胁 위협에 직면하다

문제 풀이 黄金、美女、钻石、　49　、权力……众说纷纭。
'황금, 미녀, 다이아몬드, (   ), 권력……' 의견이 분분했다.

이 문제는 문장부호 '、'가 정답을 찾는 힌트가 된다. '、'은 '명사'나 '관형어'를 나열할 때 쓰인다. '、'로 연결되어 나열되는 요소들은 같은 계열의 것들이어야 한다. 즉, 나열된 한 요소가 긍정적인 어기를 띠는 말이면, 같이 나열된 나머지 요소들도 모두 긍정적인 어기를 띠어야 한다. 그러므로, 빈칸의 앞뒤에 나오는 '황금, 미녀, 다이아몬드, 권력'과 어기가 비슷한 단어인 'A. 知识(지식)'만이 답이 될 수 있다.

정답　A 黄金、美女、钻石、　知识　、权力……众说纷纭。
'황금, 미녀, 다이아몬드, 지식 , 권력……' 의견이 분분했다.

50	A 劝	B 夸	C 弄	D 冲

보기 파악 **A** 劝 quàn 동 권하다 | 劝+사람+少+⒱ '누구'에게 '⒱'를 줄이라고 권하다

　　　　　劝他少喝酒 그에게 술을 줄이라고 권하다

B 夸 kuā 동 칭찬하다/과장하다 | 夸+사람+A '누구'가 A하다고 칭찬하다

　　　　　夸她工作做得好 그녀가 일을 잘한다고 칭찬하다

C 弄 nòng 동 하다, 만들다 | 弄+不明白/不清楚 잘 모르겠다

D 冲 chōng 동 붓다, 뿌리다 | 冲洗汽车 차를 세차하다 [*冲 chòng + 사람 ~를 꾸짖다]

因为 <u>　50　</u> 不清楚真正的宝贝是什么，…… 진정한 보물이 무엇인지 제대로 (　) 없었기 때문에

빈칸이 나오는 문장을 살펴보자. 빈칸 뒤에 나오는 '(　)不清楚'는 '동사+가능보어'의 부정 형식이고 뒤에 나오는 '真正的宝贝是什么'는 목적어 역할을 한다는 것을 알 수 있다. 즉, '(　)不清楚真正的宝贝是什么'는 '진정한 보물이 무엇인지 제대로 ~하지 못하다'라고 해석되며, 이 해석에 어울릴 만한 단어는 'C. 弄'뿐이다.

정답 C 因为 <u>　弄　</u> **不清楚真正的宝贝是什么**，…… 진정한 보물이 무엇인지 제대로 <u>알 수</u> 없었기 때문에

---

51 A 心情极为放松　　　　　　　　B 只好失望地回家

　　C 变得更加自信了　　　　　　　D 更重视自己的身体

보기 파악 A 心情极为放松 기분이 매우 편안하다

B 只好失望地回家 어쩔 수 없이 실망한 채로 집으로 돌아가다

C 变得更加自信了 더욱 자신 있어졌다

D 更重视自己的身体 더욱 자신의 건강을 중시하다

문제 풀이 这个人差不多走遍了他所能到达的每一寸土地，然而，他一无所获，<u>　51　</u>。
그는 그가 갈 수 있는 모든 곳을 거의 다 돌아다녔지만, 전혀 얻은 것이 없이 (　).

문장을 넣는 문제는 빈칸의 앞 절 혹은 뒤 절과 연결하여 해석했을 때, 가장 자연스럽게 이어지는 보기를 골라야 한다. 51번 문항은 빈칸 바로 뒤가 마침표로 끝나니 뒷부분은 신경 쓰지 않고, 앞 절의 내용에만 신경 쓰면 된다. 앞 절에 나오는 '他一无所获(그는 아무 소득이 없었다)'를 해석할 수 있다면 좋겠지만, 해석이 안 된다고 해도 방법은 있다.

어려운 단어를 '알파'로 치환해 해석하는 '시험해석법'을 적용하고, 봐야 할 부분을 좀 더 앞으로 늘려 '문맥'을 파악하는 것이다. 이 방법대로 앞절까지 해석해 봤을 때 문맥상 '然而(그렇지만)' 뒤에 나와야 하는 말은 부정적인 어기의 말이어야 한다. 그래서 'B. 只好失望地回家(어쩔 수 없이 실망한 채로 집으로 돌아가다)'가 답이다. A와 C, D는 모두 긍정적인 어기를 띠고 있으므로 답이 될 수 없다.

정답 B 这个人差不多走遍了他所能到达的每一寸土地，**然而**，他一无所获，<u>只好失望地回家</u>。
그는 그가 갈 수 있는 모든 곳을 거의 다 돌아다녔지만, 전혀 얻은 것이 없이 <u>어쩔 수 없이 실망한 채로 집으로 돌아갔다</u>.

---

52 A 谨慎　　　　　B 灵活　　　　　C 天真　　　　　D 温暖

보기 파악 A 谨慎 jǐnshèn 🔲 신중하다 | 做事非常谨慎 일 처리가 매우 신중하다

B 灵活 línghuó 🔲 민첩하다 | 手脚灵活 손발이 민첩하다

　　　　　🔲 융통성 있다/원활하다 | 采取灵活的方法 융통성 있는 방법을 채택하다

C 天真 tiānzhēn 🔲 천진하다 | 天真活泼 천진하고 활발하다

D 温暖 wēnnuǎn 🔲 따뜻하다 | 温暖的怀抱里 따뜻한 품 속

문제 풀이 他就望见他家的小窗里透出 <u>　52　</u>、柔和的灯光。
그는 그의 집의 작은 창문으로 새어 나오는 (　) 부드러운 불빛을 보았다.

이 문제도 49번 문제와 마찬가지로 빈칸 뒤의 문장부호 '、'를 통해 답을 유추할 수 있다. '(　)、柔和'는 '灯光'을 수식해 주는 관형어의 나열이므로, '부드럽다(柔和)'와 비슷한 계열이자, '불빛(灯光)'을 수식할 수 있는 보기 'D. 温暖'이 답이다.

정답 D 他就望见他家的小窗里透出 <u>温暖</u>、**柔和的灯光**。
그는 그의 집의 작은 창문으로 새어 나오는 <u>따뜻하고</u> 부드러운 불빛을 보았다.

有个人一心想寻找世界上最宝贵的东西，他问他所遇到的每一个人："世上最宝贵的东西是什么呢？""黄金、美女、钻石、49 A.知识、权力……众说纷纭。

因为 50 C.弄 不清楚真正的宝贝是什么，这个人便决定走遍天涯海角去找，他想，这样一定可以找到世上最宝贵的东西。

许多年过去，这个人差不多走遍了他所能到达的每一寸土地，然而，他一无所获，51 B.只好失望地回家。

在圣诞节的那个夜晚，他终于回到了自己的家乡。他就望见他家的小窗里透出 52 D.温暖、柔和的灯光。向窗里探望，饭桌上有热腾腾的饭菜，家人围坐，单空着留给他的位置。这时，他终于发现，原来世界上最宝贵的东西便是家。

어떤 이가 전심으로 세상에서 가장 귀한 것을 찾고 싶었다. 그래서 그는 그가 만나는 모든 이에게 "세상에서 가장 귀한 것이 무엇인가요?"라고 물어봤다. '황금, 미녀, 다이아몬드, 49 A.지식, 권력......' 의견이 분분했다.

진정한 보물이 무엇인지 제대로 50 C.알 수 없었기 때문에, 이 사람은 전 세계를 돌아다니며 찾아 보기로 결정했다. 그는 이렇게 하면 반드시 세상에서 가장 진귀한 것을 찾을 수 있을 것이라고 생각했다.

여러 해가 지나고, 그는 그가 갈 수 있는 모든 곳을 거의 다 돌아다녔지만, 전혀 얻은 것이 없이 51 B.어쩔 수 없이 실망한 채로 집으로 돌아갔다.

성탄절의 깊은 밤, 그는 마침내 자신의 고향으로 돌아왔다. 그는 그의 집의 작은 창문으로 새어 나오는 52 D.따뜻하고 부드러운 불빛을 보았다. 창안을 살펴보니, 식탁 위에는 뜨거운 김이 나는 요리가 있고 가족들이 둘러앉아, 그의 자리만을 남겨 두고 있었다. 이때, 그는 마침내 사실 세상에서 가장 진귀한 것은 바로 집이라는 것을 깨달았다.

53~56.

53 A 立即	B 曾经	C 幸亏	D 至今

보기 파악

A 立即 lìjí **분** 즉시 | 立即出发 즉시 출발하다 | 立即着手 즉시 착수하다

B 曾经 céngjīng **분** 일찍이 | 曾经 + 술어 + 过/了

C 幸亏 xìngkuī **분** 다행히 | *幸亏는 부사지만, 문장 앞에 잘나온다. [幸亏 + 주어 + 술어]

D 至今 zhìjīn **분** 지금까지 | 至今没有见过面 지금까지 만난 적이 없다 | 从古至今 예로부터 지금까지

문제 풀이

又或者你 53 买了一块美味的蛋糕却舍不得吃
혹은 ( ) 맛있는 케이크를 샀지만 먹기가 아까워서

빈칸 뒤에 '买'에 붙어 나오는 '了'가 문제 풀이의 키 포인트이다. 보기의 단어 중 '买了'와 쓰일 수 있는 단어는 'B. 曾经'뿐이다. '曾经+술어+了' 형식으로 단어를 외웠다면 쉽게 답을 찾을 수 있었을 것이다.

정답

B 又或者你 曾经 买了一块美味的蛋糕却舍不得吃
혹은 일찍이 맛있는 케이크를 샀지만 먹기가 아까워서

54 A 梦想	B 遗憾	C 无奈	D 光荣

보기 파악

A 梦想 mèngxiǎng **명** 꿈 | 追求梦想 꿈을 쫓다

B 遗憾 yíhàn **명** 여한 **형** 유감이다 | 终生的遗憾 평생의 한 | 感到很遗憾 매우 유감이다

C 无奈 wúnài **동** 어찌 해 볼 도리가 없다 | 属于无奈 어쩔 수 없는 것에 속한다 [*명사형으로 쓰일 수 있음]

无奈的选择 어쩔 수 없는 선택

D 光荣 guāngróng **명** 영광 **형** 영광스럽다 | 今天的光荣 오늘의 영광 | 感到十分荣幸 매우 영광이다

문제 풀이

就像没有在自己最想做的时候去做的事情，都是 54 。
마치 자신이 가장 하고 싶을 때 하지 못한 일처럼, 모두 ( )이 된다.

이 문제는 빈칸 앞에 나오는 내용 '就像没有在自己最想做的时候去做的事情'을 제대로 해석할 수 있어야 답을 고를 수 있다. 이 문장의 해석 포인트는 '没有'이다. 이때 没有는 '去做'를 부정하는 부정부사로, '~하지 않았다'로 해석해야 한다. '없다'라고 해석해서는 안 된다. '자신이 가장 하고 싶을 때, "하지 못한 일"과 비슷하다'라고 잘 해석했다면, 무리 없이 답으로 'B. 遗憾'을 선택할 수 있었을 것이다.

정답　B 就像没有在自己最想做的时候去做的事情，都是　遗憾　。
　　　　자신이 가장 하고 싶을 때 하지 못한 일처럼 모두　　여한　　이 된다.

55　A 不要过于自信　　　　　　　B 骄傲使人落后

　　　C 逃避解决不了任何问题　　　D 想做的事应该趁早去做

보기 파악
A 不要过于自信 너무 과하게 자신하지 마라
B 骄傲使人落后 교만은 사람을 뒤처지게 한다
C 逃避解决不了任何问题 도피는 어떠한 문제도 해결할 수 없다
D 想做的事应该趁早去做 하고 싶은 일은 될 수 있는 한 빨리 해라

문제 풀이　生命也有保存期限，　55　。 생명에도 보존 기간이 있으니 (　).
빈칸 앞절의 내용 '生命也有保存期限(생명도 보존 기간이 있다)'과 문맥을 유지하려면, 빈칸에는 '기한' '시기'와 관련된 내용이 이어져야 한다. 보기 중에 '기한'이나 '시기'와 관련 있는 보기는 D뿐이다.

정답　D 生命也有保存期限，　想做的事应该趁早去做　。
　　　　생명에도 보존 기간이 있으니 하고 싶은 일은 될 수 있는 한 빨리 해라.

56　A 躺　　　　　　B 藏　　　　　　C 躲　　　　　　D 跌

보기 파악
A 躺 tǎng 〔동〕 눕다 | 躺在 + [장소] ~에 눕다
B 藏 cáng 〔동〕 숨기다 | 把 + A + 藏 + 在 + [장소] A를 ~에 숨기다
C 躲 duǒ 〔동〕 숨다 | 躲在 + [장소] ~에 숨다
D 跌 diē 〔동〕 넘어지다 | 差点儿跌倒了 하마터면 넘어질뻔 했다 [*뒤에 결과보어 倒가 잘 붙는다.]

문제 풀이　如果只是把心愿　56　在心里，…… 만약에 바람을 마음속에만 (　)
빈칸의 앞뒤에 나오는 표현 '把心愿……在心里(바람을 마음속에 ~하다)'에 풀이 포인트가 있다. 단어를 짝꿍 단어와 함께 외우지 않고 뜻으로만 외웠으면 'B. 藏(숨기다)'와 'C. 躲(숨다)' 중에서 고심했을 것이다. 정답은 '把'자문 형태로 활용이 가능한 'B. 藏'이다. A와 D는 빈칸에 넣어서 해석하면 '바람을 마음속에 눕다' '바람을 마음속에 넘어지다'라는 비논리적인 문장이 되므로, 답이 아니다.

정답　B 如果只是把心愿　藏　在心里，…… 만약에 바람을 마음속에만 숨겨 두고

　　不知道你有没有遇到过这样的情况：买了一件很喜欢的衣服却舍不得穿，把它放在衣柜里，许久之后，当你想穿的时候，却发现它已过时了；又或者你 **53 B.** 曾经 买了一块美味的蛋糕却舍不得吃，把它放在冰箱里，当你再看见它的时候，却发现它已经过期了。

　　没有在最喜欢的时候穿上的衣服、没有在最可口的时候去品尝的蛋糕，就像没有在自己最想做的时候去做的事情，都是 **54 B.** 遗憾 。

　　당신에게 이런 일이 있었는지 모르겠다. '매우 좋아하는 옷을 샀지만 입기 아까워서 옷장에다 넣어 두었다가, 한참이 지난 후 입으려고 하니 그때는 이미 유행이 지났다는 것을 발견한 경우' 혹은 '**53 B.**일찍이 맛있는 케이크를 샀지만 먹기가 아까워서 냉장고에 넣어 두었다가, 그것을 다시 봤을 때, 이미 유통 기한이 지난 것을 발견한 경우'와 같은 일이.

　　가장 좋아할 때 입지 못한 옷, 가장 맛있을 때 먹지 못한 케이크처럼, 마치 자신이 가장 하고 싶을 때 하지 못한 일처럼, 모두 **54 B.**여한 이 된다.

生命也有保存期限，55 D. 想做的事应该趁早去做。如果只是把心愿 56 B. 藏 在心里，却不去实现，那么唯一的结果，就是与它错过，就像过时的衣服和过期的蛋糕一样。

생명에도 보존 기간이 있으니 55 D. 하고 싶은 일은 될 수 있는 한 빨리 해라. 만약에 바람을 마음속에만 56 B. 숨겨 두고 실현시키지 않으면, 유일한 결과는 바로 유행이 지난 옷과 유통기한이 지난 케이크처럼 바람을 놓치는 것이다.

57~60.

57 A 高级   B 美丽   C 热烈   D 豪华

보기 파악
A 高级 gāojí 형 고급이다 | 高级职员 상급 직원
B 美丽 měilì 형 아름답다 | 美丽的人生 아름다운 인생
C 热烈 rèliè 형 열렬하다 | 热烈欢迎 열렬히 환영하다
D 豪华 háohuá 형 호화롭다 | 室内装修十分豪华 실내 인테리어가 매우 호화롭다

문제 풀이 皇太后一直对江南的 57 风景念念不忘。황태후는 줄곧 강남의 ( ) 풍경을 잊지 못했다.

빈칸 뒤에 나오는 '风景(풍경)'과 연결하여 해석해 보자. 보기 중 'B. 美丽'만이 자연스럽게 해석되므로, 답은 B이다.

정답 B 皇太后一直对江南的 美丽 风景念念不忘。황태후는 줄곧 강남의 아름다운 풍경을 잊지 못했다.

58 A 不能经常出游   B 仍然到处去游玩儿
     C 与皇帝关系亲近   D 从来不对人发脾气

보기 파악
A 不能经常出游 자주 여행을 갈 수 없다
B 仍然到处去游玩儿 여전히 여기저기 놀러 다닌다
C 与皇帝关系亲近 황제와의 관계가 가깝다
D 从来不对人发脾气 전혀 사람들에게 화를 내지 않는다

문제 풀이 但由于她年纪很大，58 。그러나 그녀가 연로했기 때문에 ( ).

문장을 넣는 문제에서 빈칸이 마침표로 끝나면 웬만해서는 마침표 뒤로는 읽어 볼 필요가 없다. 앞부분에 신경 쓰자. '由于她年纪很大(그녀가 나이가 많기 때문에)' 뒤에 나올 수 있는 가장 적당한 결과는 'A. 不能经常出游(자주 여행을 갈 수 없다)'이다.

정답 A 但由于她年纪很大，不能经常出游 。그러나 그녀가 연로했기 때문에 자주 여행을 갈 수 없었다 .

59 A 安慰   B 应付   C 显示   D 满足

보기 파악
A 安慰 ānwèi 통 위로하다 | 起到安慰作用 위안이 되다
B 应付 yìngfù 통 대응하다 | 应付不过来 대응할 수 없다
C 显示 xiǎnshì 통 내보이다 | 研究显示 연구가 밝히길/연구에 따르면
D 满足 mǎnzú 통 만족시키다 | 满足要求 요구를 만족시키다 | 满足条件 조건을 만족시키다
           형 만족하다 | 已经感到满足了 이미 만족했다

문제 풀이 　乾隆皇帝为了 ___59___ 母亲的心愿, …… 건륭제는 어머니의 바람을 (　) 위해서

'心愿(바람)'과 함께 해석했을 때 논리 관계가 자연스러운 보기는 'D. 满足(만족시키다)'뿐이다.

정답 　D　乾隆皇帝为了 ___满足___ **母亲的心愿**, …… 건륭제는 어머니의 바람을 __만족시켜 드리기__ 위해서

60 　A 送 　　　　B 挡 　　　　C 追 　　　　D 派

보기 파악 　A 送 sòng 통 보내다 | 送给+[사람] 누구에게 보내다

B 挡 dǎng 통 막다 | 阻挡 막다 | 挡不住 막지 못하다 [*보어 '住'와 잘 결합한다]

C 追 zhuī 통 쫓다 | 追求 추구하다 | 追赶 뒤쫓다

D 派 pài 통 파견하다 | A + 派 + B + 행위 A가 B를 보내서(파견해서) ~하게 하다

문제 풀이 　……, 连里面的生意人也都是乾隆皇帝 ___60___ 人从苏州请来的, ……

그곳에서 장사하는 사람들까지 건륭제가 사람을 (　) 쑤저우에서 데리고 와서

빈칸의 앞뒤 내용을 봤을 때, 문장의 구조는 겸어문의 구조를 띤다. 빈칸 뒤의 '人(사람)'에게 행위 '从苏州请来'를 하도록 시키려면, 빈칸에는 '파견하다'라는 뜻의 보기 'D. 派'가 들어가야 한다.

정답 　D　……, 连里面的生意人也都是乾隆皇帝 ___派___ 人从苏州请来的, ……

그곳에서 장사하는 사람들까지 건륭제가 사람을 __보내__ 쑤저우에서 데리고 와서

清朝的乾隆皇帝喜好外出巡游。有一次，他带着母亲一起去了苏州。这是皇太后第一次游访江南，此次让皇太后大开眼界。回到皇宫后，皇太后一直对江南的 __57 B. 美丽__ 风景念念不忘。**但由于她年纪很大，__58 A. 不能经常出游__。** 乾隆皇帝为了 __59 D. 满足__ 母亲的心愿，命人在北京建了一条长达数十里的苏氏商业街，俗称"苏州街"。这条街不仅在建筑方面仿照苏州，连里面的生意人也都是乾隆皇帝 __60 D. 派__ 人从苏州请来的，可谓原汁原味地还原了当时苏州的街景。可惜的是，由于历史原因，这条街在近代被烧毁了，此后也就名存实亡了。

청나라 건륭제[乾隆皇帝]는 순행하는 것을 좋아했다. 한번은 그가 어머니를 모시고 쑤저우[苏州]를 갔었다. 이는 황태후의 첫 강남[江南] 순행이었고, 이는 황태후로 하여금 시야를 넓히게 했다. 황궁으로 돌아온 후, 황태후는 줄곧 강남의 __57 B.아름다운__ 풍경을 잊지 못했다. **그러나 그녀가 연로했기 때문에 __58 A.자주 여행을 갈 수 없었다__.** 건륭제는 어머니의 바람을 __59 D.만족시켜 드리기__ 위해서, 베이징에 수십 리가 넘는 속칭 '쑤저우거리'라고 하는 소씨 상업 거리를 만들도록 명령했다. 이 거리는 건축 방식만 쑤저우를 모방한 것이 아니고, 그곳에서 장사하는 사람들까지 건륭제가 사람을 __60 D.보내__ 쑤저우에서 데리고 와서, 당시의 쑤저우 거리 풍경을 있는 그대로라고 할 수 있게 재현했다. 안타까운 것은 역사적 이유 때문에 이 거리는 근대에 소실되었고 그때 이후로는 이름만 남아 있다.

61 A 地震是一种自然现象	A 지진은 일종의 자연 현상이다
B 地震发生时要立即往外跑	B 지진이 발생하면 즉시 바깥으로 달려 나가야 한다
C 地球上每天都在发生地震	C 지구상에서 매일 지진이 발생하고 있다
D 人类可以采取措施避免地震	D 인류는 조치를 취해서 지진을 피할 수 있다

보기 파악 보기 C처럼 독해 제2부분의 보기에 '都' '必须' '只有' '一定要'처럼 확정적인 어기를 나타내는 표현이 쓰이면, 그 보기는 답이 아닐 확률이 높다. 실제 시험을 볼 때 이러한 보기가 나오면 일단 제외시키고 나머지 보기만 가지고 답을 찾자.

③地震是自然原因造成的，目前我们还不能阻止地震的发生。②但是可以采取有效措施，最大限度地减轻地震灾害。当遇到地震时切忌恐慌，我们要沉着冷静，迅速采取正确行动。①特别在高楼和人员密集的场所，就地躲避最现实。

지진은 자연 원인이 야기한 것으로, 현재 우리는 지진의 발생을 저지할 수 없다. 그러나 효과적인 조치를 취해서 최대 한도로 지진 재해를 경감시킬 수 있다. 지진이 발생하면 당황하지 말고, 냉정을 유지하면서 신속하게 정확한 행동을 취해야 한다. 특히나 고층 빌딩이나 사람들이 밀집한 장소에서는 그 자리를 피하는 것이 가장 현실적이다.

문제 풀이 ①→②→③ 순서대로 지문을 읽어 보자. 첫 번째 줄 끝자락~두 번째 줄 중간(②)에 '采取有效措施，最大限度地减轻地震灾害'라는 표현이 나오는데, 보기 D에 쓰인 표현 '采取措施(조치를 취하다)'만 보고 답을 D로 골라서는 안 된다. 지문에서는 '지진 피해를 경감시킬 수 있다'고 했지 '피할 수 있다'고 말하지 않았기 때문이다. 맨 앞부분(③)의 '地震是一种自然现象'이 보기 A의 내용과 같으므로, 답은 A이다.
🔍 ③ 地震是一种自然现象 → A 地震是自然原因造成的

정답 A 地震是一种自然现象 지진은 일종의 자연 현상이다

62 A 目标应该有阶段性	A 목표는 마땅히 단계적이어야 한다
B 结果比过程更重要	B 결과가 과정보다 더 중요하다
C 要透过现象看本质	C 현상을 꿰뚫어 본질을 봐야 한다
D 不要因细节而错失机会	D 세부적인 것 때문에 기회를 잃지 마라

보기 파악 시험 해석법을 잘 활용하자. 어려운 단어를 '알파' '베타'로 대치시켜 해석하면 효율적으로 핵심만 이해할 수 있다. 보기 C의 '透过'의 뜻을 몰랐다면 '알파'로 해석해도 된다.
예 C 要透过现象看本质 현상을 '알파'해서 본질을 봐야 한다.

③人们常说细节决定成败，但强调细节并不一定代表必然会成功。②在现实当中，有的人总是怀疑计划不够准确而迟迟不能开始行动。④在这个过程中，别的人却有可能拿着一个准确性只有80%的计划完成了目标。①过于追求细节，会错失本来可以到手的机会。

사람들은 세부적인 것이 성패를 결정한다고 말하지만, 세부적인 것을 강조하는 것이 결코 필연적으로 성공한다는 것을 의미하지는 않는다. 현실에서, 어떤 사람은 항상 기획이 정확하지 않다고 의심하면서 행동하기를 주저한다. 이 과정 중에서 다른 사람은 정확성이 겨우 80%인 계획을 가지고 목표를 완성한다. 과하게 세부적인 것을 쫓다 보면 원래 얻을 수 있었던 기회를 놓칠 수 있다.

문제 풀이 독해 제2부분은 항상 '마지막 줄(①)'부터 봐야 한다. 앞부분부터 읽어 버릇하면 귀중한 수험 시간을 낭비하게된다. 반드시 스킬 파트에서 소개한 순서대로 지문을 보자. 마지막 줄을 읽어 보면 답이 D라는 것을 바로 알 수 있다. 처음 읽은 문장에서 답을 찾을 수 있었으므로, 다른 문장은 더 읽을 필요가 없다.
🔍 ① 过于追求细节，会错失本来可以到手的机会。→ D 不要因细节而错失机会

정답 D 不要因细节而错失机会 세부적인 것 때문에 기회를 잃지 마라

---

63 A 四川省工商业不发达   A 쓰촨성은 상공업이 발달하지 않았다

    B 峨眉山的历史很长   B 어메이산의 역사는 오래됐다

    C 峨眉山的气候四季分明   C 어메이산의 기후는 사계절이 분명하다

    D 峨眉山在四川省的西部   D 어메이산은 쓰촨성 서쪽에 있다

보기 파악 보기 B에 쓰인 표현 '历史很长(역사가 길다)'은 지문에서 주로 '悠久(유구하다)'로 표현되니 주의하자. '悠久'는 5급 빈출 단어로, '历史悠久(역사가 유구하다)'는 '历史很长(역사가 길다)' '时间很长(시간이 길다)'이라는 표현으로 나올 수 있다. 보기 C의 '四季分明(사계절이 분명하다)'은 계절 관련 빈출 표현이니 반드시 외워 두자.

③峨眉山又称"大光明山"，位于中国西部四川省的中南部，②它是美丽的自然景观与悠久的历史文化内涵完美结合。峨眉山是"中国佛教四大名山"之一，佛教的传播、寺庙的兴建和繁荣，①为峨眉山增添了许多神奇色彩。

어메이산[峨眉山]은 '대광명산'이라고도 하는데, 중국 서부 쓰촨성의 중남부에 위치해 있다. 어메이산은 아름다운 자연 풍경과 유구한 역사 문화적 함의가 완벽하게 결합되어 있다. 어메이산은 '중국 불교 4대 명산' 중의 하나로, 불교의 전파, 사찰의 건설과 번영이 어메이산을 위해 신비한 색채를 매우 많이 더해 준다.

문제 풀이 '첫끝~둘중(②)'에 나오는 문장의 '悠久的历史文化'와 B가 비슷하므로, 답은 B이다.
🔍 ② 它是美丽的自然景观与悠久的历史文化内涵完美结合 → B 峨眉山的历史很长

정답 B 峨眉山的历史很长 어메이산의 역사는 오래됐다

64 A 简历一定要真实	A 이력서는 반드시 진실하여야 한다
B 垃圾邮件会影响工作效率	B 스팸 메일은 업무 효율에 영향을 준다
C 表明身份是对对方的尊重	C 신분을 밝히는 것은 상대방에 대한 존중이다
D 电子邮件的正文应该详细些	D 전자 메일의 본문은 마땅히 상세해야 한다

보기 파악   보기 A에는 확신하는 어기를 띠는 표현 '一定要'가 나오니 일단 답에서 제외시킨다. 그리고 어려운 단어는 '알파' '베타'로 대치시켜 해석하면 효율적으로 핵심만 이해할 수 있다. 보기 D의 '正文' 뜻을 몰랐다면 '알파'로 해석해도 된다.

해   D 电子邮件的正文应该详细些 전자 메일의 '알파'는 마땅히 상세해야 한다.

③发电子邮件时，若对方不认识你，第一件应当②说明自己的身份——姓名或你代表的企业名，以示对对方的尊重。④点明身份的主要功能是为了使收件人能够顺利地理解邮件来意。正文应简明地说清楚事情，如果具体内容确实很多，正文应只做简要介绍，①然后单独写个文件作为附件进行详细描述。

전자 메일을 보낼 때 만약에 상대방이 당신을 모른다면, 첫 번째로 해야 할 것은 자신의 신분, 즉 이름이나 당신을 대표하는 기업명을 설명함으로써 상대방에 대한 존중을 표시하는 것이다. 신분을 밝히는 것의 주요한 기능은 수취인으로 하여금 순조롭게 메일을 보내는 의도를 이해하게 하는 것이다. 본문은 마땅히 간명하게 일에 대해서 이야기하고, 만약에 구체적인 내용이 정말 많다면, 본문은 간단하게 소개만 하고, 문건을 따로 작성해서 부록으로 삼고, 상세하게 기술한다.

문제 풀이   마지막 부분에 보기 D와 겹치는 표현(详细)이 있다고 D를 바로 답으로 체크해서는 안 된다. 마지막 줄에서 '详细'가 붙어 있는 부분은 '部件(부록)'이지 '正文(본문)'이 아니다. 보기 D에서는 '본문을 상세해야 한다'라고 했으므로 답이 될 수 없다. 이어서 읽게 되는 '첫.끝~둘.중(②)'이 보기 C와 표현도 비슷하고 내용도 동일하다. ②에서 답을 찾았으므로, 남은 문장(③)은 읽을 필요가 없다.

🔍 ② 说明自己的身份----姓名或你代表的企业名，以示对对方的尊重。 → C 表明身份是对对方的尊重

정답   C 表明身份是对对方的尊重 신분을 밝히는 것은 상대방에 대한 존중이다

65 A 葡萄很难消化	A 포도는 소화하기 어렵다
B 葡萄营养丰富	B 포도는 영양이 풍부하다
C 葡萄糖不易吸收	C 포도당은 흡수가 어렵다
D 身体弱的人不宜吃葡萄	D 허약한 사람은 포도를 먹는 것이 적당하지 않다

보기 파악   보기 B의 '营养丰富(영양이 풍부하다)'는 '很有营养(영양이 많다)' '营养价值很高(영양 가치가 매우 높다)'로 바꾸어 표현되고는 한다. 보기 C의 '不易(쉽지 않다)'는 '不容易'의 줄임말로, 지문에서는 '很难'으로 표현될 수 있다.

③葡萄不仅味美可口，而且营养价值很高。身体虚弱的人，②多吃些葡萄或葡萄干，有助于增强体质，这是因为葡萄含有许多种对人体有益的维生素及矿物质，尤其是葡萄糖，①含量较高，而且可被人体直接吸收。

포도는 맛이 좋을 뿐만 아니라, 영양 가치도 높다. 몸이 허약한 사람은 포도나 건포도를 많이 먹으면 체질을 강화하는 데 도움이 된다. 이는 포도가 인체에 유익한 비타민과 광물질이 많이 포함하고 있기 때문이다. 특히 포도당은 함량이 높고 신체에 직접 흡수된다.

문제 풀이 마지막 줄(①) '含量较高，而且可被人体直接吸收'에 보기 C에 사용된 표현(吸收)이 있는 것만 보고 C를 정답으로 골라서는 안 된다. 해석해 보면 의미가 정반대이다. 맨 앞부분(③)의 '营养价值很高'를 통해 답이 B라는 것을 알 수 있다.

🔎 ③ 葡萄不仅味美可口，而且营养价值很高 → B 葡萄营养丰富

정답 B 葡萄营养丰富 포도는 영양이 풍부하다

---

66 A 櫻桃不易保存　　　　　　A 앵두는 보관이 쉽지 않다

　　B 櫻桃的产量很大　　　　　B 앵두는 많이 생산된다

　　C 酸櫻桃有助于减肥　　　　C 신 앵두는 다이어트에 도움이 된다

　　D 酸櫻桃的价格比甜櫻桃高　D 신 앵두의 가격은 단 앵두보다 높다

보기 파악 시험 해석법을 잘 활용하자. 어려운 단어를 '알파' '베타'로 대치시켜 해석하면 효율적으로 핵심만 이해할 수 있다. 보기 및 지문에 계속 나오는 '櫻桃'의 뜻을 몰랐다면 '알파'로 해석해도 된다.

예 A 櫻桃不易保存 '알파'는 보관이 쉽지 않다

---

③櫻桃是一种季节性水果，它主要分为酸櫻桃和甜櫻桃两种，②前者作为果干在点心中使用，或者使用于生产櫻桃汁，而后者则通常用来直接食用。①新鲜的櫻桃难于保存，因而其市场价格也比较高。

앵두는 계절성 과일의 일종이다. 앵두는 주요하게 신 앵두와 단 앵두, 두 종류로 나뉜다. 전자는 말려서 간식으로 쓰이거나, 앵두 주스를 만드는 데 쓰인다. 후자는 일반적으로 바로 먹는다. 신선한 앵두는 보관하기 어려워서 시장 가격이 비교적 높다.

문제 풀이 마지막 줄의 앞부분(①)이 보기 A와 같은 뜻이므로 답은 A이다. 지문에 쓰인 표현 '难于(~하기 어렵다)'와 보기에 쓰인 표현 '不易(~하기 쉽지 않다)'는 같은 의미이다.

🔎 ① 新鲜的櫻桃难于保存，…… → A 櫻桃不易保存

정답 A 櫻桃不易保存 앵두는 보관이 쉽지 않다

67 A 喝茶可以促进睡眠	A 차를 마시면 수면을 촉진시킬 수 있다
B 茶馆文化始于唐代	B 차관 문화는 당나라 때 시작되었다
C 四川的茶叶最受欢迎	C 쓰촨의 차는 가장 인기가 많다
D 饮茶是上层社会的爱好	D 차를 마시는 것은 상류층의 취미이다

보기 파악 보기 A의 내용이 우리가 알고 있는 사실(차 속 카페인이 수면에 영향을 미친다)과 다른 내용이지만, 지문에서 확인하기 전까지지는 함부로 맞다 틀리다를 논하지 말자. 독해 제2부분의 문제는 보기와 지문의 상관 관계를 따지는 문제이기 때문에, 설령 사실과 부합되지 않는 내용이라도 지문에 나온다면 얼마든지 답이 될 수 있다. (*예외: 중국의 역사나 문화에 관련된 문제는 보기만 봐도 답이 찾아지는 경우가 있기는 하다.)

③随着茶叶生产的发展，到了唐代，茶已成为人们日常生活的必需品，②由此产生了一种很受欢迎的休闲场所——茶馆。很多人喜欢去茶馆一边喝茶一边聊天儿。①四川是中国茶馆文化最发达的地区之一。

차 생산이 발전함에 따라, 당대에 와서 차는 이미 사람들의 일상생활의 필수품이 되었다. 이 때문에 '차관'이라는 인기 많은 휴식 장소가 생겼다. 많은 사람들이 차관에 가서 차를 마시면서 이야기하는 것을 좋아한다. 쓰촨은 중국의 차관 문화가 가장 발달한 지역 중의 하나이다.

문제 풀이 '첫.끝~둘.중(②)'에 나오는 '由此产生了一种很受欢迎的休闲场所——茶馆'은 간략히 '由此产生了茶馆([此]로부터 차관이 생겼다)'으로 줄일 수 있다. 이때 '此'가 가리키는 부분이 무엇인지를 찾아야 내용이 명확해진다. '此 这'와 같은 지시대사는 가리키는 대상이 항상 그보다 앞 절에 나온다. '此'가 가리키는 부분은 '到了唐代……生活的必需品'이다. HSK는 예상을 벗어나는 것이 답이 되는 경우가 전혀 없으므로, '由此产生了茶馆('此'로부터 차관이 생겼다.)'를 해석하고, '到了唐代'까지만 봐도 답이 B가 된다는 것은 바로 알 수 있다. 실제 시험에서는 이 정도만 비슷해도 답을 B로 정하고 다음 문제로 넘어가도 된다.

🔎 到了唐代，茶已成为人们日常生活的必需品，②由此产生了一种很受欢迎的休闲场所——茶馆
　→ B 茶馆文化始于唐代

정답 B 茶馆文化始于唐代 차관 문화는 당나라 때 시작되었다

68 A 要主动适应环境	A 능동적으로 환경에 적응해야 한다
B 变化的环境能促人思考	B 변화하는 환경은 사람을 사고하게 만든다
C 人的性格与环境有密切的关系	C 사람의 성격과 환경은 밀접한 관계를 맺고 있다
D 稳定的环境不利于人的健康	D 안정된 환경은 사람의 건강에 불리하다

보기 파악 68번 보기로, 본인이 5급 시험에 합격할 수 있는 최소한의 독해 실력을 갖추었는지를 확인할 수 있다. 68번의 보기를 바로바로 해석해 내고, 어휘를 찾을 필요도 없었다면 당신은 최소한의 실력은 충분히 갖춘 것이다.

③一个人如果长期在一个相对不变的环境中生活，②没有新信息激发他去思考、去比较，就很难有预测未来的能力。相反，④一个人若处于不断变化的环境里，接触一些新的信息，他就可以思路大开，把自己在不同环境中观察到的东西加以比较，①找出规律，预测出未来的发展趋势。

만약에 사람이 장기간 변화하지 않는 환경 속에서 생활하여 그가 사고하고 비교하게끔 분발시키는 정보들이 없다면, 미래를 예측하는 능력을 가지기가 어려워진다. 반대로, 사람이 끊임 없이 변화하는 환경에서 새로운 정보들과 접촉하게 된다면, 그는 생각의 길이 넓어지고, 자신이 각각의 환경에서 관찰해 낸 것을 비교하고 규칙을 찾아내서, 미래의 발전 추세를 예측할 수 있을 것이다.

문제 풀이 출현 빈도는 낮지만, 68번 문제처럼 지문이 4줄 이상으로 길 때는 근거 문장이 '둘째 줄 끝~셋째 줄 앞부분(④)'에 나올 수도 있다. 4줄 이상의 긴 지문이 나오면 ②를 읽고 ③으로 바로 가지 말고, ④를 먼저 챙겨서 보자. '둘.끝~셋.앞(④)'에 나오는 문장 '不断变化的环境里，接触一些新的信息，他就可以思路大开'가 보기 B와 비슷하므로, 답은 B이다.

🔍 ④ 一个人若处于不断变化的环境里，接触一些新的信息，他就可以思路大开 ➡ B 变化的环境能促人思考

정답 B 变化的环境能促人思考 변화하는 환경은 사람을 사고하게 만든다

---

69 A 手机的设计越来越简单

B 有75%的人拥有手机

C 手机给健康带来了危害

D 大部分人已经离不开手机

A 휴대폰의 디자인이 갈수록 간단해진다

B 75%의 사람이 휴대폰을 가지고 있다

C 휴대폰은 건강에 해를 끼친다

D 대부분의 사람들이 휴대폰을 떠나지 못한다

보기 파악 '离不开(떠날 수 없다)'가 보기 D에서처럼 'A离不开B' 형식으로 쓰이면 해석은 'A와 B는 뗄래야 뗄 수 없는 관계이다'로 의역하는 것이 자연스럽다. 'A와 B는 아주 밀접한 관계를 맺고 있다'는 의미를 나타낸다.

③对于现代人来说，似乎很难想象，如果回到没有手机的时代，②我们的生活将变成什么样？一项调查显示，只有25%的人愿意回到没有手机的时代，④而更多的人(75%)则明确表示不愿意。在后者看来，①手机已经成为他们生活中重要的组成部分。

현대인들의 입장에서 말하자면, 상상하기는 매우 어렵겠지만, 만약 휴대폰이 없는 시대로 돌아가면 우리의 생활은 장차 어떻게 변할까? 어떤 조사에 따르면, 오직 25%의 사람들만이 휴대폰이 없는 시대로 돌아가길 원했고, 더 많은 사람들(75%)은 원하지 않음을 명확히 밝혔다. 후자의 입장에서 보면, 휴대폰은 이미 그들의 생활 속에서 중요한 구성 부분이 되었다.

문제 풀이 마지막 부분(①) '手机已经成为他们生活中重要的组成部分(휴대폰은 이미 그들의 생활 속에서 중요한 구성 부분이 되었다)'에서 '사람들에게 휴대폰이 상당히 중요하다'는 것을 알 수 있다. 이 문장에서 답이 D임을 알 수 있으므로, 남은 문장은 더 이상 읽을 필요가 없다.

P ① 手机已经成为他们生活中重要的组成部分 → D 大部分人已经离不开手机

정답 D 大部分人已经离不开手机 대부분의 사람들이 휴대폰을 떠나지 못한다

70 A 开玩笑应该注意场合	A 농담은 때와 장소를 주의해야 한다
B 幽默感不能慢慢培养	B 유머 감각은 천천히 기를 수 없다
C 幽默的人懂得活跃气氛	C 유머러스한 사람은 분위기를 띄울 줄 안다
D 别人谈话时，不能随便打断	D 다른 사람과 이야기할 때, 함부로 말을 끊으면 안 된다

보기 파악 보기 B에 쓰인 '培养'은 '감각이나 능력을 키운다'는 의미로 쓰는 동사이다. '培养+감각/능력' 조합은 HSK 5급 전 영역 빈출 표현이니 꼭 알아 두자. 보기 C에 쓰인 표현 '活跃气氛(분위기를 띄우다)'의 '活跃'에는 두 가지 용법이 있다. 형용사로 쓰이면 '활발하다'라는 뜻을 나타내고, 동사로 쓰이면 '활기차게 하다'라는 뜻을 나타낸다. 동사로 쓰일 때는 보기처럼 '气氛(분위기)'과 자주 조합되어 나오니 역시 잘 기억해 두자.

③幽默能拉近人与人之间的距离，还能缓和矛盾。在人际交往中，②一个懂得幽默的人知道如何调节气氛，他会让严肃的谈话变得愉快。而不懂得幽默的人很可能①一不小心就让自己变成了无趣、破坏气氛的人。

유머는 사람과 사람 사이의 거리를 줄일 수 있고 갈등을 완화할 수 있다. 인간 관계를 맺는 중에, 유머를 아는 사람은 어떻게 분위기를 조절하는지를 알아서 엄숙한 대화를 유쾌하게 바꿀 수 있다. 그러나 유머를 모르는 사람은 순간의 실수로 자신을 재미없고, 분위기를 깨는 사람으로 만들 수 있다.

문제 풀이 '첫.끝~둘.앞(②)'에 나온 문장에 쓰인 표현 '如何调节气氛'에서 보기 C의 '活跃气氛'를, '懂得幽默的人'에서 '幽默的人'을 매치시켜 답이 C라는 것을 알 수 있다.
P ② 一个懂得幽默的人知道如何调节气氛 → C 幽默的人懂得活跃气氛

정답 C 幽默的人懂得活跃气氛 유머러스한 사람은 분위기를 띄울 줄 안다

71~74.

71	"女主外，男主内"的家庭形式：	'여자는 바깥, 남자는 안'이라는 가정 형식은:
	A 现在越来越少	A 현재 갈수록 줄어든다
	B 对婚姻有好处	B 혼인에 좋은 점이 있다
	C 很受长辈们的欢迎	C 연장자들의 환영을 받다
	D 不适合年龄小的夫妇	D 젊은 부부에게 어울리지 않는다

문제 풀이 "女主外、男主内"的家庭形式라는 질문이 지문에 그대로 나온다. 이어지는 내용을 더 보자. 이어지는 내용 '有益于维护婚姻稳定(혼인의 안정을 유지하는 데 유익하다)'를 통해서 답이 'B. 对婚姻有好处(혼인에 좋은 점이 있다)'라는 것을 알 수 있다.

🔍 [지문] **"女主外、男主内"的家庭形式** → [질문] **"女主外，男主内"的家庭形式：**

🔍 [지문] 更**有益于维护婚姻稳定** → [보기] B **对婚姻有好处**

정답 B 对婚姻有好处 혼인에 좋은 점이 있다

72	过去，人们认为女性代替丈夫养家：	과거에 사람들은 여자가 남편을 대신에 가족을 부양하는 것을 생각하기를
	A 会感到很惭愧	A 창피함을 느낄 수 있다
	B 会使丈夫很有压力	B 남편에게 스트레스가 될 수 있다
	C 有利于孩子的成长	C 아이의 성장에 유리하다
	D 婚姻的幸福感更弱	D 혼인의 행복감이 더 약하다

문제 풀이 지문에서 앞 문항(71번)의 답을 찾은 부분 바로 뒤에 '过去很多人认为'라는 표현이 나온다. 72번 '질문'의 전반부와 닮아 있는 이 표현의 뒤를 이어서 읽어 내려가 보면, 질문의 '후반부'에 해당하는 내용 '甚至代替男人成为养家者'가 나온다. 그 뒤를 좀 더 읽어 보면 '就容易给丈夫造成压力'라는 부분에서 정답이 보기 B임을 알 수 있다.

🔍 [지문] **过去很多人认为**这给家庭稳定带来负面效果： **女性**经济越来越独立**甚至代替男人**成为养家者

→ [질문] **过去，人们认为女性代替丈夫养家：**

🔍 [지문] **就容易给丈夫造成压力** → [보기] B **会使丈夫很有压力**

정답 B 会使丈夫很有压力 남편에게 스트레스가 될 수 있다

73	那位社会学教授有什么发现？	그 사회학 교수는 어떤 발견을 했나?
	A 离婚率越来越低	A 이혼율이 갈수록 낮아진다
	B 人们不再重视婚姻	B 사람들이 더 이상 혼인을 중시하지 않는다
	C 丈夫养家的家庭更幸福	C 남편이 가족을 부양하는 가정이 더 행복하다
	D 夫妻同时工作的婚姻更稳定	D 부부가 동시에 일하는 혼인이 더 안정된다

문제 풀이 73번의 질문은 '那位社会学教授'로 시작된다. 질문에 '那 + 양사 + ⓝ'로 언급된 것이 지문에서는 '一/这 + 양사 + ⓝ'로 나온다. 지문에서 '一位社会学教授' 혹은 '这位社会学教授'라는 표현이 나오는지 찾아 보자. 두 번째 단락 첫줄에 나오는 '一位社会学教授研究发现'이라는 말 뒤를 더 읽어 보면, '比丈夫主要养家的婚姻更稳定'를 통해서 답이 D임을 알 수 있다.

🔎 [지문] 一位社会学教授研究发现 → [질문] 那位社会学教授有什么发现?

🔎 [지문] 夫妻双方能够同时工作并分担家务, 比丈夫主要养家的婚姻更稳定
  → [보기] D 夫妻同时工作的婚姻更稳定

정답 D 夫妻同时工作的婚姻更稳定 부부가 동시에 일하는 혼인이 더 안정된다

---

74 关于那位社会学教授, 可以知道:	그 사회학 교수에 관해서 알 수 있는 것은:
A 经常做家务	A 집안일을 자주 한다
B 提前准备退休	B 앞당겨서 은퇴를 준비한다
C 收入比丈夫高	C 수입이 남편보다 높다
D 有研究生学历	D 대학원생 학력을 가지고 있다

문제 풀이 73번 문항에서 지목하는 대상(社会学教授)이 같으므로, 73번 문항을 풀기 위해 본 부분 다음부터 읽어 내려가자. '她' 뒤에 이어지는 내용 중 '我的收入相对更高'라는 말을 통해서 답이 'C. 收入比丈夫高'임을 알 수 있다. 읽다 보면, 내용상 '她'가 가리키는 대상이 바로 그 사회학 교수라는 것은 충분히 알 수 있었을 것이다.

🔎 [지문] 我的收入相对更高 → [보기] C 收入比丈夫高

정답 C 收入比丈夫高 수입이 남편보다 높다

글자: 질문을 찾기 위해 읽기만 하는 부분 | **글자** 문제의 '질문'에 해당하는 말 | **글자** 정답인 보기에 해당하는 말

　　近年来的一些调查发现，那些[71]"女主外、男主内"的家庭形式虽然大多是基于经济状况的无奈选择，却不一定不幸福。从某种角度来说，这种模式能[71]更有益于维护婚姻稳定。但[72]过去很多人认为这给家庭稳定带来负面效果：[72]女性经济越来越独立甚至代替男人成为养家者，[72]就容易给丈夫造成压力，婚姻更容易出现问题。但事实也许并非如此。调查显示，家庭经济中男女地位交换实际上对婚姻起了稳定作用，使离婚率更低，婚姻更幸福。

　　[73]一位社会学教授研究发现，在很多家庭中，[73]夫妻双方能够同时工作并分担家务，[73]比丈夫主要养家的婚姻更稳定。[74]她以自己为例子，说："在我的婚姻中，我比丈夫的学历高，现在他退休了，[74]我的收入相对更高。当初我选择他因为他尊重我，也乐意和我分担日常生活中的各种职责。现在越来越多的女人有能力做相似的选择。"

　　최근의 한 조사가 발견하길, [71]'여자가 밖, 남자가 안'의 가정 형식이 비록 대부분은 경제 상황의 어쩔 수 없는 선택에 기초한 것이지만, 반드시 불행한 것은 아니다. 어떤 관점에서 보면, 이러한 형식이 [71]결혼 생활의 안정을 유지하는 데 더 유익하다고 할 수 있다. 그러나 [72]과거 많은 사람들은 이는 가정 안정에 역효과를 가져온다고 여겼다. 그 역효과란, [72]여성의 경제가 갈수록 독립되어 남자를 대신해서 부양자가 되면, [72]쉽게 남편에게 스트레스를 주고 결혼 생활은 더

쉽게 문제가 생길 것이라는 것을 의미한다. 그러나 사실은 전혀 그렇지 않았다. 조사는 '가정 경제에서 남녀 지위가 바뀌는 것은 실제로 결혼 생활에 안정 작용을 일으켜서, 이혼율이 떨어지게 하고, 더 행복해진다'는 것을 밝혔다.

[73]한 사회학 교수는 연구에서 '많은 가정에서 [73]부부가 동시에 일을 하고 집안일을 분담하는 것은 [73]남편이 주요하게 부양하는 가정의 결혼 생활보다 더 안정적'이라는 것을 발견했다. [74]그녀는 자신을 예로 들어 말하길, "내 결혼에서 나는 남편보다 학력이 높고, 지금은 그가 은퇴해서 [74]내 수입이 상대적으로 더 높다. 당초 내가 그를 선택한 것은 그가 나를 존중하고, 기꺼이 나와 일상생활 속에서의 각종 책임을 나누었기 때문이다. 현재 갈수록 많은 여성들이 비슷한 선택을 할 수 있는 능력을 가지고 있다."

75~78

75 关于子弹，下列哪项正确?	총알에 관해 아래 어느 것이 정확한가?
A 没有碰到沙桶	A 모래 통을 건드리지 못했다
B 弹头和箭的重量一样	B 총알과 화살의 무게는 같다
C 速度接近音速	C 속도가 음속에 가깝다
D 穿过了沙桶	D 모래 통을 관통했다

문제 풀이 75번은 '关于+ Ⓝ' 형식의 질문이다. 이 유형이 첫 번째 문제로 나왔으니, 지문 첫 줄부터 차근차근 '子弹'이 나오는 부분을 골라 앞뒤 내용을 가지고 보기와 대조하자. 두 번째 단락 둘째 줄 중간에 'C. 速度接近音速'와 일치하는 내용이 나온다.
🔍 [지문] 根据二者的速度抢手子弹每秒300至500米，跟音速差不多 ☞ [보기] C 速度接近音速

정답 C 速度接近音速 속도가 음속에 가깝다

76 弓箭为什么能穿过沙桶?	화살은 왜 모래 통을 관통할 수 있었나?
A 弓箭手运气好	A 궁수의 운이 좋았다
B 速度更快	B 속도가 더 빠르다
C 弓箭比一般的大	C 화살이 일반적인 화살보다 크다
D 更重	D 더 무겁다

문제 풀이 질문의 내용이 언급된 부분을 지문에서 찾아 보자. '弓箭为什么能穿过沙桶(화살은 왜 모래 통을 관통할 수 있었나)'이라는 내용은 3번째 단락의 마지막 줄에 '想不到弓箭居然从沙桶的一端穿过另一端'으로 언급되어 있다. 문제의 답은 아마 그 다음에 이어지는 내용에 있을 것이다. 어려운 표현에 겁 먹지 말고, 보기 4개 중에 어떤 보기의 내용이 나오는지에만 주의해서 읽어 내려가자. 다섯 번째 단락 첫 줄의 '箭要比弹头重得多'를 통해 답이 'D. 更重'임을 알 수 있다.
🔍 [지문] 想不到弓箭居然从沙桶的一端穿过另一端 → [질문] 弓箭为什么能穿过沙桶?
🔍 [지문] 箭要比弹头重得多 → [보기] D 更重

정답 D 更重 더 무겁다

77 根据上文，下列哪项正确？	윗글을 근거로 아래 어느 것이 정확한가？
A 试验结果令人吃惊	A 실험 결과가 사람을 놀라게 했다
B 枪手的技术很好	B 사격수의 기술이 좋다
C 子弹和箭都穿过了沙桶	C 총알과 화살이 모두 모래 통을 관통했다
D 主持人站在塑料桶旁边	D 사회자는 플라스틱 통 옆에 서있다

문제 풀이 '윗글을 근거로 아래 어느 것이 정확한지' 묻는 유형의 문제는 보통 3번째 혹은 4번째 문항으로 잘 나오는데, 풀이 방법이 조금 복잡하다. 75번~76번 문제를 풀기 위해서 봤던 지문 내용을 보기와 비교해서 일치하는 것이 있다면 그것이 답이 되지만, 만약에 일치하는 것이 없다면 지문을 좀 더 봐야 한다. 앞 문항을 풀기 위해 봤던 부분 다음부터 좀 더 읽어 내려가다 보면 보기 중에 비슷한 것이 하나 언급될 것이다. 이 문제에서는 다행히 앞 문항을 풀기 위해 봤던 내용 중 하나인 '想不到弓箭居然从沙桶的一端穿过另一端'을 통해서 답이 A임을 알 수 있다.

5급 시험에서 '듣기' '독해' 영역 구분 없이 잘 나오는 문제 중에 하나가 바로 '吃惊'을 물어보는 문제이다. 답이 '吃惊'일 경우 대화나 지문에서는 항상 '想不到' '居然' '竟然' '不可思议'와 같은 표현들이 꼭 나오게 되어 있다. 그러니, 독해 문제의 보기에 '吃惊'[혹은 惊讶(놀랍다)]이 나오면 지문에서 '想不到' '居然' '竟然' '不可思议'를 찾아 보자.

🔍 [지문] **想不到弓箭居然从沙桶的一端穿过另一端** → [보기] A **试验结果令人吃惊**

정답 A **试验结果令人吃惊** 실험 결과가 사람을 놀라게 했다

78 上文主要想告诉我们：	윗글이 우리에게 주요하게 알려 주려 하는 것은？
A 不要急于下结论	A 급하게 결론을 내리지 마라
B 速度是成功的重要因素	B 속도는 성공의 중요 요인이다
C 质量比速度更重要	C 무게가 속도보다 더 중요하다
D 制定目标要清晰具体	D 목표를 세울 때에는 분명하고 구체적이어야 한다

문제 풀이 '윗글이 우리에게 주요하게 알려 주려 하는 것은 무엇인지' 묻는 것은 곧 '주제'를 물어보는 것이다. 이 경우, 지문의 '맨 마지막 줄 → 마지막 단락의 첫 줄 → 지문의 맨 첫째 줄' 순서로 보기와 비교하면서 답을 찾으면 효율적이다. 마지막 줄의 '速度并不是成功的决定因素……把自己的"重量"提高了，才能走向成功'를 통해 답이 'C. 质量比速度更重要'라는 것을 알 수 있다.

🔍 [지문] **速度并不是成功的决定因素，只有沉下心来，刻苦"修炼"，把自己的"重量"提高了，才能走向成功** → [보기] C **质量比速度更重要**

정답 C **质量比速度更重要** 무게가 속도보다 더 중요하다

글자: 질문을 찾기 위해 읽기만 하는 부분 | **글자** 문제의 '질문'에 해당하는 말 | **글자** 정답인 보기에 해당하는 말

　　主持人摆出一个装满沙子的塑料桶，放在10米之外，然后安排一个枪手和一个弓箭手上来，让他们做好向沙桶射击的准备。

　　这时，主持人给现场观众出了一道题：你认为[75]**子弹**和弓箭，谁能够穿过这只沙桶？现场开始有人猜测：根据二者的速度，枪手[75]**子弹**每秒300至500米，

⁷⁵跟音速差不多，而弓箭的速度连子弹的四分之一都不到。毫无疑问，能穿过沙桶的应该是子弹。

试验开始了，抢手先来，"啪"，子弹飞出去，一头钻进沙桶里，却不见它从另一端出来。轮到弓箭手了，他拉开弓弦，"嗖"的一下，^{76, 77}想不到弓箭居然从沙桶的一端穿过另一端。

这实在让人不可思议：子弹那么快的速度都射不透沙桶，弓箭那么慢的速度为什么却能轻而易举地穿过去呢？

答案就在弹头和箭的重量上。⁷⁶箭要比弹头重得多，尽管弓箭的速度比子弹慢，但凭借它的重量优势，依然能发出比子弹大得多的威力。

现实中，许多人为了追求成功，总是急功近利，追求速度的提高，却忽视了自身素质的培养，结果自然很难获得成功。⁷⁸速度并不是成功的决定因素，只有沉下心来，刻苦"修炼"，⁷⁸把自己的"重量"提高了，才能走向成功。

사회자가 모래가 가득 찬 통을 10미터 밖에 세워 두고, 사격수와 궁수가 올라와 모래 통을 쏠 준비를 하게 시켰다.

이때, 사회자가 관중들에게 문제를 하나 냈다. "⁷⁵총알과 화살 중에 어느 것이 이 모래통을 관통할 수 있을까요?" 현장에서 처음에 사람들은 '두 개의 속도를 근거하여, 사격수의 ⁷⁵총알은 초당 300~500미터로 ⁷⁵거의 음속에 가깝지만, 화살의 속도는 총알의 4분의 1도 안 된다. 의심할 나위 없이 모래통을 뚫는 것은 분명히 총알일 것이다'라고 예측했다.

실험이 시작되고, 사격수가 먼저 쏘았다. '피융'하고 총알이 날아가 모래통을 뚫고 들어갔지만, 맞은편으로 나오는 것은 보지 못했다. 궁수 차례가 되어, 그가 활시위를 당겨 '슝'하고 화살을 쏘았는데, ^{76, 77}생각지도 못하게 화살이 모래통을 뚫고 나아갔다.

이는 정말로 불가사의했다. 총알은 속도가 매우 빠른데도 모래통을 뚫지 못했고, 화살은 속도가 매우 느린데도 왜 가볍게 관통한 걸까?

정답은 바로 총알과 화살의 무게에 있었다. ⁷⁶화살은 총알보다 훨씬 무겁다. 비록 화살의 속도는 총알보다 느리지만, 화살의 무게의 우세함을 통해 총알보다 더 큰 위력을 발휘할 수 있었다.

현실에서 많은 사람들이 성공을 추구하기 위해, 항상 눈앞의 성공과 이익에만 급급해하고 속도의 향상만을 추구할 뿐, 자신의 소질을 키우는 것에는 소홀히했다. 그 결과 자연스럽게 성공을 하는 것은 어려워졌다. ⁷⁸속도는 결코 성공의 결정 요인이 아니다. 오직 마음을 가라앉히고, 열심히 '수련'해서 ⁷⁸자신의 무게를 제고해야지만 비로소 성공할 수 있다.

79~82.

79 学骑自行车，作者：	자전거를 배울 때, 작가는:
A 没有摔倒过	A 넘어진 적이 없다
B 刚开始方法不对	B 처음에 방법이 틀렸다
C 没有听父亲的建议	C 아빠의 제안을 듣지 않았다
D 花了两个月才学会	D 2개월을 들어서 습득했다

질문의 내용이 지문 맨 앞부분에 언급되어 있으므로, 그 다음 내용부터 잘 읽어 보자. '비틀거리고 자주 넘어졌다'는 내용에서 '그 방법이 틀렸음'을 알 수 있으므로, 내용에 부합하는 보기는 'B. 刚开始方法不对'이다.

    🔍 [질문] <u>学骑自行车</u>, <u>作者</u> → [지문] 正小时候<u>学骑自行车</u>

    🔍 [지문] <u>结果总是歪歪扭扭, 还经常摔倒</u> → [보기] B <u>刚开始方法不对</u>

B 刚开始方法不对 처음에 방법이 틀렸다

---

80 开始时，作者觉得割麦：	처음에 작가는 밀 수확이 어떻다고 느꼈나：
A 很不耐烦	A 아주 귀찮다
B 很有趣	B 재미있다
C 不需要别人帮助	C 다른 사람의 도움이 필요없다
D 用收割机来收割	D 수확기로 수확을 해야 한다

지문에서 질문이 언급된 부분을 찾자. 참고로, 질문에 '开始'가 나오는 경우에는 지문에서 '开始'만 찾아도 된다. 지문의 세 번째 단락을 보면 '收割小麦'와 '开始'라는 표현이 등장한다. 그 뒤에 바로 '我还挺有兴趣'라고 작가의 소감이 직접적으로 언급되었으므로, 답은 'B. 很有趣'이다.

    🔍 [질문] <u>开始时</u>, <u>作者觉得割麦</u>： → [지문] <u>收割小麦</u>全凭双手和铺刀。<u>开始</u>

    🔍 [지문] <u>我还挺有兴趣</u> → [보기] B <u>很有趣</u>

B 很有趣 재미있다

---

81 关于父亲的建议，下列哪项正确？	아빠의 제안에 관해 아래 어느 것이 정확한가？
A 都很有效　　　B 不够逻辑	A 다 효과적이다　　　B 논리가 부족하다
C 有些自私　　　D 没发挥什么作用	C 조금 이기적이다　　　D 어떤 작용도 하지 못했다

'关于+Ⓝ' 형식의 질문이다. 이 유형 풀이에 대해서는 앞에서도 여러 차례 언급한 바 있다. 앞 문항을 풀기 위해 봤던 지문 중에 80번 문항 풀이 포인트 전에 나오는 문장 '父亲说：“抬起头来，往前看。”结果很快就能自如笔直地前进了'를 통해서 81번의 답이 'A. 都很有效'임을 알 수 있다. 질문에 '사람+建议' 형식의 표현이 나오면, 지문에서 '사람+说/劝/建议'의 형태를 찾자.

그리고, HSK 지문은 항상 도덕책 같은 내용으로 이루어져 있다. 즉, '이혼을 권유하다' '그냥 포기해'와 같은 말은 보기로 나올 수는 있어도, 절대 정답이 될 수는 없다. 즉, '아버지의 제안은 어떠한가?'같은 질문에 대한 답은 좋은 말이어야 한다. 그러므로, 실제 시험에서 이러한 문제를 풀 때 시간이 많이 촉박하다면, 지문을 읽지 않고 A를 답으로 골라도 큰 문제가 안 된다.

    🔍 [질문] 关于<u>父亲</u>的建议, 下列哪项正确？ → [지문] <u>父亲说</u>：

    🔍 [지문] <u>结果很快就能自如笔直地前进了</u> → [보기] A <u>都很有效</u> 다 효과적이다

A 都很有效 다 효과적이다

82 上文主要想告诉我们：

A 不要轻易否定自己

B 虚心使人进步

C 不要过分追求完美

D 调整目光是为了向前

윗글이 주요하게 우리에게 알려 주려하는 것은：

A 함부로 자신을 부정하지 마라

B 겸손은 사람을 발전시킨다

C 너무 과하게 완벽함을 추구하려 하지 마라

D 시야를 조정하는 것은 앞으로 향하기 위해서이다

문제 풀이 '주제'를 물어보는 문제이다. '주제'를 찾을 때는 지문의 맨 마지막 줄부터 보기와 비교해 보자. 보기와 비교해 보면 'D. 调整目光是为了向前'이 답임을 쉽게 알 수 있다.

🔍 [지문] 抬起头，是为了向前；低下头，也是为了向前。→ [보기] D 调整目光是为了向前

정답 D 调整目光是为了向前 시야를 조정하는 것은 앞으로 향하기 위해서이다

글자: 질문을 찾기 위해 읽기만 하는 부분 | **글자** 문제의 '질문'에 해당하는 말 | 글자 정답인 보기에 해당하는 말

---

⁷⁹正小时候学骑自行车，我总是低着头，两眼死盯着前轮。⁷⁹结果总是歪歪扭扭，还经常摔倒。

⁸¹父亲说："抬起头来，往前看。"我试着采用父亲教的办法，抬起头来目视前方，⁸¹结果很快就能自如笔直地前进了。

头一次参加麦收是在我上初中的时候。当时，还没有收割机，⁸⁰收割小麦全凭双手和铺刀。开始，⁸⁰我还挺有兴趣，可不一会儿就累了，频繁地站起来看看还有多远才能割到头。每次看，总感觉没有前进，好像在原地打转，地头也好像永远那么远。我心里烦躁得很，自言自语地抱怨："怎么还有那么远啊！"

割在前面的父亲回过头来说："低下头，不要往前看。"还真奇怪，我不再抬头往前看了，只管一个劲儿地割，却不知不觉就割完了。

当时，我不懂得为什么，父亲也讲不出很深的道理。随着年龄的增长，我才懂得：目光太近，找不准方向；目光太远，容易失去信心。⁸²抬起头，是为了向前；低下头，也是为了向前。

---

⁷⁹어려서 자전거를 배울 때, 나는 항상 고개를 숙이고 두 눈은 앞바퀴를 주시했다. ⁷⁹그 결과 항상 삐뚤삐뚤거리고 자주 넘어졌다.

⁸¹아빠가 "고개를 들어서 앞을 봐."라고 하셨고, 나는 아빠의 방법을 따라, 고개를 들고 눈은 앞을 바라봤다. ⁸¹그 결과 아주 빨리 자유롭게 쭉 앞으로 나아갔다.

처음 밀 수확에 참가한 것이 내가 중학교에 다닐 때였다. 그때는 수확기가 없어서 ⁸⁰밀 수확은 모두 두 손과 낫에 의지했다. 처음에 ⁸⁰나는 매우 흥미 있었지만, 얼마 안가서 지쳐 버렸고, 빈번하게 일어나서 얼마나 해야 끝까지 갈 수 있는지 보았다. 매번 볼 때마다, 앞으로 나아가는 느낌이 없이 그 자리에서 맴돌 뿐, 밭두렁은 영원히 멀리 떨어져 있는 것 같았다. 나는 매우 안달이 나서 혼잣말로 "왜 이렇게 먼 거야!"하며 원망했다.

앞에서 수확을 하던 아빠가 돌아보며 "고개를 숙이고 앞을 보지 마."라고 말씀하셨다. 정말 신기하게도, 나는 더 이상 고개를 들어 앞을 보지 않고 줄곧 밀을 베었는데, 나도 모르게 다 베어 버렸다.

당시에 나는 왜 그런지 이해를 못했고, 아빠도 깊은 도리를 말해 주지 않으셨다. 나이가 먹어감에 따라 나는 비로소, 시야가 너무 가까우면 방향을 제대로 찾을 수 없고, 시야가 너무 멀면 쉽게 믿음을 잃는다는 것을 깨달았다. ⁸²고개를 드는 것도 앞을 향하기 위해서이고, 고개를 숙이는 것도 앞을 향하기 위해서이다.

83~86.

83 为什么说"我们其实都是"海绵""?	왜 '우리는 사실 모두 스펀지다'라고 말했나?
A 适应性强	A 적응성이 뛰어나다
B 学习能力弱	B 학습 능력이 뛰어나다
C 有很强的抗压性	C 아주 뛰어난 스트레스 저항성을 가지고 있다
D 会吸收别人的情绪	D 다른 사람의 기분을 흡수할 수 있다

문제 풀이   밑줄 친 부분의 의미를 물어보는 문제는 밑줄 친 부분을 해석해서 푸는 문제가 아니고, 그 앞뒤의 내용을 파악해서 푸는 문제이다. 지문에서 我们其实都是"海绵"라는 말 앞뒤를 살펴보자. 바로 뒤에 이어지는 '可以吸收周边人散发的感染性的情绪'를 통해서 답이 'D. 会吸收别人的情绪'임을 알 수 있다.

    🔍 [지문] 可以吸收周边人散发的感染性的情绪 → [보기] D 会吸收别人的情绪

정답   D 会吸收别人的情绪 다른 사람의 기분을 흡수할 수 있다

84 第3段中的"打成一片", 是什么意思?	3번째 단락의 '打成一片'은 무슨 뜻인가?
A 挑战	A 도전하다
B 吵架	B 말다툼하다
C 搞好关系	C 좋은 관계를 맺다
D 相互支持	D 서로 지지하다

문제 풀이   이 문제도 밑줄 친 부분을 곧장 해석해서 풀 수 있는 문제가 아니다. 밑줄 친 표현 부근을 함께 해석해 보면 '우리가 친구나 동료의 스트레스를 흡수하는 것은 그들과 打成一片하기 위해서이다'로 해석된다. 여기에서 '打成一片' 대신에 들어올 수 있는 보기를 생각해 보자. 상당수의 학생이 'D'를 답으로 골라서 틀린다. D가 안 되는 이유는 무엇일까? D의 의미는 '서로 지지하다'인데, 밑줄 친 부분의 앞 내용은 쌍방향이 아닌 '일방적인' 행위이다. 서로 흡수하는 것이 아니고 내가 상대의 스트레스를 흡수하는 것이기 때문에 "서로" 지지하다'는 답이 될 수 없다. 보기 A와 B 역시 문맥에 맞지 않는다. 그렇다면 보기 C를 해석하지 못했어도 답은 C밖에 없다. 보기 C에 쓰인 표현 '搞关系(관계를맺다)'는 중급 회화 수준의 표현이므로, 알아 두면 유용하다.

    🔍 [지문] 为了和他们打成一片 → [보기] C 搞好关系

정답   C 搞好关系 좋은 관계를 맺다

85 根据第4段，下列哪项正确？

A 男性不喜欢模仿

B 身体语言与年龄无关

C 人的思维方式不易改变

D 女性更容易受他人影响

4번째 단락을 근거로 아래 어느 것이 정확한가?

A 남성은 모방을 싫어한다

B 신체 언어는 나이와 무관하다

C 사람의 사유 방식은 쉽게 바뀌지 않는다

D 여성이 더 쉽게 타인의 영향을 받는다

문제 풀이 4번째 단락을 보기 4개와 비교하면서 읽어 내려가자. 어려운 단어나 표현이 나온다고 해서 당황하거나, 해석하느라 진을 뺄 필요 없이, 차분하게 넘어가도록 하자. 마지막 줄의 내용 '因为她们往往更容易与他人产生共鸣(왜냐하면 그녀들은 종종 더 쉽게 타인과 공감을 만들어 내기 때문이다)'를 통해서, 보기 D의 내용 '여성이 더 쉽게 타인의 영향을 받는다(女性更容易受他人影响)'를 유추할 수 있다. [* '共鸣'은 6급 어휘이므로, 시험 해석으로 대체하자.]

🔎 [지문] 因为她们往往**更容易**与他人产生共鸣 → [보기] D **女性更容易受他人影响**

정답 D 女性更容易受他人影响 여성이 더 쉽게 타인의 영향을 받는다

---

86 最适合做上文标题的是：

A 海绵效应

B 倾诉的力量

C 会传染的压力

D 能克服的压力

윗글의 제목으로 알맞은 것은?

A 스펀지 효과

B 하소연의 힘

C 전염될 수 있는 스트레스

D 극복할 수 있는 스트레스

문제 풀이 '제목'을 고를 때는 앞 문항들을 풀기 위해 지문을 봤을 때 '지문에서 가장 많이 언급된 명사나 행위가 적절하게 섞여 있는 보기'를 고르면 된다. 가장 많이 언급된 말들로는 '感/传染(전염/감염되다)' '压力(스트레스)' '吸收(흡수하다)' 등등이었으므로, 가장 적절한 것은 'C. 会传染的压力'이다.

정답 C 会传染的压力 전염될 수 있는 스트레스

글자: 질문을 찾기 위해 읽기만 하는 부분 | **글자** 문제의 '질문'에 해당하는 말 | **글자** 정답인 보기에 해당하는 말

坐在你身旁的同事是否总是不停地埋怨工作伙伴或是工作压力太大？在他们抱怨时，你是否会耐心地倾听呢？如果是，那你可不只是在听别人讲而已。事实上，在倾听的过程中，你也会不知不觉地被他们的压力所"传染"。

心理学家发现，压力就像感冒一样具有感染性，这种"二手"的压力和焦虑情绪可以在工作场所迅速蔓延。因为人们能够以惊人的速度模仿他人的面部表情、声音和姿势，从而对他人的情绪感同身受。我们其实都是"海绵"，[83]可以吸收周边人散发的[86]感染性的情绪。而在吸收他人[86]压力的同时，我们自己也开始感受到[86]压力，并会不自觉地去关注那些可能会困扰我们的问题。

为什么别人的 ^{86}压力会 ^{86}传染给我们？这是因为，一方面，我们吸收朋友或同事的 ^{86}压力是 ^{84}为了和他们打成一片，但另一方面，持续灌进我们耳中的不满的声音，也会让我们的脑子开始产生消极的想法。

心理学家还说，我们不仅会接受他人消极的思维模式，还会下意识地模仿他们在压力下的身体语言，这导致我们在交谈时会与他们一样弓起背、皱起眉。另外，女性遭遇"二手 ^{86}压力"的风险更大， ^{85}因为她们往往更容易与他人产生共鸣。

당신 곁의 동료가 항상 끊임없이 다른 동료를 원망하거나 업무 스트레스가 심하다고 원망하지 않는가? 그들이 원망을 할 때 당신은 인내심을 갖고 들어 주지 않았나? 만약에 그렇다면, 당신은 단지 들어만 주고 있었던 것이 아니다. 사실, 경청해 주는 과정에서 당신도 모르는 사이에 그들의 스트레스에 '전염'되었던 것이다.

심리학자가 발견하길, 스트레스는 마치 감기와 같이 감염성을 가지고 있어서, 이 '중고' 스트레스와 초조한 기분은 직장 내에서 신속하게 만연된다. 왜냐하면 사람들은 놀라운 속도로 타인의 표정, 목소리와 자세를 모방하고, 타인의 감정에 동감한다. 우리는 사실 모두 '스펀지'라서 ^{83}주위 사람들이 내뿜는 ^{86}전염성의 정서를 흡수할 수 있다. 그래서 타인의 ^{86}스트레스를 흡수하는 동시에, 우리 자신도 ^{86}스트레스를 느끼기 시작하고, 자각하지 못하는 사이에 우리를 귀찮게 할 문제에 관심을 갖게 된다.

왜 다른 사람의 ^{86}스트레스가 우리에게 ^{86}전염되는 걸까? 그것은 한 편으로는 우리가 친구 혹은 동료의 ^{86}스트레스를 흡수하는 것은 ^{84}그들과 좋은 관계를 맺으려는 것이고, 다른 한편으로는 지속적으로 우리 귓속에 들어온 불만의 목소리가 우리의 뇌로 하여금 부정적인 생각을 만들어 내게 할 수 있기 때문이다.

심리학자가 말하길, 우리는 다른 사람의 부정적인 사유 방식을 받아들일 수 있을 뿐만 아니라, 무의식적으로 그들의 스트레스 속 신체 언어를 모방할 수도 있다. 이는 우리가 이야기를 나누는 중에 그들과 똑같이 화를 내게 만든다[=이는 우리가 이야기를 나누는 중에 그들과 똑같이 허리를 구부리고 미간을 찌푸리는 것을 야기한다]. 이외에, 여성은 '중고 ^{86}스트레스'를 겪을 위험이 더 크다. ^{85}왜냐하면 여성은 더 쉽게 다른 사람에게 공감하기 때문이다.

87~90.

87 那些苹果：	그 사과는：
A 特别便宜	A 특별히 싸다
B 摊主自己种的	B 노점상이 재배한 것이다
C 已经熟透了	C 이미 너무 익었다
D 长得不太好看	D 생긴 것이 그다지 예쁘지 않다

문제 풀이 87번 문항처럼 '어떤 대상에 대해 포괄적으로 묻는 질문' 역시 '关于+⑪'와 같은 유형이라고 생각하면 된다. 첫 줄부터 차근차근 그 대상(苹果)이 나오는 부분을 찾아서 보기와 비교해 보자. 이 문제의 경우, 첫 줄에 바로 보기 'D. 长得不太好看'의 내용과 일치하는 '这么难看的苹果'라는 문장이 나온다.

🔍 [지문] 这么难看的苹果 ➡ [보기] D 长得不太好看

정답 D 长得不太好看 생긴 것이 그다지 예쁘지 않다

88 关于老太太，下列哪项正确？

A 失去了耐心

B 想去别的家比较

C 是摊主的亲戚

D 希望苹果再便宜些

노부인에 대해 아래 어느 것이 정확한가?

A 인내심을 잃었다

B 다른 가게에 가서 비교하고 싶다

C 노점상의 친척이다

D 사과가 더 싸지길 바라다

문제 풀이 '关于+ Ⓝ' 형식의 질문이므로, 앞 문항을 풀기 위해서 본 지문에서 '老太太'가 나온 부분을 먼저 찾아 비교해 보자. 없다면 다음에 이어지는 지문을 더 보면 된다. 첫 번째 단락 중간에 나오는 '老太太'가 하는 말 '4块，不然我不买'는 가격을 깎기 위해 흥정할 때 사용하는 말이므로, 답은 'D. 希望苹果再便宜些'이다.

정답 D 希望苹果再便宜些 사과가 더 싸지길 바라다

---

89 第3段中"横挑鼻子竖挑眼"的意思最可能是：

A 长得很一般

B 头脑很灵活

C 从各方面找毛病

D 无法判断苹果的好坏

세 번째 단락의 '横挑鼻子竖挑眼'의 의미는:

A 생긴 것이 보통이다

B 머리가 민첩하다

C 각 방면에서 나쁜 버릇을 찾아내다

D 사과의 좋고 나쁨을 판단할 수 없다

문제 풀이 밑줄 친 부분의 뜻을 물어보는 문제는 밑줄 친 부분을 보고 문제를 푸는 것이 아니라, 그 앞뒤를 보고 풀어야 한다는 것을 반드시 명심하자. 밑줄 친 부분의 뒤에 나오는 말 '几乎每天都要挑出他一大堆毛病'의 핵심은 '나쁜 버릇(毛病)'을 '골라 낸다(挑出)'이므로, 답은 'C. 从各方面找毛病'이다.

🔎 [지문] 几乎每天都要挑出他一大堆毛病 → [보기] C 从各方面找毛病

정답 C 从各方面找毛病 각 방면에서 나쁜 버릇을 찾아내다

---

90 作者告诉小师弟那个故事是为了让他明白：

A 应该考虑离婚

B 命运是靠自己去争取的

C 妻子希望他变得更好

D 内心其实最重要

작가가 후배에게 그 이야기를 알려 준 것은 그에게 무엇을 깨닫게 하려는 것인가:

A 이혼을 고려해야 한다

B 운명은 스스로 쟁취하는 것이다

C 부인은 그가 더 좋아지길 바란다

D 마음이 사실 가장 중요하다

문제 풀이 89번 문항을 풀기 위해서 봤던 부분 이후부터 지문을 읽어 내려가며 '질문의 내용'이 언급되는 부분을 찾자. 바로 다음 줄 끝 부분에 나오는 '把上面的故事告诉了他'라는 말이 질문의 내용과 비슷하다. 그 뒤를 더 이어서 읽어 보자. 뒤에 이어지는 내용은 작가가 후배를 '故事(이야기)' 속 '苹果(사과)'에 비유하며, 후배의 아내가 후배에게 트집을 잡는 것은 사실 후배의 '妻子(아내)'가 후배를 좋아하는 마음에 기반한 것으로, 그가 바뀌어서(改变) 완벽(完美)해지길 바라기 때문이라고 일깨우는 내용이므로, 답은 'C. 妻子希望他变得更好'이다.

🔎 [질문] 作者告诉小师弟那个故事是为了让他明白： → [지문] 把上面的故事告诉了他

정답 C 妻子希望他变得更好 부인은 그가 더 좋아지길 바란다

一个卖水果的摊主遇到一个麻烦的[88]老太太。"[87]这么难看的苹果也要5块钱一斤?"[88]老太太拿起一个苹果左看右看。摊主很耐心地解释:"其实我这苹果都是很不错的,你可以去别家比较比较。"[88]老太太说:"4块,不然我不买。"摊主笑着说:"我卖的都是5块1斤。""可你的苹果个头不大,颜色也不好,很丑的。""如果又大又红又漂亮,就要卖10块钱一斤了。"摊主依然微笑着说。无论老太太怎么贬低苹果,摊主始终面带微笑、不急不躁地解释。老太太虽然嫌苹果这不好那不好,最终还是以5块钱一斤的价格买了一些"丑苹果"。

老太太离开后,我问摊主:"她这么贬低你的苹果,你为什么一点儿也不生气?"摊主说:"我为什么要生气呀?挑毛病的人才是真正想买货的人。"的确如此,那位老太太,虽然嘴里说的是苹果的缺点,但心里对"丑苹果"还是比较满意的。如果她不想买,根本不关心苹果的好坏,更不会花时间去评价。

一个小师弟结婚才半年,就跑过来找我诉苦,说他的妻子对他总是"横挑鼻子竖挑眼",[89]几乎每天都要挑出他一大堆毛病:饭后不洗碗、睡前不洗脚……

没等小师弟说完,我就打断了他,[90]把上面的故事告诉了他。

"你就是那个"丑苹果"。和老太太的心理一样,在你妻子心里,对你还是满意的。你和"丑苹果"不同的是,它生来就是那副丑样子,已经无法改变了,[90]而你是可以改变的,完全可以变成一个完美的"苹果"。"

어느 사과를 파는 노점상이 성가신 [88]노부인을 만났다. "[87]이렇게 못생긴 사과도 한 근에 5위안이라고요?" [88]노부인은 사과를 하나 들어서 이리저리 보았다. 노점상은 인내심을 갖고 해명했다. "사실 이 사과들은 다 괜찮아요. 다른 가게에 가서서 비교해 보세요." [88]노부인이 말하길 [88]4위안이 아니면 안 사요." 노점상은 웃으며 "제가 파는 것은 한 근에 5위안입니다."라고 말했다. "그렇지만 당신의 사과는 크기도 안 크고, 색깔도 안 좋고, 못생겼어요." "만약에 크고 빨갛고 예쁘면 한 근에 10위안 받고 팔죠." 노점상은 여전히 미소를 띠며 말했다. 노부인이 아무리 사과의 가치를 깎아내려도, 노점상은 줄곧 미소를 띠고 차분하게 해명했다. 노부인은 비록 사과의 결점만을 이야기했지만, 결국에 한 근에 5위안을 주고 '못생긴 사과'를 사 갔다.

노부인이 떠나고 나는 노점상에게 물어봤다. "그녀가 당신의 사과를 그렇게 깎아내렸는데, 당신은 왜 조금도 화를 내지 않았죠?" 노점상은 말했다. "내가 왜 화를 내요? 안 좋은 점을 들추어내는 사람이야말로 정말로 물건을 사고 싶어 하는 사람입니다." 확실히 그랬다. 그 노부인은 비록 입으로는 사과의 결점을 이야기했지만, 마음속으로는 '못생긴 사과'가 마음에 들었던 것이다. 만약에 그녀가 사고 싶지 않았다면, 사과의 좋고 나쁨에 전혀 관심이 없었을 것이고, 더욱이 시간을 들여 가며 평가하지 않았을 것이다.

후배가 결혼한 지 반년 만에 나에게 와서 하소연을 했다. 그의 부인은 항상 그에게 이런저런 트집을 잡으며, [89]거의 매일 '밥 먹고 설거지를 안 한다, 자기 전에 발을 안 씻는다'와 같은 나쁜 버릇을 골라낸다고 했다.

후배가 말을 끝내기 전에, 나는 그의 말을 끊으며 [90]위의 이야기를 들려줬다.

"너는 그 '못생긴 사과'야. 노부인의 심리와 마찬가지로 너의 부인은 속으로 너에게 여전히 만족하고 있어. 네가 '못생긴 사과'와 다른 점은 그것은 날 때부터 못생겨서 바꿀 방법이 없지만, [90]너는 바뀔 수 있어. 완벽한 사과로 정말로 바뀔 수 있어."

쓰기

쓰기 제1부분

---

91 一层　　　灰尘　　　书架上　　　落了　　　厚厚的

★★ 'ⓥ+了'가 把/被 없이 나올 때는 'ⓥ+了' 뒤에 목적어가 나올 수 있다는 것을 생각하자.

STEP 1 '了/着/过(동태조사)'가 붙어 있는 단어가 대개 술어이다.

　🖉 落了 내려앉았다

STEP 2 부사어나 보어로 쓰일 수 있는 성분은 없으므로, 바로 다음 STEP에서 주어, 목적어를 찾자.

STEP 3 목적어는 '수사 + 양사 + ……的 + ⓝ' 형식이다. 장소(ⓝ + 방위사)를 나타내는 말 '书架上'의 위치를 정하자. '在' '到' 같은 단어가 없다면 장소(书架上)는 문장 맨 앞으로 간다.

　🖉 书架上**落了**一层厚厚的灰尘。책장에 두꺼운 먼지가 내려앉았다.

정답 书架上落了一层厚厚的灰尘。책장에 두꺼운 먼지가 내려앉았다.

개념정리　형용사 중첩의 활용

형용사 중첩은 크게 4가지 문장성분으로 사용된다.
① 부사어: AA(儿地)+ⓥ　　　好好儿学习 (열심히 공부하다)
　　　　　AABB地+ⓥ　　　高高兴兴地回家 (신나게 집으로 가다)
② 관형어: AA/AABB的+ⓝ　　大大的眼睛 (엄청 큰 눈) 红红绿绿的气球 (알록달록한 풍선)
③ 술어: ⓝ+AA/AABB的　　屋里整整齐齐的 (집 안이 가지런하다) 个子高高的 (키가 엄청 크다)
④ 보어: ⓥ得+AA/AABB的　　过得好好儿的 (잘 지내다) 打扫得干干净净的 (청소를 매우 깨끗하게 하다)

---

92 条件　　　恶劣　　　该国　　　极其　　　自然

★★ 형용사, 정도부사가 보이면 '형용사 술어문'을 우선적으로 떠올리자! 이때 구조조사 '的'가 없으면 주술술어문이 될 수도 있다.
　정도부사+형용사(有)/구조조사 '的'(有) ☞ '형용사 술어문' 주어(A的B)+정도부사+형용사술어
　정도부사+형용사(有)/구조조사 '的'(無) ☞ '주술술어문' ⓢ1+(ⓢ2+ⓐ)

STEP 1 정도부사(极其)의 자리는 형용사(恶劣) 앞이다. 제시어 중 동사가 보이지 않으므로, 형용사술어문일 수도 있다.

　🖉 极其恶劣 대단히 열악하다

STEP 2 부사어나 보어로 쓰일 수 있는 성분은 없으므로, 바로 다음 STEP에서 주어를 찾자.

STEP 3 남은 단어들[条件/该国/自然]을 배열해 보자. '的'가 있었다면 형용사술어문의 기본 공식[A的B+정도부사+ⓐ]을 따라 배열하겠지만, '的'가 없으므로 이 문제는 주술술어문 공식[ⓢ1+(ⓢ2+ⓐ)]에 따라서 '该国自然条件'으로 배열한다.

　🖉 该国自然条件**极其恶劣**。 이 나라는 자연 조건이 대단히 열악하다.

정답 该国自然条件极其恶劣。이 나라는 자연 조건이 대단히 열악하다.

'该'의 여러 가지 활용

① 조동 ~해야 한다(=应该) | 该走的都走了。가야 하는 사람들은 다 갔다.
② 동 ~할 차례다 | 该你了。네 차례야。该回家了。집에 가야겠다。
③ 대 이, 그, 저(앞에 나온 명사가 다시 언급될 때, 서면어에서 쓰인다.)
　　　北京大学……，该大学的……(북경대학은~, 이 대학(북경대학)의~)

---

93 哪条　　　　制作的　　　　李师傅　　　　耳环是

★★　　낱말에 '是'가 있으면 아래 두 문형을 떠올리자.

A是B　A는 B이다
A是B的　A는 B한 것이다

STEP 1　　술어부터 잡자. 제시어에 '是'가 있으면 '是'가 바로 그 문제의 '우선순위 술어'이다.

　　✏ ……耳环是……

STEP 2　　A와 B를 만들자. 이 문제와 같은 경우 是가 한쪽에 붙어서 '耳环是'로 나왔으니 '哪条'는 '耳环' 앞으로 간다. '制作的' 뒤에 명사가 올 수 있지만, '李师傅'를 '的' 뒤에 놓으면 '어느 귀걸이가 만든 리 선생님이다(귀걸이=리 선생님)'이라는 논리적으로 말이 안되는 문장이 된다. 즉, 이 문장은 'A + 是 + B + 的 [강조구문] 형식을 취하는 문장임을 알 수 있다.

　　✏ 哪条**耳环是**李师傅制作的? 어느 귀걸이가 리 선생님께서 만드신 건가요?

정답　　哪条耳环是李师傅制作的? 어느 귀걸이가 리 선생님께서 만드신 건가요?

　완료 '了'와 강조 구문 '是……的'의 구별

완료 '了'는 동작을 했는지 안 했는지를 논한다.

他来了没有? (그 사람 왔어, 안 왔어?)

강조 구문 '是……的'에 '동작을 했다'는 사실은 기본적으로 깔고 있다. 이 구문의 초점은 했으면 '언제' '어디서' '누가' '어떻게' '왜' 했는지를 이야기하는 것이다. 동작을 안 했으면 강조 구문으로 말할 수 없다.

・来了吗? (왔니?) → 来了(왔어) → 他是什么时候来的? (그는 언제 왔니?)
・买了吗? (샀니?) → 买了(샀어) → 这是在哪儿买的? (이건 어디서 샀니?)
・写了吗? (썼니?) → 写了(썼어) → 这是谁写的? (이건 누가 썼니?)
・做了吗? (만들었니?) → 做了(만들었어) → 这是怎么做的? (이건 어떻게 만들었어?)
・画了吗? (그렸니?) → 画了(그렸어) → 你是为什么这么画的? (너는 왜 이렇게 그렸니?)

94 将于　　　中旬　　　培训　　　我们　　　这个月　　　开始

STEP 1 술어부터 잡자. 제시어 중 술어가 될 수 있는 단어는 '동사'인 '培训'와 '开始'이다. 제시어로 나온 '开始'에는 주요한 특징이 있는데, 바로 '开始' 뒤에는 '동사'가 목적어로 나올 수 있다는 것이다.

✎ 开始培训 훈련을 시작하다

STEP 2 부사어를 만들자. '将于'는 단어 '将(장차)'과 '于(≒在)'가 합쳐진 말로, 뒤에 '시간'이나'장소'를 나타내는 말이 나올 수 있다. 따라서, 제시어 중 '시간'을 나타내는 말인 '这个月 + 中旬'은 '将于'뒤에 두면 된다.

✎ 将于这个月中旬**开始培训** 장차 이달 중순에 훈련을 시작할 것이다

STEP 3 행위의 주체인 '我们'은 주어 자리에 두면 된다.

✎ 我们**将于这个月中旬开始培训。** 우리는 장차 이달 중순에 훈련을 시작할 것이다.

정답 我们将于这个月中旬开始培训。 우리는 장차 이달 중순에 훈련을 시작할 것이다.

개념정리 '将'의 활용

① 🔵 장차/곧 ｜ 将于北京举行。 곧 베이징에서 거행한다.
② 🔵 ～를(=把) ｜ 将 "冷"的信息传递给大脑。 '춥다'라는 정보를 대뇌에 전달하다.
③ 🔵 ～로(써) ｜ 将错就错。 틀리면 틀린 대로 하다. (*5급 어휘는 아니나 시험에 몇 번 나온 적이 있으니 외워 두자)

---

95 使　　　很多上班族　　　失业的危机　　　经济下滑　　　面临

★★ '使'는 사역동사이다. 사역동사의 공식을 생각해 보자.

✎ A + 使+ B[사람] + 행위　A가 B로 하여금 ～하게 했다

STEP 1 '행위'에 해당하는 말부터 만들자. 동사 '面临'을 기준으로 '행위'에 대한 말을 완성시킬 수 있다. '面临'의 짝꿍 단어가 '危机'라는 것을 알고 있었다면 좀 더 빠르게 말을 조립할 수 있었을 것이다.

✎ A使B**面临失业的危机** A가 B로 하여금 실업의 위기에 직면하게 했다

STEP 2 A와 B[사람]를 만들자. A에는 명사구나 동사구 등 다양한 형태가 들어가고, B에는 사람이 들어가야 하므로, A 자리에는 '经济下滑'가 와야 하고, B에는 '很多上班族'가 와야 한다.

✎ 经济下滑**使**很多上班族**面临失业的危机。** 경제 하락은 많은 직장인에게 실업의 위기에 직면하게 했다.

정답 经济下滑使很多上班族面临失业的危机。 경제 하락은 많은 직장인에게 실업의 위기에 직면하게 했다.

개념정리 사역문 'A+使+B+행위'의 A 자리에 올 수 있는 다양한 형태

· 学外语会使人变得聪明吗? 외국어를 배우는 것은 사람을 똑똑하게 할 수 있나? → 동사구
· 长时间戴耳机听歌会使人提前30年失去听力。 장시간 이어폰을 끼고 음악을 들으면 30년 일찍 청력을 잃을 수 있다. → 연동문
· 每天坚持走路半个小时可以让人精力充沛。 매일 꾸준히 30분씩 걷는 것은 활력을 넘치게 할 수 있다. → 동사구
· 她的微笑让人觉得很温暖。 그녀의 미소는 따뜻함을 느끼게 한다. → 명사구(관형어+중심어)

更　　　却比以前　　　舅舅退休后　　　忙碌

★★　제시어에 '比'가 있으므로, 비교문의 공식을 떠올리자. '比'가 쓰인 비교문에 정도부사는 '更'이나 '还'만 쓸 수 있으며, 그 위치는 술어 바로 앞이다.

　　✎ A + 比 + B + (更/还)+ 술어 A는 B보다 (더)~하다

STEP 1　비교문에서는 형용사와 일부 동사[*증감을 나타내는 동사]가 술어가 될 수 있다. 이번 문제에서는 형용사 '忙碌(바쁘다)'가 술어이다. '忙碌'는 6급 어휘이지만, 현재 문제의 조합에서 술어가 될 수 있는 유일한 어휘이다. 그리고 술어(忙碌) 앞에 놓이는 부사어 조합은 이미 낱말에 붙어서 제시되어 있거니[却比以前(부사+개사구)], 비교문 기본 공식만으로 바로 배열해 낼 수 있다[更(정도부사)].

　　✎ A却比以前更忙碌 A는 예전보다 더 바빠졌다

STEP 2　B에 해당하는 말(以前)이 이미 앞 단계에서 조립되어 있다. A에 해당하는 '舅舅'가 포함되어 있는 '舅舅退休后'는 문장 맨 앞에 오면 된다.

　　✎ 舅舅退休后却比以前更忙碌。외삼촌은 은퇴 이후 예전보다 더 바빠졌다.

정답　舅舅退休后却比以前更忙碌。외삼촌은 은퇴 이후 예전보다 더 바빠졌다.

개념정리 비교문 활용 형태 총 정리

① (A的)D+比/不比+B的(D)+还/更+ⓐ | 今年的人数比去年的更多。올해 인원수가 작년보다 더 많다.
② (A的)D+有/没有+B的(D)+这么/那么+ⓐ | 他的成绩没有我这么好。그의 성적은 나만큼 좋지는 못하다.
③ A+跟+B+一样/不一样+ⓐ | 我跟他的想法完全不一样。나와 그의 생각은 전혀 다르다.
④ A+不如+B+ⓐ | 坐出租车不如坐地铁快。택시 타는 것은 지하철 타는 것만큼 빠르지 못하다.

97　女朋友　　　打算在下个月　　　婚礼　　　我和　　　举行

STEP 1　'打算'이라는 동사의 특징을 생각해 보자. '打算'은 '문장(/동사구)'을 목적어로 가진다. 문제에서는 '打算'이 '打算在下个月' 형태로 제시되었는데, 이것은 '打算 + 개사구' 구조이므로, 이 뒤에 '동사'가 목적어로 붙으면 된다. 이렇게 동사/문장을 목적어로 취하는 동사가 술어인 경우, 부사어보다 목적어를 먼저 찾아 배열하는 것이 효과적이다.

　　✎ 打算在下个月+Ⓥ 다음 달에 ~할 계획이다

STEP 2　제시어 중 남은 동사는 '举行(거행하다)'이다. '婚礼(결혼식)'는 의미상 '举行(거행하다)'의 목적어로 놓는다.

　　✎ 打算在下个月举行婚礼 다음 달에 결혼식을 할 계획이다

STEP 3　그리고 나서 남은 단어들을 정리해 보자. '我和'의 '和' 뒤에는 함께하는 '대상'인 '女朋友'가 붙어서 주어 자리로 오면 된다.

　　✎ 我和女朋友打算在下个月举行婚礼。나와 여자 친구는 다음 달에 결혼식을 할 계획이다.

정답　我和女朋友打算在下个月举行婚礼。나와 여자 친구는 다음 달에 결혼식을 할 계획이다.

알고 보면 다른 和 vs 跟

- 和 hé **개** ~와 [비교/대조의 기준을 이끔] | 我和他一样高。 나는 그와 키가 같다.

  접 ~와 | 我和他一起走。 나와 그는 같이 간다.

  접 [나열할 때 쓰임] | 爸爸、妈妈和我 아빠, 엄마 그리고 나

- 跟 gēn **개** ~와 | 我跟他一起走。 나는 그과 같이 간다.

  개 ~에게 | 跟他说吧。 그에게 말해 봐.

  개 ~에게서 | 我跟他借了一本书。 나는 그에게서 책을 한 권 빌렸다.

  동 따르다 | 请跟我读。 나를 따라서 읽으세요.

---

98 要不要　　　参加　　　犹豫　　　她还在　　　晚会

STEP 1　동사 '犹豫'의 특징을 생각해 보자. '犹豫'는 목적어로 '명사(구)' 외에 '문장(의문문 형식)'을 가질 수 있는 동사이다. 97번 문제와 마찬가지로, 이 문제도 목적어로 나올 동사구를 먼저 찾는 것이 더 효율적이다.

　　✎ 犹豫 ~를 망설이다

STEP 2　그렇다면 '犹豫'의 목적어를 찾아 보자. 제시된 낱말 중 '犹豫'의 뒤에 올 수 있는 말은 의문문 형식인 '要不要参加'이다. 이때 '参加' 뒤에는 참가하는 '대상(晚会)'이 와야 하므로, '犹豫' 뒤에 올 완전한 형태는 '要不要参加晚会'이다.

　　✎ 犹豫要不要参加晚会 저녁 파티에 참여할지 말지를 망설이다

STEP 3　남아 있는 낱말인 '她还在'의 위치를 정하자. 여기서 '她'는 행위의 주체이므로, 문장 맨 앞 주어 자리에 위치하면 된다. 이때 '在'는 술어 앞에 위치하여 '진행형'을 의미하는 말이다.

　　✎ 她还在犹豫要不要参加晚会。 그녀는 저녁 파티에 참여할지 말지를 아직도 망설이고 있다.

정답　她还在犹豫要不要参加晚会。 그녀는 저녁 파티에 참여할지 말지를 아직도 망설이고 있다.

개념정리 문장 형식을 목적어로 가지는 동사 (2)

- 值得 ~할 가치가 있다 | 值得我们去参考。 우리가 참고할 만한 가치가 있다.
- 显得 ~하게 보이다 | 显得很尴尬。 매우 어색해 보인다.
- 建议 건의하다 | 建议明天出发。 내일 출발할 것을 건의했다.
- 善于 ~를 잘하다 | 善于处理紧急情况。 긴급한 상황을 처리하는 것을 잘한다.
- 夸 칭찬하다 | 夸他长得英俊。 그가 잘생겼다고 칭찬하다.
- 懂得 이해하다, 알다 | 懂得维持自己的权力。 자신의 권리를 지킬 줄 알아야 한다.
- 开始 시작하다 | 开始逐渐缩小。 점점 줄어들기 시작했다.
- 舍不得 ~하기 아쉽다 | 女儿真舍不得离开她的奶奶。 딸은 그녀의 할머니를 떠나기 무척 아쉬워했다.

99 문제 重点　　旅行　　积累　　关于　　经验

모범답안

		姐	姐	很	爱	旅	行	，	但	很	少	"	说	走	就
走	"	，	旅	行	前	好	几	个	月	，	她	就	开	始	阅
读	一	些	关	于	她	将	要	去	的	地	方	的	资	料	。
她	一	直	认	为	，	旅	行	的	重	点	是	积	累	知	识
和	经	验	，	只	有	做	好	这	些	准	备	，	旅	行	才
更	有	意	思	。											

누나는 여행을 무척 좋아하지만 즉흥적으로 가지는 않는다. 여행을 가기 몇 달 전부터, 그녀는 가고자 하는 곳에 대한 자료들을 읽기 시작한다. 그녀는 줄곧 여행의 중점은 지식과 경험을 쌓는 것이고, 이렇게 준비를 잘해야만 여행이 더욱 재미가 있다고 여긴다.

100

모범답안

		夏	季	长	时	间	在	阳	光	下	对	皮	肤	不	好，
医	生	提	醒	大	家	：	夏	季	要	特	别	注	意	保	护
皮	肤	，	要	经	常	洗	脸	，	保	证	皮	肤	干	净	，
别	让	汗	水	留	在	脸	上	。	另	外	，	白	天	要	减
少	户	外	活	动	，	出	门	时	最	好	带	上	伞	，	或
者	戴	上	帽	子	。										

여름에 장시간 태양 아래 있으면 피부에 좋지 않다. 의사가 우리에게 여름에는 특별히 피부 보호에 주의해야 하고, 항상 세안을 해서 피부를 깨끗하게 하고, 땀이 얼굴에 남아있지 않게 하라고 일깨워 준다. 이외에, 한낮에는 야외 활동을 줄여야 하고, 외출할 때 우산을 쓰거나 모자를 쓰는 것이 가장 좋다.

암기
족보

듣기

독해

쓰기

보기 빈출 어휘 🎧 Track 09

* 역대 기출 40세트에서 4번 이상 '보기로 언급된 어휘'를 정리했다. 듣기는 보기 파악이 최우선이니 빈출 어휘부터 확실하게 외우도록 하자. 1급~3급 단어 중 너무 기초적인 단어는 다루지 않았다.

* 음영 표시된 단어는 역대 기출에 10회 이상 Key Point로 출현한 단어이다.

* 급수에 상관없이, 모두 반드시 외워야 하는 중요 어휘이므로 급수 표기는 하지 않았다. 50% 이상이 5급 단어이다.

A

安排 ānpái 통 안배하다

安慰 ānwèi 통 위로하다

安装 ānzhuāng 통 설치하다

按时 ànshí 부 제때에

B

把握 bǎwò 통 잡다/파악하다

包裹 bāoguǒ 명 소포

薄 báo 형 얇다

保持 bǎochí 통 유지하다

保存 bǎocún 통 보존하다

保护 bǎohù 통 보호하다

保险 bǎoxiǎn 명 보험 통 안전하다

保修期 bǎoxiūqī 무상 수리 기간

报告 bàogào 명 보고서 통 보고하다

报名 bàomíng 통 등록하다

报社 bàoshè 명 신문사

抱歉 bàoqiàn 통 미안해하다

比较 bǐjiào 부 비교적 통 비교하다

比赛 bǐsài 명 시합 통 시합하다

避免 bìmiǎn 통 피하다

编辑 biānjí 명 편집(자) 통 편집하다

标准 biāozhǔn 명 기준, 표준 통 표준적이다

表示 biǎoshì 통 나타내다, 표시하다

表现 biǎoxiàn 명 태도 통 나타내다

表演 biǎoyǎn 통 공연하다

表扬 biǎoyáng 통 칭찬하다

病毒 bìngdú 명 바이러스

病情 bìngqíng 명 병세

不断 búduàn 부 끊임없이

不耐烦 búnàifán 형 귀찮다

不适 búshì 형 불편하다

不足 bùzú 형 부족하다

部门 bùmén 명 부서

C

材料 cáiliào 명 재료

采访 cǎifǎng 통 인터뷰하다

彩虹 cǎihóng 명 무지개

参加 cānjiā 통 참가하다

参考 cānkǎo 통 참고하다

参与 cānyù 통 참여하다

惭愧 cánkuì 형 부끄럽다

查 chá 통 검사하다, 조사하다

常识 chángshí 명 상식

吵架 chǎojià 통 말다툼하다

车库 chēkù 명 차고

成熟 chéngshú 통 익다 형 성숙하다

承担 chéngdān 통 맡다, 담당하다

程序 chéngxù 명 순서/프로그램

迟到 chídào 통 시각하다

持续 chíxù 통 지속하다

充电器 chōngdiànqì 명 충전기

重新 chóngxīn 부 다시, 재차

宠物 chǒngwù 명 애완동물

抽象 chōuxiàng 형 추상적이다

出版 chūbǎn 통 출판하다

出色 chūsè 형 뛰어나다

出席 chūxí 통 출석하다, 참가하다

处理 chǔlǐ 통 처리하다

传染 chuánrǎn 통 전염하다/전염시키다

窗户 chuānghu 명 창문

窗帘 chuānglián 명 커튼

辞职 cízhí 통 사직하다

从事 cóngshì 통 종사하다

错误 cuòwù 명 착오, 잘못

D

打雷 dǎléi 통 천둥치다

打喷嚏 dǎ pēntì 재채기를 하다

大方 dàfang 형 대범하다

贷款 dàikuǎn 통 대출하다

待遇 dàiyù 명 대우 통 대우하다

担任 dānrèn 통 맡다

担心 dānxīn 통 걱정하다

单调 dāndiào 형 단조롭다

导演 dǎoyǎn 명 감독

得到 dédào 통 얻다

登机 dēngjī 통 비행기에 탑승하다

地毯 dìtǎn 명 카펫

地址 dìzhǐ 명 주소

电池 diànchí 명 건전지

钓鱼 diàoyú 통 낚시하다

订 dìng 통 예약하다

丢 diū 통 잃다

懂得 dǒngde 통 알다, 이해하다

动画片 dònghuàpiàn 명 만화 영화

独立 dúlì 통 독립하다

独特 dútè 형 독특하다

堵车 dǔchē 통 교통이 꽉 막히다

锻炼 duànliàn 통 단련하다

F

发票 fāpiào 명 영수증

发展 fāzhǎn 통 발전하다

翻译 fānyì 통 번역하다, 통역하다

方案 fāng'àn 명 방안

房东 fángdōng 명 집주인

房租 fángzū 명 임대료

反应 fǎnyìng 명 반응 통 반응하다

放弃 fàngqì 통 포기하다

费用 fèiyòng 명 비용

分析 fēnxī 통 분석하다

风格 fēnggé 명 스타일

风险 fēngxiǎn 명 위험

丰富 fēngfù 형 풍부하다

服务 fúwù 동 서비스하다

服装 fúzhuāng 명 복장

付款 fùkuǎn 동 돈을 지불하다

负责 fùzé 동 책임지다

G

感兴趣 gǎn xìngqù 흥미를 가지다

胳膊 gēbo 명 팔

个性 gèxìng 명 개성

购物 gòuwù 동 물건을 사다

股票 gǔpiào 명 증권

鼓励 gǔlì 동 격려하다

顾客 gùkè 명 고객

观察 guānchá 동 관찰하다

光盘 guāngpán 명 CD

广播 guǎngbō 동 방송하다

广告 guǎnggào 명 광고

过敏 guòmǐn 형 예민하다 명 알레르기

H

海鲜 hǎixiān 명 해산물

行业 hángyè 명 업종

航班 hángbān 명 항공편

豪华 háohuá 형 호화스럽다

好处 hǎochù 명 장점, 좋은 점

合理 hélǐ 형 합리적이다

合影 héyǐng 명 단체 사진 동 단체 사진을 찍다

合作 hézuò 동 협력하다

后悔 hòuhuǐ 동 후회하다

胡同 hútòng 명 골목

滑冰 huábīng 동 스케이트를 타다

怀疑 huáiyí 동 의심하다

划船 huá chuán 배를 젓다

环境 huánjìng 명 환경

缓解 huǎnjiě 동 완화되다, 완화시키다

灰心 huīxīn 동 낙담하다

婚礼 hūnlǐ 명 결혼식

活动 huódòng 동 활동하다 명 활동, 행사

伙伴 huǒbàn 명 동료

获得 huòdé 동 얻다

J

机会 jīhuì 명 기회

计划 jìhuà 명 계획 동 계획하다

计算机 jìsuànjī 명 컴퓨터

记录 jìlù 동 기록하다

记忆力 jìyìlì 명 기억력

技术 jìshù 명 기술

寂寞 jìmò 형 외롭다

加班 jiābān 동 초과 근무를 하다

加油站 jiāyóuzhàn 명 주유소

家务 jiāwù 명 집안일

家乡 jiāxiāng 명 고향

嘉宾 jiābīn 명 귀빈, 게스트

价值 jiàzhí 명 가치

驾驶 jiàshǐ 동 운전하다

驾照 jiàzhào 명 운전면허증

坚持 jiānchí 통 견지하다

检查 jiǎnchá 통 검사하다

减肥 jiǎnféi 통 살을 빼다

简单 jiǎndān 형 간단하다

简历 jiǎnlì 명 이력서

建议 jiànyì 통 건의하다

建筑 jiànzhù 명 건축

健身 jiànshēn 명 헬스 통 튼튼하게 하다

健身房 jiànshēnfáng 명 헬스 클럽

讲座 jiǎngzuò 명 강좌

酱油 jiàngyóu 명 간장

交流 jiāoliú 통 교류하다

交际 jiāojì 통 교제하다

郊区 jiāoqū 명 변두리

浇水 jiāoshuǐ 물을 뿌리다

骄傲 jiāo'ào 형 오만하다 명 자랑

角度 jiǎodù 명 각도

教练 jiàoliàn 명 코치

结实 jiēshi 형 단단하다, 튼튼하다

接受 jiēshòu 통 받아들이다, 접수하다

接触 jiēchù 통 접촉하다

节目 jiémù 명 프로그램

节约 jiéyuē 통 절약하다

结构 jiégòu 명 구성, 구조

结果 jiéguǒ 명 결과

结束 jiéshù 통 끝나다

结账 jiézhàng 통 계산하다

戒烟 jièyān 통 담배를 끊다

尽快 jǐnkuài 부 되도록 빨리

谨慎 jǐnshèn 형 신중하다

经济 jīngjì 명 경제

经历 jīnglì 명 경험 통 경험하다

经验 jīngyàn 명 경험 통 경험하다

经营 jīngyíng 통 경영하다

精彩 jīngcǎi 형 뛰어나다, 훌륭하다

竞争 jìngzhēng 통 경쟁하다

酒吧 jiǔbā 명 술집

举办 jǔbàn 통 거행하다

举行 jǔxíng 통 거행하다

拒绝 jùjué 통 거절하다

俱乐部 jùlèbù 명 클럽, 동호회

距离 jùlí 통 떨어지다 명 거리, 간격

聚会 jùhuì 명 모임 통 모이다

决赛 juésài 명 결승

K

开发 kāifā 통 개발하다

开幕式 kāimùshì 명 개막식

看望 kànwàng 통 방문하다

考虑 kǎolǜ 통 고려하다

课程 kèchéng 명 교육 과정/교과목

肯定 kěndìng 부 확실히 통 긍정하다

空间 kōngjiān 명 공간

口味 kǒuwèi 명 맛, 입맛

会计 kuàijì 명 회계

筷子 kuàizi 명 젓가락

困难 kùnnan 명 곤란 형 곤란하다

扩大 kuòdà 통 확대하다

L

辣椒 làjiāo 뎡 고추

乐观 lèguān 휑 낙관적이다

冷静 lěngjìng 휑 냉정하다

离婚 líhūn 동 이혼하다

礼貌 lǐmào 뎡 예의 휑 예의바르다

理想 lǐxiǎng 뎡 이상 휑 이상적이다

利润 lìrùn 뎡 이윤

连续剧 liánxùjù 뎡 연속극

联系 liánxì 동 연결하다 뎡 관련

粮食 liángshi 뎡 식량

邻居 línjū 뎡 이웃

临时 línshí 휑 임시의 뷔 때가 되어, 갑자기

灵活 línghuó 휑 민첩하다/융통성있다

零件 língjiàn 뎡 부속품

零钱 língqián 뎡 잔돈

零食 língshí 뎡 주전부리

领带 lǐngdài 뎡 넥타이

领导 lǐngdǎo 뎡 지도자 동 이끌다

漏水 lòu shuǐ 물이 새다

录取 lùqǔ 동 채용하다

录音 lùyīn 동 녹음하다

路线 lùxiàn 뎡 노선

论文 lùnwén 뎡 논문

落后 luòhòu 동 낙후되다

M

满意 mǎnyì 휑 만족하다

满足 mǎnzú 휑 만족하다 동 만족시키다

矛盾 máodùn 뎡 갈등, 모순 휑 모순적이다

冒险 màoxiǎn 동 모험하다, 위험을 무릅쓰다

迷路 mílù 동 길을 잃다

秘书 mìshū 뎡 비서

密码 mìmǎ 뎡 비밀번호

免费 miǎnfèi 동 무료로 하다

面积 miànjī 뎡 면적

面试 miànshì 뎡 면접 동 면접을 보다

N

耐心 nàixīn 뎡 인내심 휑 인내심이 강하다

难受 nánshòu 휑 불편하다/괴롭다

P

排队 páiduì 동 줄을 서다

排球 páiqiú 뎡 배구

佩服 pèifú 동 감탄하다

批评 pīpíng 뎡 비평 동 비판하다

批准 pīzhǔn 동 비준하다

皮肤 pífū 뎡 피부

疲劳 píláo 뎡 피로 휑 피로하다

评价 píngjià 동 평가하다

朴素 pǔsù 휑 소박하다

普通 pǔtōng 휑 보통이다

Q

妻子 qīzi 뎡 아내

企业 qǐyè 뎡 기업

起飞 qǐfēi 동 이륙하다

谦虚 qiānxū 휑 겸손하다

(签)合同 (qiān) hétong 계약서(에 사인하다)

签证 qiānzhèng 뎡 비자

签字 qiānzì 통 서명하다

亲戚 qīnqi 명 친척

亲切 qīnqiè 형 친절하다

勤奋 qínfèn 형 부지런하다

清淡 qīngdàn 형 담백하다

请求 qǐngqiú 명 부탁 통 부탁하다

取得 qǔdé 통 얻다

取消 qǔxiāo 통 취소하다

全面 quánmiàn 명 전면 형 전면적이다

缺乏 quēfá 통 결핍되다

缺少 quēshǎo 통 부족하다

确定 quèdìng 통 확정하다

Ⓡ

热情 rèqíng 명 열정 형 열정적이다, 친절하다

如何 rúhé 때 어떠한가/왜/어떻게

入职 rùzhí 명 입사

软件 ruǎnjiàn 명 소프트웨어

Ⓢ

嗓子 sǎngzi 명 목구멍

晒 shài 통 햇볕을 쬐다

善于 shànyú 통 ~를 잘하다

商业 shāngyè 명 상업

设备 shèbèi 명 설비

设计 shèjì 통 디자인하다

射击 shèjī 통 사격하다

摄影 shèyǐng 통 사진 찍다, 촬영하다

申请 shēnqǐng 통 신청하다

身份证 shēnfènzhèng 명 신분증

升职 shēngzhí 통 승진하다

失眠 shīmián 명 불면증 통 잠을 못자다

失业 shīyè 통 실업하다

失望 shīwàng 통 실망하다

失恋 shīliàn 통 실연하다

时尚 shíshàng 명 유행, 시류, 트렌드

时髦 shímáo 형 유행이다

实际 shíjì 명 실제 형 실제적이다

实践 shíjiàn 명 실천 통 실천하다

实习 shíxí 통 실습하다

实验 shíyàn 명 실험 통 실험하다

食物 shíwù 명 음식물

使用 shǐyòng 통 사용하다

适合 shìhé 통 적합하다

适应 shìyìng 통 적응하다

收集 shōují 통 수집하다

收据 shōujù 명 영수증, 인수증

收入 shōurù 명 수입

手工 shǒugōng 명 수공 통 손으로 하다

手续 shǒuxù 명 수속

受欢迎 shòu huānyíng 환영받다, 인기가 많다

受伤 shòushāng 통 부상당하다

鼠标 shǔbiāo 명 마우스

数据 shùjù 명 데이터

摔坏 shuāihuài 통 부서지다, 깨지다

睡眠 shuìmián 명 잠 통 잠자다

顺利 shùnlì 형 순조롭다

说服 shuōfú 통 설득하다

硕士 shuòshì 명 석사

思考 sīkǎo 통 사고하다

送货 sònghuò 통 물건을 배달하다

速度 sùdù 명 속도

T

谈判 tánpàn 통 교섭하다

态度 tàidu 명 태도

烫 tàng 형 뜨겁다 통 데다

逃避 táobì 통 도피하다

提高 tígāo 통 제고하다, 높이다

提前 tíqián 통 앞당기다

挑选 tiāoxuǎn 통 고르다

调皮 tiáopí 형 장난스럽다

调整 tiáozhěng 통 조정하다

通过 tōngguò 통 통과하다 개 ~를 통하여

投资 tóuzī 통 투자하다

图片 túpiàn 명 사진

推迟 tuīchí 통 연기하다

推广 tuīguǎng 통 널리 보급하다

推荐 tuījiàn 통 추천하다

退休 tuìxiū 통 은퇴하다

W

完美 wánměi 형 완전무결하다

晚点 wǎndiǎn 통 연착하다

网站 wǎngzhàn 명 웹사이트

围巾 wéijīn 명 스카프

维修 wéixiū 통 수리하다, 보수하다

位于 wèiyú 통 ~에 위치하다

位置 wèizhi 명 위치

味道 wèidào 명 맛

胃口 wèikǒu 명 식욕

文件 wénjiàn 명 문건, 파일

稳定 wěndìng 형 안정되다, 안정적이다

卧室 wòshì 명 침실

无法 wúfǎ 통 방법이 없다

无所谓 wúsuǒwèi 통 상관없다

雾 wù 명 안개

X

吸引 xīyǐn 통 끌어당기다, 빨아들이다

细节 xìjié 명 세부(사항), 자세한 사정

系统 xìtǒng 명 체계, 시스템

下载 xiàzài 통 다운로드하다

夏令营 xiàlìngyíng 명 여름캠프

鲜艳 xiānyàn 형 화려하다

羡慕 xiànmù 통 부러워하다

相处 xiāngchǔ 통 함께 지내다

相当 xiāngdāng 부 상당히 통 상당하다

香味 xiāngwèi 명 향기

想念 xiǎngniàn 통 그리워하다

项链 xiàngliàn 명 목걸이

项目 xiàngmù 명 항목/프로젝트

象棋 xiàngqí 명 장기

消化 xiāohuà 통 소화하다

销量 xiāoliàng 명 판매량

销售 xiāoshòu 통 팔다

效果 xiàoguǒ 명 효과

效率 xiàolǜ 명 능률

欣赏 xīnshǎng 통 감상하다/좋아하다

信号 xìnhào 명 신호

信任 xìnrèn 동 신임하다

信心 xìnxīn 명 믿음

信息 xìnxī 명 정보

兴奋 xīngfèn 동 흥분하다

形象 xíngxiàng 명 형상, 이미지

形状 xíngzhuàng 명 생김새, 형상

休闲 xiūxián 동 한가하게 지내디

修改 xiūgǎi 동 수정하다, 고치다

修理 xiūlǐ 동 수리하다

虚心 xūxīn 형 겸손하다

宣传 xuānchuán 동 선전하다

选择 xuǎnzé 동 선택하다

学历 xuélì 명 학력

询问 xúnwèn 동 물어보다

Y

压力 yālì 명 스트레스

严格 yángé 형 엄격하다

严重 yánzhòng 형 심각하다

研发 yánfā 동 연구 개발하다

颜色 yánsè 명 색

演出 yǎnchū 명 공연 동 공연하다

演讲 yǎnjiǎng 명 강연, 웅변 동 강연하다, 웅변하다

演员 yǎnyuán 명 배우

宴会 yànhuì 명 연회

阳台 yángtái 명 베란다

痒 yǎng 형 가렵다

样式 yàngshì 명 양식, 스타일

要求 yāoqiú 명 요구 동 요구하다

邀请 yāoqǐng 동 초청하다

钥匙 yàoshi 명 열쇠

一致 yízhì 형 일치하다

遗憾 yíhàn 형 유감이다

意见 yìjiàn 명 의견

意义 yìyì 명 의미

营养 yíngyǎng 명 영양

营业 yíngyè 동 영업하다

影响 yǐngxiǎng 명 영향 동 영향을 주다

应聘 yìngpìn 동 지원하다

硬盘 yìngpán 명 하드 드라이버

拥挤 yōngjǐ 형 붐비다

优点 yōudiǎn 명 장점

优惠 yōuhuì 형 특혜(의)/우대(의)

幽默 yōumò 명 유머 형 유머러스하다

犹豫 yóuyù 동 망설이다

幼儿园 yòu'éryuán 명 유치원

语速 yǔsù 명 말의 속도

预订 yùdìng 동 예약하다

员工 yuángōng 명 직원, 종업원

原则 yuánzé 명 원칙

约会 yuēhuì 명 약속 동 (만날) 약속하다

运输 yùnshū 동 운송하다

运气 yùnqi 명 운

Z

赞成 zànchéng 동 찬성하다

赞美 zànměi 동 찬미하다

责备 zébèi 동 꾸짖다

责任 zérèn 명 책임

增加 zēngjiā 동 증가하다

展览 zhǎnlǎn 동 전람하다

涨 zhǎng 동 오르다

掌握 zhǎngwò 동 숙달하다/장악하다

招聘 zhāopìn 동 채용하다

着凉 zháoliáng 동 감기 걸리다

照顾 zhàogù 동 돌보다

珍惜 zhēnxī 동 소중히 여기다

争取 zhēngqǔ 동 쟁취하다

整理 zhěnglǐ 동 정리하다

政府 zhèngfǔ 명 정부

支持 zhīchí 동 지지하다

执照 zhízhào 명 면허증, 허가증

职业 zhíyè 명 직업

志愿者 zhìyuànzhě 명 지원자, 자원봉사자

制作 zhìzuò 동 제작하다

制定 zhìdìng 동 제정하다

质量 zhìliàng 명 품질/무게

中旬 zhōngxún 명 중순

重量 zhòngliàng 명 중량

重视 zhòngshì 동 중시하다

主持(人) zhǔchí(rén) 동 주관하다, 사회보다 명 사회자, MC

主动 zhǔdòng 형 능동적이다, 자발적이다, 주동적이다

主角 zhǔjué 명 주인공

主任 zhǔrèn 명 주임

注意 zhùyì 동 주의하다

专家 zhuānjiā 명 전문가

专心 zhuānxīn 형 전념하다

专业 zhuānyè 명 전공 형 전문적이다

赚钱 zhuànqián 동 돈을 벌다

装 zhuāng 동 포장하다 / ~인 체하다

装修 zhuāngxiū 동 장식하다

状况 zhuàngkuàng 명 상황

状态 zhuàngtài 명 상태

追求 zhuīqiú 동 추구하다

咨询 zīxún 동 자문하다

资金 zījīn 명 자금

资料 zīliào 명 자료

自信 zìxìn 형 자신만만하다, 자신하다

字幕 zìmù 명 자막

租房 zūfáng 동 임대하다 / 세내다

组织 zǔzhī 명 조직 동 조직하다

尊敬 zūnjìng 동 존경하다

尊重 zūnzhòng 동 존중하다

녹음에 늘 보기에 나온 표현이 토씨 그대로 나오지는 않는다. 아래에는 바꿔 말할 수 있는 표현, 즉 녹음과 보기에서 서로 대체될 수 있는 주요 표현들을 정리해 두었다.

- **摄影** shèyǐng 사진 찍다 | **拍照** pāizhào 사진 찍다 | **照相** zhàoxiàng 사진 찍다

  合影 héyǐng 함께 사진 찍다/단체 사진

- **不舒服** bù shūfu 불편하다 | **疼** téng 아프다 | **难受** nánshòu 불편하다

- **对······很好** duì ······ hěn hǎo ~에 좋다 | **对······有好处** duì ······ yǒu hǎochù ~에 좋은 점이 있다

- **对······不好** duì ······ bù hǎo ~에 좋지 않다 | **对······没有好处** duì ······ méiyǒu hǎochù ~에 좋은 점이 없다

- **有趣** yǒuqù 재미있다 | **有兴趣** yǒu xìngqù 흥미있다, 재미있다 | **很有意思** hěn yǒu yìsi 매우 재미있다

- **思考** sīkǎo 사고하다, 깊이 생각하다 | **想想** xiǎngxiang 생각을 좀 해 보다

- **商量** shāngliang 상의하다 | **考虑** kǎolǜ 고려하다

- **应聘** yìngpìn 지원하다 | **面试** miànshì 면접(보다)

- **应聘失败了** yìngpìn shībài le 지원에 실패했다 | **没被录取** méi bèi lùqǔ 채용되지 못했다

- **被大学录取了** bèi dàxué lùqǔ le 대학에 뽑혔다 | **考上大学** kǎoshang dàxué 대학에 합격했다

- **保存完整** bǎocún wánzhěng 보존이 완벽하다 | **保存得很好** bǎocún de hěn hǎo 잘 보존되었다

- **出色** chūsè 뛰어나다 | **突出** tūchū 뛰어나다

- **着凉** zháoliáng 감기 걸리다 | **感冒** gǎnmào 감기(걸리다)

- **差** chà 부족하다/모자르다 | **不好** bùhǎo 안 좋다

- **有效** yǒuxiào 효과적이다 | **效率高** xiàolǜ gāo 효율이 높다

- **严重** yánzhòng 심각하다 | **厉害** lìhai 심각하다

- **调皮** tiáopí 장난이 심하다 | **不听话** bù tīnghuà 말을 듣지 않는다 | **淘气** táoqì 장난이 심하다

- **钱不够** qián bú gòu 돈이 부족하다 | **没带那么多钱** méi dài nàme duō qián 그렇게 많은 돈은 챙기지 않았다

- **计算机** jìsuànjī 컴퓨터 | **电脑** diànnǎo 컴퓨터

- 历史悠久 lìshǐ yōujiǔ 역사가 유구하다 | 历史很长 lìshǐ hěn cháng 역사가 매우 길다

- 坚持到底 jiānchí dàodǐ 坚持下去 jiānchí xiàqu 要坚持 yào jiānchí 견지해야 한다
  不要放弃 búyào fàngqì 포기하지 마라

- 考研 kǎoyán 대학원 시험을 보다 | 考研究生 kǎo yánjiūshēng 대학원 시험을 보다

- 手 shǒu / 腿 tuǐ 怎么了 zěnme le? 손/발이 왜 그래?
  手 shǒu / 腿 tuǐ 受伤了 shòushāng le 손/발이 다쳤다

- 营养丰富 yíngyǎng fēngfù 영양이 풍부하다 | 很有营养 hěn yǒu yíngyǎng 영양이 매우 많다
  营养价值高 yíngyǎng jiàzhí gāo 영양 가치가 높다

- 合开 hékāi 동업하다 | 共同经营 gòngtóng jīngyíng 공동 경영하다

- 放松 fàngsōng 이완시키다 | 不要紧张 búyào jǐnzhāng 긴장하지 마라

- ……得受不了 ……de shòubuliǎo 너무 ~해서 견딜 수 없다 | 太……了 tài……le 너무 ~하다

- 无所谓 wúsuǒwèi 상관없다 | 不在乎 búzàihu 상관없다/신경 쓰지 않는다

- 公司待遇好 gōngsī dàiyù hǎo 회사 대우가 좋다 | 丰厚的待遇 fēnghòu de dàiyù 두둑한 대우
  工资福利好 gōngzī fúlì hǎo 월급과 복지가 좋다

- 还在犹豫 hái zài yóuyù 아직 망설이고 있다 | 还没决定 hái méi juédìng 아직 결정 못했다
  犹豫不决 yóuyù bù jué 망설이며 결정하지 못하다

- 操心 cāoxīn 걱정하다 | 担心 dānxīn 걱정하다 | 不放心 bú fàngxīn 안심이 안 된다
  放不下心 fàngbuxià xīn 안심할 수 없다 | 放心不下 fàngxīn búxià 안심할 수 없다

- 保险 bǎoxiǎn 보험/안전하다 | 安全 ānquán 안전하다

- 冒险 màoxiǎn 위험하다/모험하다 | 危险 wēixiǎn 위험하다 | 有风险 yǒu fēngxiǎn 위험이 있다

- 涨工资 zhǎng gōngzī 월급이 오르다 | 加薪 jiāxīn 월급이 오르다

- 独特 dútè 독특하다 | 独一无二 dúyīwú'èr 유일무이하다

- 敢于…… gǎnyú…… 용감하게 ~하다 | 勇敢地…… yǒnggǎn de…… 용감하게 ~하다

- 失眠 shīmián 잠을 자지 못하다 | 睡不着 shuìbuzháo 잠을 잘 수 없다

- **非常棒** fēicháng bàng 정말 대단하다 | **很好** hěn hǎo 아주 좋다 [*듣기에서 好 hǎo는 不错 búcuò와 같음]

- **别放阳台上** bié fàng yángtái shang 베란다에 놓지 마

  喜欢阴凉的地方 xǐhuan yīnliáng de dìfang 그늘지고 서늘한 곳을 좋아한다

- **锻炼** duànliàn 단련하다 | **运动** yùndòng 운동하다

- **填表** tián biǎo 표를 작성하다 | **填写表格** tiánxiě biǎogé 표를 작성하다

- **童装** tóngzhuāng 아동복 | **儿童服装** értóng fúzhuāng 아동복

- **火** huǒ = **红** hóng = **红火** hónghuǒ 인기가 많다

  受欢迎 shòu huānyíng 환영을 받다 | **受喜爱** shòu xǐ'ài 사랑을 받다

- **硕士** shuòshì 석사 | **研究生(学历)** yánjiūshēng (xuélì) 대학원생 (학력) [*本科学历 běnkē xuélì 학사 학력]]

- **看大夫/医生** kàn dàifu / yīshēng 진료를 받다 | **去医院** qù yīyuàn 병원에 가다

- **给……打电话** gěi …… dǎ diànhuà ~에게 전화하다 | **跟……联系** gēn …… liánxì ~에게 연락하다

- **A 比 B 好** A bǐ B hǎo A는 B보다 좋다 | **B 不如 A** B bùrú A B는 A만 못하다

- **邻居** línjū 이웃 | **隔壁** gébì 이웃

- **闭馆** bìguǎn 폐관하다 | **不对外开放** bú duì wài kāifàng 대외에 개방하지 않는다

- **降雨** jiàng yǔ 비가 오다 | **下雨** xià yǔ 비가 오다

- **降雪** jiàng xuě 눈이 내리다 | **下雪** xià xuě 눈이 내리다

- **责备** zébèi 꾸짖다 | **改坏习惯** gǎi huài xíguàn 나쁜 습관을 고치다

- **开心** kāixīn 기쁘다 | **那太好了** nà tài hǎo le 그거 정말 잘됐다 | **太棒了** tài bàng le 정말 좋다

- **反对** fǎnduì 반대하다 | **不建议** bú jiànyì 건의하지 않다 | **不同意** bù tóngyì 동의하지 않다

- **安慰** ānwèi 위로하다 | **别紧张** bié jǐnzhāng 긴장하지 마

- **鼓励** gǔlì 응원하다 | **不要逃避** búyào táobì 도피하지 마 | **尽力去做吧** jìnlì qù zuò ba 최선을 다해서 해 봐

- **感谢** gǎnxiè 감사하다 | **幸好** xìnghǎo 다행히도

- **医院** yīyuàn 병원 | **挂号** guàhào 접수하다 | **出院** chūyuàn 퇴원하다 | **住院** zhùyuàn 입원하다

- **商店** shāngdiàn 상점 | **商场** shāngchǎng 상점/상가 | **优惠活动** yōuhuì huódòng 혜택 행사
  打折 dǎzhé 할인하다 | **付款** fùkuǎn 지불하다 | **刷卡** shuākǎ 카드를 긁다
  收银台 shōuyíntái 계산대

- **银行** yínháng 은행 | **办信用卡** bàn xìnyòngkǎ 신용카드를 발급하다 | **账户** zhànghù 계좌

- **火车站** huǒchē zhàn 기차역 | **列车** lièchē 열차 | **火车** huǒchē 기차

- **火车上** huǒchē shang 기차 안 | **车厢** chēxiāng 객차

- **车站** chēzhàn 정류소 | **下趟车** xià tàng chē 다음 버스 | **几路车** jǐ lù chē 몇 번 버스

- **旅行社** lǚxíngshè 여행사 | **去……休息休息** qù……xiūxi xiūxi ~에 가서 좀 쉬다
  安排 ānpái 안배하다/계획을 짜다 | **导游** dǎoyóu 가이드 | **参观** cānguān 견학하다
  门口集合 ménkǒu jíhé 입구에서 집합하다

- **律师** lǜshī 변호사 | **法院** fǎyuàn 법원

- **师生** shīshēng 스승과 제자 | **批改** pīgǎi 수정하다 | **交作业** jiāo zuòyè 숙제를 제출하다

- **售货员** shōuhuòyuán 판매원 | **付款** fùkuǎn 지불하다 | **刷卡** shuākǎ 카드를 긁다 | **优惠** yōuhuì 혜택
  开发票 kāi fāpiào 영수증을 끊다

- **母子** mǔzǐ 모자
  父女 fùnǚ 부녀 | **家长会** jiāzhǎnghuì 학부모 회의

- **保险销售员** 보험설계사 bǎoxiǎn xiāoshòuyuán | **买保险** mǎi bǎoxiǎn 보험을 사다 | **卖保险** mài bǎoxiǎn 보험을 팔다

정리된 단어를 6번 이상 꼼꼼하게 읽어 보세요.

큰 소리로 발음해 보며 읽고, 한자와 의미를 꼼꼼하게 눈에 익히세요.

☐ 읽은 날짜: _____　　☐ 읽은 날짜: _____　　☐ 읽은 날짜: _____

☐ 읽은 날짜: _____　　☐ 읽은 날짜: _____　　☐ 읽은 날짜: _____

차근차근STEP 2

[의미]가 안 외워지는 단어를 아래에 정리해 보세요.

[의미]도 안 외워지는 단어가 30개 이상이라면, 다시 한번 암기한 후, 정리해 보세요.

차근차근STEP ❸

의미는 알겠는데 [발음]이 안 외워지는 단어가 30개 이상이라면, 다시 한번 암기한 후, 정리해 보세요.

까먹는 것을 부끄러워도 말고, 겁먹지도 말자. 누구도 한두 번 읽고 완벽히 단어를 외우지 못한다.

암기 족보는 최소 6번 이상, 종이가 너덜너덜해질 때까지 계속 반복해서 외우자!

결국에는 고사장에서 효과를 보게 될 것이다.

독해 영역

* 총 40회차 기출 문제에서 독해 1부분 보기로 4번 이상 출현한 어휘 중 반드시 외워야 하는 단어들을 정리했다. 독해 1 부분은 보기를 아느냐 모르느냐에 따라서 정답률이 하늘과 땅 차이이다. 독해 1부분 문제를 풀기 전에, 반드시 이 어휘 들부터 암기하도록 하자.

* 정리된 단어의 90% 이상이 5급 급수 단어이다. 급수에 상관 없이 모두 외워야 하는 단어들이므로, 단어 옆에 급수 표기 를 따로 하지 않았다. 정리된 단어 중 5급 이외 급수 단어이거나 급수 외 단어들은 10%미만이다. (총 29개)

A

爱惜 àixī 통 아끼다, 소중히 여기다	**爱惜**羽毛 깃털을 아끼다 | **爱惜**粮食 식량을 아끼다	
安慰 ānwèi 통 위로하다	善于**安慰**别人 다른 사람을 위로하는 것을 잘하다	
按照 ànzhào 개 ~에 따라서	**按照**顺序 순서에 따라서 | **按照**规则 규칙에 따라서	

B

把握 bǎwò 통 잡다 명 자신, 가망	**把握**机会 기회를 잡다 | 有[/没有]**把握** 자신이 있다[/없다]
摆 bǎi 통 배열하다/놓다	**摆**餐具 상을 차리다 | **摆**得很整齐 가지런하게 놓다
包含 bāohán 통 포함하다	**包含**真理 진리를 포함하다 | **包含**意思 의미를 포함하다
宝贵 bǎoguì 형 귀중하다	**宝贵**材料 귀중한 자료
保持 bǎochí 통 유지하다	**保持**安静 안정을 유지하다 | **保持**冷静 냉정을 유지하다
保存 bǎocún 통 보관하다, 보존하다	不易**保存** 보관이 어렵다 | **保存**完整 완벽하게 보존하다
背景 bèijǐng 명 배경	在跨文化**背景**下 다문화 배경 아래에서
本领 běnlǐng 명 기량, 능력	一身好**本领** 훌륭한 기량 * 本领의 양사는 身이다.
比例 bǐlì 명 비례, 비중	**比例**在增大 비중이 커지고 있다
彼此 bǐcǐ 대 피차, 서로	**彼此**的关系 서로간의 관계 | **彼此**兴趣不同 서로 취미가 다르다
必要 bìyào 형 필요하다	不**必要**的程序 불필요한 프로그램

毕竟 bìjìng 🟦 결국, 끝내	这毕竟是我个人的问题。이것은 결국 내 개인 문제이다. * 毕竟은 뒤에 是가 잘 붙는다.
表面 biǎomiàn 🟩 표면	表面上 표면적으로
表情 biǎoqíng 🟩 표정	面部表情 얼굴 표정
表现 biǎoxiàn 🟩 태도 🟦 나타내다	工作表现 업무 태도 ┃ 学习表现 학습 태도 表现出惊人的力量 놀라운 능력을 보이다
不必 búbì 🟦 ~할 필요 없다	不必太心急 너무 조급해할 필요 없다
不断 búduàn 🟦 계속해서, 부단히	不断发展 계속해서 발전하다 ┃ 不断努力 부단히 노력하다
不免 bùmiǎn 🟦 면할 수 없다	心里不免有些紧张 마음속으로 긴장되는 것을 피할 수 없다
不耐烦 búnàifán 🟨 귀찮다, 성가시다	有些不耐烦了 조금 귀찮다
不然 bùrán 🟨 그렇지 않다 🟪 그렇지 않으면	其实不然 사실은 그렇지 않다 我要回家了，不然妈妈会担心的。 나 집에 가야 해. 그렇지 않으면 엄마가 걱정할 거야.
不如 bùrú 🟦 ~만 못하다	不如放弃这个决定 이 결정을 포기하는 것만 못하다

C

采取 cǎiqǔ 🟦 취하다, 채택하다	采取措施 조치를 취하다 ┃ 采取行动 행동을 취하다
参考 cānkǎo 🟦 참고하다	值得参考 참고할 가치가 있다 ┃ 参考意见 의견을 참고하다
参与 cānyù 🟦 참여하다, 참가하다	参与社会 사회에 참여하다 ┃ 参与活动 활동에 참여하다
操心 cāoxīn 🟦 마음을 쓰다, 걱정하다	操了许多心 많이 걱정하다
曾经 céngjīng 🟦 일찍이	曾经+Ⓥ+过/了 일찍이 ~해 본 적 있다 * 曾经이 나오면 술어 뒤에는 대부분 过가 나오고, 가끔 了도 나온다.
产生 chǎnshēng 🟦 생기다, 발생하다	产生兴趣 흥미가 생기다 ┃ 产生矛盾 갈등이 생기다
常识 chángshí 🟩 상식	基本常识 기본 상식
彻底 chèdǐ 🟨 철저하다	彻底改正错误 철저하게 잘못을 고치다
沉默 chénmò 🟨 과묵하다 🟦 침묵하다	比较沉默 좀 과묵하다 ┃ 沉默不语 침묵을 지키다

趁 chèn 〔개〕 ~를 틈타

趁这个机会 이번 기회에, 이번 기회를 틈타서
趁妈妈不在家 엄마가 집에 없는 틈을 타서
* 趁은 뒤에 명사가 올 수도, 문장이 올 수도 있다.

称赞 chēngzàn 〔동〕 칭찬하다

获得称赞 칭찬을 받다

成果 chéngguǒ 〔명〕 성과, 결과

研究多年的成果 다년간의 연구 성과

成立 chénglì 〔동〕 설립하다, 성립되다

成立公司 회사를 설립하다 | **正式成立** 정식으로 성립되다

成熟 chéngshú 〔형〕 성숙하다 〔동〕 익다

打扮得成熟一些 좀 성숙하게 치장하다 | **苹果成熟了。** 사과가 익었다.

承担 chéngdān 〔동〕 맡다, 담당하다

承担责任 책임을 지다 | **承担费用** 비용을 부담하다
承担义务 의무를 지다

承受 chéngshòu 〔동〕 받아들이다, 견디다

承受压力 스트레스를 받아들이다

程度 chéngdù 〔명〕 정도, 수준

达到一定的程度 일정 수준에 도달하다

程序 chéngxù 〔명〕 순서, 단계

制作程序复杂 제작 순서가 복잡하다

吃亏 chīkuī 〔동〕 손해를 보다

吃了大亏 엄청나게 손해를 봤다

迟早 chízǎo 〔부〕 조만간

迟早的问题 시간 문제(=조만간 벌어질 일) | **＝早晚** zǎowǎn

冲 chōng 〔동〕 붓다/씻어 내다

冲水 물을 붓다 | **冲洗照片** 사진을 인화하다 * 冲+'사람': ~를 꾸짖다. (이때 발음은 chòng)

充满 chōngmǎn 〔동〕 충만하다

充满活力[/力量/自信] 활력[/역량/자신감]이 충만하다

抽象 chōuxiàng 〔형〕 추상적이다

抽象的理论 추상적인 이론

出色 chūsè 〔형〕 뛰어나다, 훌륭하다

表现出色 태도가 훌륭하다 | **出色地完成** 훌륭하게 완성하다

出示 chūshì 〔동〕 내보이다, 제시하다

出示证件 증명서를 제시하다 | **出示身份证** 신분증을 제시하다

除非 chúfēi 〔접〕 오직 ~하여야

除非你去请，他才会来。 네가 가서 부탁해야만 그가 올 것이다.
* 후행절에 '才, 否则'가 나온다.

处理 chǔlǐ 〔동〕 처리하다

处理问题 문제를 처리하다 | **处理业务** 업무를 처리하다

传播 chuánbō 〔동〕 전파하다

传播开来 전파되다, 퍼지다

闯 chuǎng 〔동〕 돌진하다, 뛰어들다

闯进来[/进去] 뛰어 들어오다[/들어가다]

从此 cóngcǐ 🔵 지금부터, 이제부터	从此以后 앞으로
从事 cóngshì 🟢 종사하다	从事行业 업종에 종사하다 从事……行业已经(/都) ……了 ~업종에 종사한 지 벌써~가 되었다
促进 cùjìn 🟢 촉진하다, 촉진시키다	促进交流 교류를 촉진하다 | 促进发展 발전을 촉진하다 | 促进消化 소화를 촉진하다
促使 cùshǐ 🟢 ~하도록 재촉하다	促使人们关心环境 사람들이 환경에 관심을 갖도록 하다
存在 cúnzài 🟢 존재하다	存在于陌生人之间 낯선 사람들 사이에서 존재한다

答应 dāying 🟢 대답하다/동의하다/승낙하다	答应帮我 나를 도와주기로 동의했다
达到 dádào 🟢 도달하다	达到目标 목표에 도달하다 | 达到程度 정도에 도달하다
单调 dāndiào 🔺 단조롭다	色彩单调 색채가 단조롭다
导致 dǎozhì 🟢 (안 좋은 결과를) 야기하다	导致失眠 불면증을 야기하다
倒 dǎo 🟢 넘어지다	跌倒了 엎어졌다, 좌절하다 | 摔倒了 넘어졌다 *Ⓥ+倒了: 결과보어로 잘 쓰임
到达 dàodá 🟢 도달하다	到达+장소 ~에 도착하다
道理 dàolǐ 🟦 도리	懂得其中的道理 그 속의 이치를 이해하다
等于 děngyú 🟢 ~와 같다	等于白白浪费了时间 헛되이 시간만 낭비한 것과 같다
地区 dìqū 🟦 지역	部分地区 일부 지역
独特 dútè 🔺 독특하다	样子都很独特。모양이 모두 독특하다. | ＝独一无二 dú yī wú èr
度过 dùguò 🟢 (시간을) 보내다	取决于你的业余时间怎么度过 너의 여가시간을 어떻게 보내는가에 달렸다
对待 duìdài 🟢 대하다/대응하다	用A的态度对待B A한 태도로 B를 대하다 * 对待는 태도와 같이 나온다.
对于 duìyú 🟪 ~에 대해서, ~에 대하여	对于大多数人而言 대다수의 사람들 입장에서 말하자면
多亏 duōkuī 🟢 덕분이다	多亏你的帮助 네 도움 덕분이다 多亏你帮助我 네가 날 도와준 덕분이다 * 多亏는 목적어로 명사구 및 문장을 모두 취할 수 있다.

多余 duōyú 휑 여분의, 나머지의	都是多余的 다 나머지다[=다 쓸데없는 것들이다]
躲 duǒ 됭 피하다, 숨다	躲在+장소 ~에 숨다

F

发表 fābiǎo 됭 발표하다	发表论文 논문을 발표하다
发挥 fāhuī 됭 발휘하다	发挥优势 우세를 발휘하다 ǀ 发挥能力 능력을 발휘하다 充分发挥 충분히 발휘하다
繁荣 fánróng 휑 번영하다	社会繁荣 사회가 번영하다 ǀ 繁荣经济 경제가 번영하다 ǀ 国家繁荣 국가가 번영하다
反复 fǎnfù 됭 반복하다	反复练习 반복해서 연습하다
反正 fǎnzhèng 분 아무튼	反正也没人看! 아무튼 아무도 안 보잖아! * 뒤에 '也'가 잘 나온다.
方式 fāngshì 휑 방식, 방법	表达方式 표현 방식
分别 fēnbié 됭 헤어지다 분 각각, 따로따로	分别传达 각각 전달하다 分别不久又见面了。 헤어진 지 얼마 안 되어 또 만났다.
纷纷 fēnfēn 분 분분하다/잇달아	议论纷纷 의론이 분분하다 ǀ 纷纷逃走 뿔뿔이 도망치다
风格 fēnggé 휑 스타일/성품	穿衣风格 옷을 입는 스타일 ǀ 风格高尚 품격이 고상하다
否定 fǒudìng 됭 부정하다	被否定了 부정되었다
幅 fú 휑 폭	一幅山水画[/风景画/水彩画] 산수화[/풍경화/수채화] 한 폭

G

改善 gǎishàn 됭 개선하다	改善工作环境[/学习环境] 업무 환경[/학습 환경]을 개선하다
干脆 gāncuì 휑 명쾌하다 분 아예	说话很干脆 말하는 것이 매우 명쾌하다
赶 gǎn 됭 뒤쫓다/서두르다	赶不上 (시간에) 대지 못하다 ǀ 赶不上火车时间 열차 시간에 대지 못하다
感激 gǎnjī 됭 감격하다	表达感激之情 감사의 정을 표현하다
感想 gǎnxiǎng 휑 감상, 느낌	发表自己的感想 자신의 느낌을 발표하다

格外 géwài **부** 각별히, 특별히	显得格外平静 특별히 조용해 보인다
个性 gèxìng **명** 개성	很有个性 매우 개성 있다
各自 gèzì **명** 각자	阐述各自的看法 각자의 견해를 명백히 논술하다
根本 gēnběn **부** 전혀 **명** 근본	根本 + 不[/没] * 부정부사 앞에 쓰이면 '전혀'라는 뜻을 나타냄
更加 gèngjiā **부** 더욱, 더	变得更加糟糕 더욱 엉망이 되었다
功能 gōngnéng **명** 기능, 작용	改善功能 기능을 개선하다
构成 gòuchéng **동** 구성하다, 형성하다	A由B构成 A는 B로 구성되다 这部小说由五个小故事构成。 이 소설은 다섯 개의 작은 이야기로 구성되어 있다.
怪不得 guàibude **부** 어쩐지	怪不得A，原来B 어쩐지 A하더라니, 알고 보니 B였군 怪不得屋里这么凉快，原来是开了空调。 어쩐지 방이 시원하다 했더니, 알고 보니 에어컨을 틀어 놓았구나.
观察 guānchá **동** 관찰하다	细心观察 세심하게 관찰하다 | 观察周围 주위를 관찰하다 观察身边 주변을 관찰하다 | 观察生活 생활을 관찰하다
观点 guāndiǎn **명** 관점	观点不一致 관점이 일치하지 않는다
广大 guǎngdà **형** (사람 수가) 많다 **형** 광대하다	受到了广大人民的欢迎 많은 인민의 환영을 받았다 * 广大+'사람': 매우 많은 '사람' 广大的宇宙 드넓은 우주
广泛 guǎngfàn **형** 광범위하다	内容[/用途/兴趣]广泛 내용이 [/용도가/흥미가] 광범위하다
光滑 guānghuá **형** 매끌매끌하다	皮肤光滑 피부가 매끄럽다
归纳 guīnà **동** 귀납하다	归纳意见 의견을 귀납하다
规模 guīmó **명** 규모/형태	扩大规模 규모를 확대하다
规律 guīlǜ **명** 규율 **형** 규칙적이다	饮食不规律 식습관이 불규칙하다 按照一般的规律办事。 일반적인 규율에 따라 일을 처리하다.
规则 guīzé **명** 규칙	遵守规则 규칙을 준수하다 | 游戏规则 게임 규칙
过分 guòfèn **형** 지나치다/과분하다	不要过分追求完美。 지나치게 완벽을 추구하지 마라.

H

合法 héfǎ 형 합법적이다 | 合法的手段 합법적인 수단

何况 hékuàng 접 더군다나, 하물며 | 何况(是)……呢? 하물며 ~이겠는가?
这个字连老师都不知道，何况是我呢?
이 글자는 선생님조차도 모르는데, 하물며 나는 어떻겠니?

后果 hòuguǒ 명 (나쁜) 결과 | 严重的后果 심각한 결과

忽视 hūshì 동 소홀히 하다 | 忽视身体 건강을 소홀히하다
不可忽视的问题 소홀히 해서는 안 되는 문제

忽然 hūrán 부 갑자기 | 忽然想起 갑자기 생각이 나다 | ＝突然 tūrán

幻想 huànxiǎng 명 환상 동 공상하다 | 仍然抱有幻想 여전히 환상을 갖고 있다

灰心 huīxīn 동 낙심하다 | 遇到了很多挫折，他仍然没有灰心。
많은 좌절을 겪었지만, 그는 여전히 낙심하지 않는다.
* 灰에는 회색(灰色), 먼지(灰尘)의 뜻도 있다.

挥 huī 동 흔들다 | 挥手 손을 흔들다

恢复 huīfù 동 회복하다 | 恢复健康 건강을 회복하다 | 恢复体力 체력을 회복하다 |
恢复原貌 원래 모습을 회복하다

获得 huòdé 동 얻다, 취득하다 | 获得冠军 우승하다 | 获得胜利 승리하다 | 获得成功 성공하다

J

基本 jīběn 명 기본 | 基本上没问题 기본적으로 문제없다

激烈 jīliè 형 격렬하다, 치열하다 | 竞争激烈 경쟁이 격렬하다

急忙 jímáng 부 급히 | 急忙地赶回来 급하게 돌아왔다

集中 jízhōng 동 집중하다 | 集中精力 에너지를 집중하다

记录 jìlù 동 기록하다 | 记录下来 기록해 두다 / 기록으로 남기다 * 방향보어 下来와 잘 나온다

寂寞 jìmò 형 적막하다 | 觉得很寂寞 적막하다고 느끼다

假如 jiǎrú 접 만약에 | 假如/如果/要是A，那么/就/会B 만약에 A한다면, B할 것이다
假如你能想出更好的办法，我们就听你的。
만약에 네가 더 좋은 방법을 생각해 낼 수 있다면, 우리는 네 말을 따를게.

价值 jiàzhí 명 가치	很有价值 매우 가치 있다 | 价值很高[/不高] 가치가 높대[/높지 않다]
坚强 jiānqiáng 통 굳세게 하다 형 굳세다	坚强信心 신념을 공고히 하다 | 变得更加坚强 더욱 굳세지다
简直 jiǎnzhí 부 그야말로/전혀	这只狐狸简直是太狡猾了! 이 여우 그야말로 너무 교활하다! * 뒤에 是가 잘 나오고, 太……了의 형식 앞에 잘 나온다.
建立 jiànlì 통 건립하다, 성립하다	建立公司 회사를 건립하다 | 建立理论 이론을 성립하다
建设 jiànshè 통 창립하다, 건설하다	建设社会 사회를 건설하다
交换 jiāohuàn 통 교환하다	出国做交换生 해외로 나가 교환 학생이 되다
交往 jiāowǎng 명 교제 통 왕래하다	人际交往 사람 간의 교제 | 经常交往 자주 왕래하다
角度 jiǎodù 명 각도	从……的角度看[/说] ~한 관점에서 보자면[/말하자면] 换个角度看[/说] 관점을 바꿔서 보자면[/말하자면]
狡猾 jiǎohuá 형 교활하다, 간교하다	狡猾的手段 교활한 수단
接待 jiēdài 통 접대하다	接待客人 손님을 접대하다 | ＝招待 zhāodài
结构 jiégòu 명 구성, 구조	整体结构 전체 구조
结合 jiéhé 통 결합하다	将学习和思考结合起来 학습과 사고를 결합시키다
结论 jiélùn 명 결론	下结论 결론을 내다
借口 jièkǒu 명 구실, 핑계	找借口 핑계를 대다
紧急 jǐnjí 형 긴급하다	紧急情况 상황이 긴급하다
谨慎 jǐnshèn 형 신중하다	谨慎投资 신중하게 투자하다
经典 jīngdiǎn 형 고전적이다, 전형적이다	经典作品 고전 작품
居然 jūrán 부 의외로, 뜻밖에	没想到居然能听出来。의외로 알아들을 줄은 생각도 못했어. * 没想到와 ＝竟然 jìngrán 같이 잘 나온다.
举 jǔ 통 들다	举手 손을 들다
具备 jùbèi 통 갖추다, 구비하다	具备资格 자격을 갖추다 | 具备条件 조건을 갖추다
均匀 jūnyún 형 균등하다	分布比较均匀 분포가 비교적 균등하다

K

颗 kē 양 알, 과립	一颗星星 별 하나 | 一颗心 마음 *마음의 양사일 때는 수사는 '一'랑만 쓰인다. [两颗心 (X)]
可见 kějiàn 접 ~라는 것을 알 수 있다	由此可见…… 이로부터 ~를 알 수 있다
克服 kèfú 동 극복하다	克服困难 곤경을 극복하다
控制 kòngzhì 동 제어하다	控制情绪 기분을 다스리다

L

拦 lán 동 가로막다	拦住 가로막아 버리다 *결과보어 住와 잘 결합한다
老实 lǎoshi 형 성실하다, 정직하다	老实说 솔직하게 말해서
理由 lǐyóu 명 이유	唯一的理由 유일한 이유
力量 lìliang 명 힘, 역량	发挥力量 역량을 발휘하다 | 力量大[/小] 역량이 뛰어나다[/약하다]
立即 lìjí 부 즉시	立即安静下来 즉시 안정되었다
立刻 lìkè 부 곧, 즉시	立刻产生明显的效果 곧장 명확한 효과가 생기다
利用 lìyòng 동 이용하다	有效利用 효과적으로 이용하다 | 合理利用 합리적으로 이용하다
临时 línshí 부 때가 되어(갑자기) 명 임시	被临时取消了 갑자기 취소되었다 | 临时会议 임시회의
领域 lǐngyù 명 분야, 영역	以前在这个领域工作过 예전에 이 분야에서 일한 적이 있다
另外 lìngwài 대 다른, 이외에	另外还有什么问题? 이외에 또 어떤 문제가 있나요? * 뒤에 还/也가 잘 나온다.
流传 liúchuán 동 유전하다, 널리 퍼지다	流传下来[/下去] (선대에서) 전해 내려오다 / (후대에게) 전해 주다 * 流传은 방향보어 下来/下去가 잘 붙는다.
浏览 liúlǎn 동 대충 훑어보다	浏览网页 웹서핑을 하다
陆续 lùxù 부 계속해서	观众陆续入场 관중들이 계속해서 입장한다 *하나씩 연이어서 계속되는 경우에 사용

M

满足 mǎnzú 동 만족시키다 형 만족하다	满足要求 요구를 만족시키다 | 满足条件 조건을 만족시키다 有多少也不满足 얼마가 있든 만족스럽지 못하다

毛病 máobìng 명 고장/결점/문제	出毛病 고장이 나다, 문제가 생기다
矛盾 máodùn 명 갈등/모순	产生矛盾 갈등이 생기다 | 内部矛盾 내부 갈등
冒险 màoxiǎn 형 위험하다 동 모험하다, 위험을 무릅쓰다	比较冒险 비교적 위험하다 | 不要冒险。위험을 무릅쓰지 마.
魅力 mèilì 명 매력	有魅力 매력 있다 [=很吸引人] | =吸引力 xīyǐnlì
秘密 mìmì 명 비밀	保守秘密 비밀을 지키다
密切 mìqiè 형 밀접하다	密切关系 밀접한 관계 | 密切联系 밀접한 연계
面对 miànduì 동 마주 보다, 직면하다	面对困难 곤란함(/곤경)에 직면하다 | 面对现实 현실에 직면하다
面临 miànlín 동 직면하다	面临危机 위기에 직면하다
描写 miáoxiě 동 묘사하다	描写生动 묘사가 생동감있다
明显 míngxiǎn 형 분명하다, 뚜렷하다	效果明显 효과가 분명하다
命运 mìngyùn 명 운명	命运掌握在自己手中 운명은 자신의 손에 달렸다
摸 mō 동 만지다	摸起来真滑 만져 보니 정말 매끄럽다
陌生 mòshēng 형 낯설다	陌生人 낯선 사람
目前 mùqián 명 현재	=现在 xiànzài = 目前 mùqián = 如今 rújīn

N

哪怕 nǎpà 접 설령 ~라 해도	哪怕工作再忙，也不要忘记身边的人。* 후행절에 也가 나온다. 설령 일이 아무리 바쁘다 해도, 주변 사람들을 잊어서는 안된다.
难怪 nánguài 부 어쩐지	难怪……，原来…… 어쩐지 ~하더라니, 알고 보니 ~였군 难怪你不知道，原来你昨天没去呀。 어쩐지 네가 모른다 했더니, 알고 보니 너 어제 안 갔었구나. =怪不得 guàibude
年代 niándài 명 시대, 시기, 연대	年代很久 연대가 오래되었다

P

派 pài 통 파견하다 명 파벌	A 派 B C A가 B를 C하라고 파견하다 公司派我去中国出差。 회사가 나를 중국으로 출장 보냈다.
盼望 pànwàng 통 간절히 바라다	盼望早日回来 빠른 시일내에 돌아오길 간절히 바라다
配合 pèihé 통 협동하다/협력하다	相互配合 서로 협력하다
批准 pīzhǔn 통 비준하다	获得[/得到]批准 비준 받다[/얻다]
片 piàn 명 편, 조각	一片真心 진심 | 一片心意 성의 * 마음의 양사일 때는 수사는 '一'랑만 쓰인다. [两片真心 (X)]
迫切 pòqiè 형 절박하다, 다급하다	迫切地希望 절박하게 희망하다
朴素 pǔsù 형 소박하다, 검소하다	生活朴素 생활이 검소하다 | 衣着朴素 의복이 소박하다

Q

其余 qíyú 명 나머지	其余都拿走 나머지는 다 가져가
气氛 qìfēn 명 분위기	活跃气氛 분위기를 활기차게 하다
牵 qiān 통 (잡아)끌다	牵着马回家 말을 끌고 집으로 가다
前途 qiántú 명 앞날	有[/没有]前途 앞날이 밝다[/밝지 않다]
强调 qiángdiào 통 강조하다	再三强调这一点 거듭 이 점을 강조하다
强烈 qiángliè 형 강렬하다	强烈(地)感到 강렬하게 느끼다
抢 qiǎng 통 빼앗다	被抢走了 빼앗겼다
悄悄 qiāoqiāo 부 은밀히, 몰래	悄悄地离开 몰래 떠나다
瞧 qiáo 통 보다	瞧不起 무시하다 [=看不起] | =看 kàn
亲自 qīnzì 부 직접, 손수	亲自体验 직접 체험하다
轻视 qīngshì 통 경시하다	轻视对方 상대방을 경시하다 | ↔ 重视 zhòngshì 중시하다
情景 qíngjǐng 명 상황	眼前的情景 눈앞의 상황

情绪 qíngxù 명 정서/기분	乐观情绪 긍정적인 정서 │ 悲观情绪 비관적인 정서
全面 quánmiàn 형 전면적이다 명 전면	全面思考 전면적으로 사고하다 │ 全面了解 전면적으로 이해하다 事物或道理的全面 사물이나 도리의 전반적인 것(전면적인 것) ↔ 片面 piànmiàn 단편적이다
趋势 qūshì 명 추세	发展趋势 발전 추세
确定 quèdìng 동 확정하다	人数确定 인원이 확정되다
确认 quèrèn 동 확인하다	去留学中心确认一下 유학 센터에 가서 확인해 봐

R

然而 rán'ér 접 그러나	然而他始终没有放弃 그러나 그는 시종일관 포기하지 않았다
热心 rèxīn 형 친절하다, 열성적이다	对顾客很热心 손님에게 매우 친절하다
任何 rènhé 대 어떠한/무슨	任何问题都可以解决。 어떤 문제도 다 극복할 수 있다. * 任何가 술어 앞에 나올 때는 술어 앞에 都가 나온다.
荣誉 róngyù 명 영예, 명예	特别重视荣誉 명예를 특히나 중시한다

S

深刻 shēnkè 형 깊다	留下深刻的印象 깊은 인상을 남기다
伸 shēn 동 펴다, 내밀다	伸手 손을 내밀다 * 举手: 손을 들다
神秘 shénmì 형 신비하다	神秘的气氛 신비한 분위기
生长 shēngzhǎng 동 성장하다, 자라다	生长速度 성장 속도
失去 shīqù 동 잃다	失去机会 기회를 잃다 │ 失去信心 믿음을 잃다
时髦 shímáo 형 트렌디하다, 유행이다	看上去很时髦 보기에 매우 트렌디해 보인다 │ ＝时尚 shíshàng
实践 shíjiàn 동 실천하다, 실행하다 명 실천, 실행	勇于实践 용감하게 실천하다 │ 这次实践 이번 이행(실행)
实现 shíxiàn 동 실현되다	实现目标 목표가 실현되다 │ 实现理想 이상이 실현되다
始终 shǐzhōng 명 줄곧, 시종일관	始终没有变化 줄곧 변화가 없다 │ 始终如一 시종일관

事实 shìshí 몡 사실	符合事实 사실에 부합하다
事先 shìxiān 몡 미리, 사전(에)	事先准备 미리 준비하다 ┃ 事先通知 사전에 통지하다
收获 shōuhuò 통 수확하다 몡 수확	收获玉米 옥수수를 수확하다 ┃ 意想不到的收获 예기치 못한 수확
属于 shǔyú 통 ~에 속하다	属于自己的秘密 자신에 속한 비밀[=자신만의 비밀]
丝毫 sīháo 혱 조금도/추호도	丝毫差错 조금의 실수
思考 sīkǎo 통 사고하다	认真思考 진지하게 생각하다 ┃ 独立思考 독립적으로 생각하다 反复思考 반복해서 생각하다 ┃ 思考能力 사고 능력 思考方式 사고 방식
随时 suíshí 툉 아무 때나	随时随地 언제 어디서나
损失 sǔnshī 통 손해 보다 몡 손실	损失资金 자본금을 잃다 ┃ 减少损失 손실을 줄이다
缩小 suōxiǎo 통 축소하다, 줄이다	缩小范围 범위를 축소하다 ┃ ↔ 扩大 kuòdà 확대하다
缩短 suōduǎn 통 단축하다	缩短距离 거리를 단축하다 ┃ ↔ 延长 yáncháng 연장하다

坦率 tǎnshuài 혱 솔직하다	不够坦率 충분히 솔직하지 못하다
逃 táo 통 도망치다	逃跑/逃走 도망가다 ┃ 逃避 도피하다
逃避 táobì 통 도피하다	逃避现实 현실을 도피하다
特意 tèyì 뮈 특별히	特意来接我们 특별히 우리를 마중 왔다 * 特意는 特别와 달리 동사 앞에 나온다.
提倡 tíchàng 통 제창하다	提倡人们节约资源 사람들에게 에너지 절약을 제창하다
体贴 tǐtiē 통 자상하게 돌보다	温柔体贴 다정다감하다
体现 tǐxiàn 통 구현하다, 구체적으로 드러내다	体现个性 개성을 드러내다
体验 tǐyàn 통 체험하다	体验生活 생활을 체험하다
通常 tōngcháng 혱 일반적이다 뮈 평상시, 보통	通常的情况 일반적인 상황

突出 tūchū 형 돋보이다 통 돌출하다	突出展品 전시품을 돋보이게 하다 | 能力很突出 능력이 뛰어나다 =出色 chūsè
退步 tuìbù 통 퇴보하다	明显地退步 명확하게 퇴보하다 | 退步很明显 퇴보가 눈에 띈다

W

完善 wánshàn 형 완벽하다	还不够完善 아직 완벽하지 못하다
往往 wǎngwǎng 부 자주, 왕왕	懂得放弃的人往往会得到更多。 포기할 줄 아는 사람이 종종 더 많이 얻는다. * 往往은 '특정 상황하'에서 '자주' 벌어지는 일을 이야기한다.
威胁 wēixié 통 위협하다	面临威胁 위협에 직면하다 | 威胁安全 안전을 위협하다
唯一 wéiyī 형 유일한	唯一的选择 유일한 선택 | 唯一的理由 유일한 이유
未必 wèibì 부 반드시 ~한 것은 아니다	未必如此 반드시 그런 것은 아니다 | =不一定 bù yídìng
位置 wèizhi 명 위치, 자리	地理位置 지리적 위치
委屈 wěiqu 형 억울하다	受委屈 억울한 일을 당하다
温暖 wēnnuǎn 형 따뜻하다	温暖的灯光 따뜻한 불빛
无奈 wúnài 통 어찌 해 볼 도리가 없다	无奈的选择 어쩔 수 없는 선택
物质 wùzhì 명 물질	有害物质 유해물질

X

吸收 xīshōu 통 흡수하다/받아들이다	吸收水分 수분을 흡수하다 | 吸收知识 지식을 받아들이다
消失 xiāoshī 통 소실하다	报纸将会消失。 종이 신문은 장차 소실될 것이다. * 消失는 '~가 소실되다'라는 의미로 쓰여서 목적어가 없이 잘 나온다.
鲜艳 xiānyàn 형 화사하다	颜色过于鲜艳 색이 과하게 화사하다
显示 xiǎnshì 통 보여주다, 현시하다	显示威势 위세를 과시하다
现象 xiànxiàng 명 현상	有趣的现象 재미있는 현상

相对 xiāngduì 혱 상대적이다	相对很+Ⓐ 상대적으로 매우 Ⓐ하다 人与人的关系是相对的。 사람과 사람과의 관계는 상대적인 것이다.
相似 xiāngsì 혱 비슷하다	A跟B很相似 A와 B는 비슷하다
享受 xiǎngshòu 동 누리다, 향유하다	享受生活 생활을 누리다 ∣ 享受美餐 맛있는 음식을 먹다 * 享受+음식: ~를 잘 먹다
想象 xiǎngxiàng 동 상상하다	没有想象的那么Ⓐ 상상했던 것보다 그렇게 Ⓐ하지는 않다
消化 xiāohuà 동 소화하다	消化不良 소화 불량
消灭 xiāomiè 동 소멸하다	消灭一切敌人。 모든 적을 소멸하다. * 消灭는 '~를 소멸하다'라는 의미에서 목적어를 동반한 상태로 잘 나온다.
协调 xiétiáo 혱 조화롭다, 어울리다 동 조정하다, 조화롭게 하다	协调能力 협응력 ∣ 协调双方的意见 쌍방의 의견을 조정하다
心理 xīnlǐ 명 심리	心理现象 심리 현상 ∣ 心理问题 심리 문제 缩短心理距离 심적 거리를 좁히다
欣赏 xīnshǎng 동 감상하다, 좋아하다	欣赏风景 풍경을 감상하다 ∣ 欣赏音乐 음악을 감상하다 没有人欣赏我 나를 좋아하는 사람이 없다
信息 xìnxī 명 정보	信息量大 정보량이 많다
形成 xíngchéng 동 형성하다	形成对比 대비를 형성하다
形势 xíngshì 명 정세, 상황	国际形势 국제 정세
形象 xíngxiàng 명 이미지, 형상	整体形象 전체 이미지
形状 xíngzhuàng 명 형상, 생김새	特殊的形状 특수한 형상
幸亏 xìngkuī 부 다행히, 운 좋게	幸亏你提醒我 다행히 네가 날 깨우쳐 주었다 * 부사지만 문장 앞에 나온다.
幸运 xìngyùn 혱 운이 좋다 명 행운	幸运地得到 운이 좋게 얻다
性质 xìngzhì 명 성질	化学性质 화학적인 성질
修改 xiūgǎi 동 수정하다, 고치다	修改合同 계약서를 수정하다
虚心 xūxīn 혱 겸손하다	虚心使人进步 겸손함은 사람을 발전시킨다 ∣ =谦虚 qiānxū

寻找 xúnzhǎo 동 찾다	寻找答案 답을 찾다 | 寻找理由 이유를 찾다 | 寻找原因 원인을 찾다
询问 xúnwèn 동 물어보다	向+'대상'+询问 '누구'에게 물어보다 * 给를 쓰지 않는다.

Y

摇 yáo 동 흔들다	摇头 고개를 흔들다 [= 拒绝 거절하다]
要不 yàobu 접 그렇지 않으면, 그러지 말고	要不这样吧。 그러지 말고 이렇게 하자. | =要不然 yàoburán * 둘 중에 다른 하나를 선택하게 할 때도 쓴다.
一旦 yídàn 부 일단 ~한다면	一旦发生了，那怎么办? 일단 발생한다면, 그러면 어쩌지? * 아직 일어나지 않은 가정의 상황을 나타낸다.
一律 yílǜ 부 예외 없이	一律半价处理 일률적으로 반값에 처리하다
依然 yīrán 부 여전히	合同依然有效。 계약서는 여전히 유효하다. | =依旧 yījiù * 依旧는 6급 어휘이지만 같이 외워 두자.
遗憾 yíhàn 형 유감이다	感到遗憾 유감스럽다
疑问 yíwèn 명 의문, 의혹	毫无疑问 의심할 나위가 없다
意外 yìwài 형 뜻밖이다 명 뜻밖의 사고	意外的结果 뜻밖의 결과 | 发生意外 뜻밖의 일(/사고)이 발생하다
迎接 yíngjiē 동 영접하다, 맞이하다	迎接新的一天 새로운 날을 맞이하다
应付 yìngfu 동 대응하다	难于应付 대응하기 어렵다
用途 yòngtú 명 용도	用途广泛 용도가 광범위하다
勇气 yǒngqì 명 용기	拿出勇气 용기를 내다
优势 yōushì 명 우세	占优势 우세를 차지하다
悠久 yōujiǔ 형 유구하다	历史悠久 역사가 유구하다 | 悠久的历史 유구한 역사 * 很长과 같은 의미로 쓰인다.
犹豫 yóuyù 동 망설이다	还在犹豫要不要参加。 아직도 참가할지 말지를 망설이고 있다. * 犹豫 뒤에는 문장 형식의 목적어가 잘 나온다.
预报 yùbào 동 예보하다	天气预报 일기예보
预防 yùfáng 동 예방하다	预防感冒 감기를 예방하다

原则 yuánzé 몡 원칙	遵守原则 원칙을 준수하다 | 坚持原则 원칙을 견지하다
愿望 yuànwàng 몡 바람	实现愿望 바람을 실현하다
运气 yùnqi 몡 운	碰运气 운에 맡기다
运用 yùnyòng 통 운용하다	运用自如 자유자재로 운용하다

再三 zàisān 凰 기듭, 여러 번	再三强调要注意安全 안전에 주의해야 한다고 거듭 강조하다 * 再次는 '재차'
暂时 zànshí 몡 잠시	暂时在家休养 잠시 집에서 요양하다
造成 zàochéng 통 조성하다, 야기하다	造成压力 스트레스를 조성하다 * 造成은 목적어로 '안 좋은 결과'가 나온다.
掌握 zhǎngwò 통 숙달하다, 장악하다	掌握在自己手中 자기의 손아귀에 넣다, 장악하다 掌握技术 기술에 숙달하다 | 掌握外语 외국어에 숙달하다
照常 zhàocháng 凰 평소대로	照常营业 평소처럼 영업한다
珍惜 zhēnxī 통 소중히 여기다	珍惜生活 생활을 소중히 여기다 | 珍惜生命 생명을 소중히 여기다 珍惜时间 시간을 소중히 여기다 | 珍惜现在 현재를 소중히 여기다
争取 zhēngqǔ 통 쟁취하다, 얻어내다	争取自由 자유를 쟁취하다 | 争取信任 신임을 얻다 争取胜利 승리를 쟁취하다
征求 zhēngqiú 통 구하다	征求意见 의견을 구하다
整个 zhěngge 혱 모든, 완전히	整个过程 모든 과정 | 整个社会 모든 사회
整齐 zhěngqí 혱 가지런하다	摆得很整齐[/整整齐齐] 가지런히 놓다
证据 zhèngjù 몡 증거	收集证据 증거를 수집하다
执行 zhíxíng 통 집행하다	执行公务 공무를 집행하다
指挥 zhǐhuī 통 지휘하다	在他的指挥下 그의 지휘 아래에서
智慧 zhìhuì 몡 지혜 혱 지혜롭다	非常智慧 매우 지혜롭다
至今 zhìjīn 凰 지금까지	从古至今 예로부터 지금까지

周到 zhōudào 혱 꼼꼼하다	服务周到 서비스가 세심하다 | 想得很周到 꼼꼼하게 생각하다 考虑得很周到 꼼꼼하게 고려하다
逐步 zhúbù 븟 점점	= 逐渐 zhújiàn 점점 = 逐年 zhúnián 해마다
逐渐 zhújiàn 븟 점점	逐渐扩大 점점 확대하다 | 逐渐改善 점점 개선하다 逐渐增加 점점 증가하다
主动 zhǔdòng 혱 주동적이다, 능동적이다	主动要求 능동적으로 요구하다 | 主动辞职 주동적으로 사직하다
抓紧 zhuājǐn 동 꽉 쥐다/급히 하다	抓紧时间 서두르다
专心 zhuānxīn 혱 전념하다, 열중하다	专心学习 공부에 전념하다 | 专心研究 연구에 전념하다
转告 zhuǎngào 동 전언하다, 전하다	请转告他一声。 그에게 한마디만 전해 주세요.
状态 zhuàngtài 몡 상태	兴奋状态 흥분 상태
追 zhuī 동 쫓다	追不上 쫓을 수 없다
追求 zhuīqiú 동 추구하다	追求完美 완벽을 추구하다 | 追求目标 목표를 추구하다 追求理想 이상을 추구하다
资格 zīgé 몡 자격	具备资格 자격을 갖추다
资源 zīyuán 몡 자원	节约资源 자원을 절약하다
自从 zìcóng 개 ~에서, ~부터	自从……以后 ~한 후부터
自动 zìdòng 븟 자동으로	自动控制 자동으로 제어하다
总共 zǒnggòng 븟 모두, 전부	总共有10本。 모두 10권 있다. * 总共 뒤에는 항상 수량이 나온다.
总算 zǒngsuàn 븟 마침내, 드디어	总算有了好转。 마침내 호전되었다.
组织 zǔzhī 몡 조직 동 조직하다, 결성하다	组织活动 활동을 조직하다 | A 由 B 组织 A는 B가 조직하다 会议由谁组织? 회의는 누가 조직하나?
阻止 zǔzhǐ 동 저지하다	阻止事故发生 사고 발생을 저지하다

차근차근 STEP ❶

정리된 단어를 6번 이상 꼼꼼하게 읽어 보세요.

큰 소리로 발음해 보며 읽고, 한자와 의미를 꼼꼼하게 눈에 익히세요.

☐ 읽은 날짜: _____   ☐ 읽은 날짜: _____   ☐ 읽은 날짜: _____

☐ 읽은 날짜: _____   ☐ 읽은 날짜: _____   ☐ 읽은 날짜: _____

차근차근 STEP ❷

[의미]가 안 외워지는 단어를 아래에 정리해 보세요.

[의미]도 안 외워지는 단어가 30개 이상이라면, 다시 한번 암기한 후, 정리해 보세요.

까먹는 것을 부끄러워도 말고, 겁먹지도 말자. 누구도 한두 번 읽고 완벽히 단어를 외우지 못한다.
암기 족보는 최소 6번 이상, 종이가 너덜너덜해질 때까지 계속 반복해서 외우자!
결국에는 고사장에서 효과를 보게 될 것이다.

쓰기 영역

쓰기 **1** 빈출 문법

상황이 다양하고 변화무쌍한 회화와는 달리, HSK 쓰기 제1부분은 문제가 정형화되어 있어서 정답의 경우의 수가 거의 없다. 그래서 회화 상황에서는 복잡하고 어려웠던 문법이 시험에서는 도리어 매우 쉽게 출제된다. 특히 처치문이나 피동문처럼, 회화에서 어렵게 배웠던 문법들이 시험에서는 매우 쉽게 출제되니, 아래 정리되어 있는 빈출 공식을 완벽하게 외워 문제에 대비하자.

把자문(처치문)

처치문은 '주어(A)가 특정한 대상(B)을 어떻게 해 버렸다(동사+기타성분)'를 중국어로 표현할 때 쓰는 문법 형식이다. 한국어의 목적어 개념과 달라 혼동될 수밖에 없는 무척 까다로운 문법이지만, HSK 쓰기 제1부분에서는 공식에 맞춰서 대입하기만 하면 바로 풀리는 아주 쉬운 문법이다. [대표 단어: 개사 把]

> **공식**
>
> **A** + 把 + **B** + 동사 + **기타성분**　　A가 B를 ~하다
> 　　　①　　　　②
> 　　　　　　　　　　　　　　　　　　　　　　* ①, ② 자리에는 보충적인 성분이 온다

- **A** : 사람[생략 가능]　**B** : 사물
- 기타성분에 오는 대표적인 성분: 了, 동사중첩, 결과보어, 방향보어, 정도보어
- 기타성분 빈출 표현: ⓥ在+장소, ⓥ给+사람/특정 대상, ⓥ到+장소/시간/범위, 成/为+ 결과물, ⓥ+得+정도보어
- ①에 올 수 있는 성분: 각종 부사 [不, 没有, 已经, 常常 등], 조동사, 不小心
- ②에 올 수 있는 성분: 일부 부사 [全, 全部, 都, 再, 重新], 개사구 [给, 给人]

他将把自己的财产全部捐给社会。 → '将'과 '全部'의 위치를 체크하자.
그는 장차 자신의 재산을 사회에 기부할 것이다.

请将花瓶放回原处。 → 개사 '将'이 개사 '把'를 대신할 수 있다.
꽃병을 원래 자리에 돌려놓아 주세요.

请把详细的情况给张校长介绍一下。 → 기타성분 자리에 이미 다른 기타성분이 들어온 상태일 때, '给+人'은 ②에 넣는다.
상세한 상황을 장 교장님께 소개를 좀 해 드리세요.

他说的幽默把老师逗乐了。 → 간혹 A에 사물이 B에 사람이 오는 경우도 있다.
그의 유머가 선생님을 웃겼다.

> **Q** 시험에는 어떻게 나오나요?
>
> **A** 모든 처치문 관련 문제는 공식에 맞춰서 대입하기만 하면 100% 풀린다. 특히 기타성분 빈출 표현을 꼭 외워 두자.

被자문(피동문)

대부분의 문장이 가해자 입장에서 내용을 서술하는데 반해, 피동문은 피해자의 입장에서 이야기하는 문장 형태이다. 회화에서는 어떤 상황에서 피동문을 써야 하는지를 잘 몰라서 어려운 문법이지만, 시험에서는 역시 공식에 맞춰서 나열만 하면 되는 쉬운 문법이다. [대표 단어: 개사 被]

A + 被 + **B** + 동사 + **기타성분**   A가 B에 의해 ~ 당하다
　　　　①　　　②

* ①, ② 자리에는 보충적인 성분이 온다

- **A** : 사물   **B** : 사람[생략 가능]
- 기타성분에 올 수 있는 성분: 了, 결과보어, 방향보어, 정도보어
- ①에 올 수 있는 성분: 조동사, 각종 부사 [부정부사, 시간부사 등]
- ② 빈출 표현: 不小心 , 临时 , 完全
- 전 영역 최다 출현 표현: 飞往……的航班被临时取消了。 ~로 가는 항공편이 갑자기 취소되었다.

我负责的项目没被批准。 → 부정부사 위치를 체크하자.
내가 책임지는 프로젝트가 비준 받지 못했다.

他被冻得全身发抖。
그는 너무 추워서 온몸이 떨렸다.

飞往东京的航班被临时取消了。
도쿄로 가는 항공편이 갑자기 취소됐다.

受伤的人被救护车送进了医院。 → ①에 따라 사람과 사물의 위치가 바뀌기도 한다.
다친 사람이 구급차에 의해 병원으로 보내졌다.

Q 시험에는 어떻게 나오나요?

A 피동문의 기본 출제 유형은 A, B의 위치 설정을 물어보는 것이다. 여기서 더 확장되어 B가 생략된 유형이나, 동사술어에 따라 A, B의 위치를 바꿔야 하는 유형의 문제도 출현한다.

겸어문

겸어문은 주어가 특정 대상이 어떤 행위를 하게끔 만드는 경우 사용하는 문법이다. 겸어문에는 여러 형태가 있는데, 시험에는 사역동사 '让/使/令'을 사용한 겸어문이 잘 나온다. '~로 하여금 ~하게 하다' '~를 ~하게 했다'라는 식의 한국어를 중작할 때에는 사역동사를 써서 표현하면 대부분 맞아 떨어진다. [대표 단어: 让/使/令(사역동사)]

 공식

A + 让/使/令 + **B** + 술어　　　　A가 B로 하여금 ~하게 하다
　①　　　　　　②　　③

* ①, ②, ③ 자리에는 보충적인 성분이 온다

- **A** : 명사구, 동사구 등 다양한 조합이 출현 [생략 가능]
- **B** : 사람 * A를 생략해 쓰는 경우에는 B에도 사물이 올 수 있다.
- 빈출 술어: 变得(+형용사구), 变成(+명사구), 감정동사[激动、伤心、失望······], '高兴'과 같은 형용사
- ①에 올 수 있는 성분: 부정부사, 정도부사, 조동사
- ②에 올 수 있는 성분: 정도부사(감정동사나 형용사 앞에), 개사구
- ③에 올 수 있는 성분: ⓥ의 목적어, 정도보어, 결과보어

小王的乐观精神让大家很佩服。　→ 감정동사 앞에는 정도부사가 위치한다.
샤오왕의 낙관적인 정신은 모두로 하여금 매우 감탄하게 했다.

别让否定的情绪影响你的工作。　→ '别'의 위치를 체크하자.
부정적인 기분으로 하여금 너의 일에 영향을 주게 하지 말아라.

让我们以热烈的掌声欢迎张教授。　→ 주어가 없는 상태로도 잘 출제된다.
우리 열렬한 박수로 장 교수님을 환영합시다.

父母的鼓励能让孩子变得自信。
부모의 격려는 아이를 자신 있게 만들 수 있다.

这样可以使图片变得更完美。
이렇게 하면 사진이 더욱 완벽해진다.

Q 시험에는 어떻게 나오나요?

A A, B를 설정하는 것에 포인트를 준다. B 자리에 사람이 잘 나온다는 점을 기억해 두면 유용하다. 또는 술어 파트 조합에 포인트를 주는 경우도 많다. 특히 '变得'같은 표현이 사역동사와 잘 붙어 나오며, 이때 '变得' 뒤에는 형용사구가 잘 나온다.

정도보어(정태보어)

정도보어는 정도보어와 정태보어로 나눌 수 있다. HSK에서는 정태보어 문제가 자주 나온다. 형용사 뒤에 붙어서 정도가 상당함을 나타내는 것이 정도보어[饿死了, 好极了, 舒服得很]이고, 동사나 형용사 뒤에 구조조사 '得'가 나오고 그 뒤에 동사구나 형용사구가 나와서 술어가 어느 정도에 이르렀는지를 나타내는 것을 정태보어[委屈得哭了起来]라고 한다. [대표 단어: 得]

 공식   ⓥ술어 + 得 + ⓐ句   ⓥ술이를 'ⓐ句' 수준까지 한다

弟弟观察得极其仔细。
남동생은 매우 자세하게 관찰한다.

她女儿钢琴弹得很不错。
그녀의 딸은 피아노를 정말 잘 친다.

 공식   ⓐ술어 + 得 + ⓥ句   너무 'ⓐ술어'해서 ⓥ句할 정도다

隔壁的音乐声吵得她不能睡觉。
이웃의 음악 소리가 너무 시끄러워서 그녀는 잠을 잘 수가 없었다.

那个小伙子委屈得哭了起来。
그 아이는 너무 억울해서 울기 시작했다.

Q 시험에는 어떻게 나오나요?

A 쓰기 제1부분 '문제'에는 '得'가 앞이나 뒤 단어와 붙여져서 나온다. 즉, 붙여져 나온 형태를 보고 '정도보어(정태보어)'라는 것만 간파할 수 있다면 충분히 문제를 풀 수 있도록 출제된다. 간혹 '得'가 따로 떨어져서 나오는 경우가 있는데, 이때는 '정도부사'가 있으면 첫 번째 공식으로, 없으면 두 번째 공식으로 만들면 된다.

비교문

비교문은 단독으로도 나오지만, 정태보어나 처치문과 결합된 상태로 자주 출현한다. [대표 단어: 比 / 有 / 没有]

 공식   **A** + 比 + **B** + 술어   A는 B보다 [술어]하다
　　　　　　①　　　②　　③
　　　　　　　　　　　　　　　　　　　　* ①, ②, ③ 자리에는 보충적인 성분이 온다

- 빈출 술어: 형용사 **复杂, 大, 便宜**…… / 동사 **增加, 减少, 增长**…… / 대사 **怎么样**
- ①에 올 수 있는 성분: 부사, 조동사, 개사구
- ② 빈출 표현: 형용사 술어일 때 → **更, 还, 都**
　　　　　　　동사 술어일 때 → **早, 晚, 多, 少** * 활용 형태: 早/晚/多/少+ⓥ+了+수량
- ③에 올 수 있는 성분: 정도보어, 수량보어

一个拥抱比什么都温暖。 한 번의 포옹은 무엇보다 따뜻하다. → 比+의문사+都+ⓐ: 강조구문

办理贷款的手续比原来简单很多。 대출 수속을 처리하는 것이 처음보다 많이 간단하다.

发生的事情肯定要比想象的复杂得多。 발생한 일은 분명히 상상했던 것보다 훨씬 복잡할 것이다.

他比我早来了五分钟。 그는 나보다 5분 일찍 왔다. → 동사 술어일 때는 뒤에 수량보어가 붙는다.

 공식   **A** + 有/没有 + **B** + ⓐ술어   A는 B만큼 ⓐ술어하다/ⓐ술어하지 못하다
　　　　　　①　　　　　②　　③
　　　　　　　　　　　　　　　　　　　　* ①, ②, ③ 자리에는 보충적인 성분이 온다

- ①에 올 수 있는 성분: 조동사, **并**
- ②에 올 수 있는 성분[생략 가능]: **这么, 那么**
- ③에 올 수 있는 성분: 정도보어, 수량보어
- 빈출 표현: **没有想象的那么**+ⓐ 상상했던 것만큼 그렇게 ⓐ하지 않다

这个学期的课程有上个学期那么轻松。 이번 학기의 교과과정이 지난 학기만큼 부담이 없다.

病人的病情没有上星期那么严重。 환자의 병세가 지난주만큼 그렇게 심각하지는 않다.

发生的事情并没有想象的那么复杂。 발생한 일이 결코 상상했던 것만큼 그렇게 복잡하지 않다.
→ A的D + 比/有/没有 + B的D ＝ (A的)D + 比/有/没有 + B的(D) 로 생략될 수 있다.

Q 시험에는 어떻게 나오나요?

A 비교문의 경우 술어의 앞뒤에 어떤 것들을 나열해야 하는지, '的' 뒤에 중심어가 나오는지에 따라 A와 B의 자리에 어떤 것들을 넣어야 하는지를 물어보는 문제가 잘 나온다.

동태조사 了

동태조사 '了'는 회화에서는 상당히 까다롭고 이해하기 어려운 문법이다. 하지만 회화에서 어려운 문법일수록 HSK 쓰기 제1부분에서는 쉽다는 특징이 있다. 그 특징을 이용하여 아래의 공식만 기억하면 더 이상 HSK 쓰기 제1부분의 '了'에 겁먹지 않아도 된다. [대표 단어: 了]

ⓥ了 + 수사 + 양사 + ⓝ/ⓥ/ⓐ + 的 + ⓝ

* 관형어 조합의 구성은 완벽하지 않아도 된다.

张主任的计划受到了总经理的重视。
장 주임의 계획은 사장님의 주목을 받았다.

互联网转变了我们的消费观念。
인터넷은 우리들의 소비 관념을 바꾸었다.

这所大学校培养了一大批优秀人才。
이 대학은 많은 우수한 인재를 양성했다.

Q 시험에는 어떻게 나오나요?

A ⓥ了는 술어를 정할 때, 가장 기본이 되는 표식 중에 하나이다. 어떤 단어 뒤에 了가 붙어 있다면, 그 단어가 술어일 확률이 상당히 높다. 그리고 ⓥ了가 나오면, 처치문, 피동문이 아닌 경우에는 대부분 목적어 배열을 물어보는 문제가 출제된다.

你把耳环退了吗？ 너 귀걸이 환불했니? → 처치문

老板参加了他的婚礼。 사장님은 그의 결혼식에 참석했다. → 목적어

双方都进行了三轮谈判。 쌍방이 모두 세 차례 회담을 진행했다. → 목적어

존현문 'ⓥ着'

ⓥ着는 '존현문'과 '상태의 지속'을 나타낼 수 있는데, 시험에서는 존현문이 많이 나온다. 존현문이란, 어떤 장소에 사람 혹은 사물이 '존재' '출현' '소멸'하는 것을 나타내는 문장 형식이다. [대표 단어: 着]

 공식 장소 + ⓥ着 + 목적어   '장소'에서 '목적어'가 ⓥ하고 있다

- 장소: ⓝ+(방위사)
- 목적어: '관형어+ⓝ'의 형태로 나온다.
- 이때 ⓝ는 ⓥ着의 주체로 한국어로는 '주어'로 해석된다.

外边停着一辆车。
밖에 차가 한 대 서 있다.

办公桌上堆着一些文件。
사무실 책상 위에 문서들이 쌓여 있다.

门上挂着游人止步的牌子。
문에 관광객 출입 금지의 팻말이 걸려 있다.

Q 시험에는 어떻게 나오나요?

A 문제에 ⓥ着가 있을 때에는 항상 장소의 유무를 따져야 한다. 장소가 있으면 장소는 무조건 ⓥ着 앞에 나온다. 비록 출현 빈도는 낮지만 ⓥ着는 '상태의 지속' 형태의 문제로도 나온다. 문제에 '장소'에 해당하는 단어가 없다면 상태의 지속으로 쓰인 것이다. 만약, 동사가 2개가 나올 경우는 '주어 + ⓥ1着 + ⓞ1 + ⓥ2 + ⓞ2 ('주어'가 'ⓥ1'하면서 'ⓥ2'한다) 형식을 따른다.

不同国家之间仍然存在着很多文化差异。
서로 다른 국가 사이에는 여전히 많은 문화적 차이가 존재하고 있다.

有些人总是拿着放大镜看别人。
어떤 사람들은 항상 돋보기로(를 들고) 다른 사람들을 본다.

특수한 표현 '有'

 공식   장소 + 有 + 불특정한 사물   A에는 B가 있다

* 장소: ⓝ+방위사: 일부 장소명사 [隔壁/家 등]의 경우 방위사 없이 사용 가능

王阿姨的院子里有两棵苹果树。 왕씨 아주머니네 정원에는 사과나무 두 그루가 있다.

 공식   소유자 + 有 + 소유물   A는 B를 가지고 있다

这个结果有很特殊的意义。 이 결과는 매우 특수한 의의를 가지고 있다.

 공식   주어 + 有 + 계량/어림수+(ⓐ)   A는 (ⓐ가) B쯤(정도) 된다

非洲大象有几吨重? 아프리카 코끼리는 무게가 몇 톤인가?

 공식   'A하는 B'가 있다/없다

- A가 ⓐ일 경우: 有/没有 + A的B   有漂亮的花 예쁜 꽃이 있다
- A가 ⓥ일 경우: 有/没有 + B + A   没有时间跟你玩 너랑 놀 시간이 없다

  没有跟你玩的时间(×)

世界上没有绝对完美的人生。 세상에 절대적으로 완벽한 인생은 없다.

那个机器有两个零件找不到了。 저 기계는 찾지 못하는 부속품이 2개 있다.

 Q 시험에는 어떻게 나오나요?

A 문제에 '有'가 있을 경우, '有'가 우선순위 술어가 된다. 이때 '有'와 함께 형용사구와 동사구가 같이 나온다면 '有+형용사구 +명사+동사구'로 배열한다.

网上有很多免费资源可以利用。
인터넷에는 이용할 수 있는 많은 공짜 자원들이 있다.

특수한 표현 '在'

 공식　Ａ 在 Ｂ　A는 B에 있다

- 이때 '在'는 '동사'
- **Ａ** : B에 있어야 할 '것'으로, '특정한 사물'이어야 함. '수사+양사+ⓝ'는 나올 수 없음
- **Ｂ** : A가 있어야 할 '곳'으로, '장소'여야 함 * 장소: '일반명사+방위사' 혹은 '고유명사'

大使馆就在银行对面。
대사관은 은행 맞은편에 있다.

 공식　Ａ 在 Ｂ + ⓥ　A는 B에서 ⓥ한다

- 이때 '在'는 '개사'
- **Ｂ** : 시간/장소

他们在建设性的气氛中进行了深入讨论。
그들은 건설적인 분위기 속에서 심도 깊은 토론을 진행했다.

 공식　Ａ 在 + ⓥ　A는 ⓥ하는 중이다

- 이때 '在'는 '부사'

我还在犹豫要不要参加。
나는 아직도 참가할지 말지를 망설이고 있다.

Q 시험에는 어떻게 나오나요?

A '在'가 문제에 나올 때, 앞의 3가지 공식 외에, '把'가 같이 나오면 '在'는 기타성분, 즉 동사술어 뒤에 놓고 풀이를 진행하자.

我想把这盆花放在客厅里。　나는 이 화분을 거실에 놓고 싶다.

把画挂在这儿，好不好？　그림을 여기에 거는 것이 어때?

특수한 표현 '是'

 A 是 **B**　A는 B이다

- **A** : 설명 받는 주체
- **B** : 주어를 설명하는 역할

现在最迫切的事情是恢复交通。 현재 가장 절박한 일은 교통을 회복하는 것이다.

神话是古代人对自然的解释。 신화는 고대인들의 자연에 대한 해석이다.

 A 是 **B** 的　A는 B한 것이다

- **B** : [언제/어디서/누가/어떻게/왜]+동사술어
- **B** 에 나오는 내용을 강조하는 구문

这项技术是从古代流传下来的。 이 기술은 고대에서 전해내려 온 것이다. → '언제'를 강조

这条项链是王师傅制作的。 이 목걸이는 왕 사부가 만든 것이다. → '누구'를 강조

 장소 是 목적어　'어디'의 '어느 쪽'은 '무엇'이다

- '존재'를 나타내는 문형
- 장소: 명사+(방위사)
- 목적어: 장소에 존재하는 것

图书馆东边是操场。 도서관 동쪽은 운동장이다.

Q 시험에는 어떻게 나오나요?

A 쓰기 제1부분에서 (첫 번째 공식으로 다룬) 'A是B' 형식의 문제는 일반적으로 '是'가 A나 B, 어느 한 쪽에 붙어 있다. 이런 경우에는 A와 B의 길이가 상관 없지만[*A是B의 첫 번째 예문], '是'가 단독으로 나올 때에는 A는 짧고 B는 길게 만든다. [*A是B의 두 번째 예문] 이 때 A와 B의 위치를 서로 바꾸면 안 된다. 그리고 이때의 B는 '관형어+중심어'의 형태를 자주 취한다.

예 古代人　　是　　神话　　对自然的　　解释
　　古代人对自然的解释是神话。(×)　　神话是古代人对自然的解释。(○)

단순히 외우는 것으로 끝내지 말고, 위에서 이야기한 활용법대로 스스로 많은 예문을 만들어 보자. 밑줄 친 부분들을 변형 포인트로 삼아서 연습해 보자.

══ 외워 두면 좋은 표현　─── 변형 연습하기 좋은 표현

** 1**

一年四季中我最喜欢秋天了！北京的秋天非常美，很适合出去旅游。旅游可以使人改善紧张的工作状态、放松心情。现在的人们用旅游来放松心情已经成了一种普遍的现象。

일년 사계절 중 나는 가을을 가장 좋아한다. 베이징의 가을은 매우 아름다워서 여행 다니기 매우 적합하다. 여행은 사람들로 하여금 긴장된 업무 상태를 개선시키고, 기분을 편하게 할 수 있다. 현재 사람들이 여행으로 기분을 편하게 하는 것은 이미 하나의 보편적인 현상이 되었다.

> **변형 포인트**　用 A (来) B 已经成了一种普遍的现象
> A를 이용해 B하는 것은 이미 하나의 보편적인 현상이 되었다.

· 用手机上网已经成了一种普遍的现象。
　휴대폰을 사용해서 인터넷을 하는 것은 이미 하나의 보편적인 현상이 되었다.

· 用业余时间提高自己已经成了一种普遍的现象。
　여가 시간을 사용해 자신을 개발하는 것은 이미 하나의 보편적인 현상이 되었다.

· _____

· _____

适合 shìhé 동 적합하다, 알맞다 | **改善** gǎishàn 동 개선하다 | **状态** zhuàngtài 명 상태 | **普遍** pǔbiàn 형 보편적이다 | **现象** xiànxiàng 명 현상

2

在促进经济发展的同时，也应该保护环境，而不能破坏环境。因为自然环境的好坏会直接影响人类的生存与发展。我们应该为保护自然环境而努力，不能再让环境继续破坏下去。

경제 발전을 촉진시키는 동시에 환경도 보호해야 하고, 환경을 파괴해서는 안 된다. 자연 환경의 좋고 나쁨은 인류의 생존과 발전에 직접적으로 영향을 주기 때문이다. 우리는 자연 보호를 위해 노력해야 하고, 더 이상 자연이 계속 파괴되게 해서는 안 된다.

> **변형 포인트**　(在) A 的同时，也 B　A하는 동시에, (또한) B한다

· 帮助别人的同时，也要保护自己。 남을 돕는 동시에, 자신도 보호해야 한다.

· _____

· _____

促进 cùjìn 동 촉진하다 | **发展** fāzhǎn 동 발전하다 | **保护** bǎohù 동 보호하다 | **破坏** pòhuài 동 파괴하다 | **直接** zhíjiē 명 직접 | **影响** yǐngxiǎng 명 영향 동 영향을 주다 | **生存** shēngcún 명 생존 동 생존하다

3

以前人们缺乏环境保护意识，为了工业发展，破坏了一些地方的自然环境。现在人们已经提高了环境保护意识，经常密切地关注周围的环境变化，从而我们生存的这个地球也得到了保护。

예전에 사람들은 환경 의식이 부족해서, 공업 발전을 위해 일부 지역의 자연 환경을 파괴했다. 현재 사람들은 이미 환경 보호 의식이 제고되어, 항상 주위 환경 변화를 면밀하게 주시하고 있다. 따라서 우리가 생존하고 있는 이 지구도 보호를 받게 되었다.

변형 포인트　缺乏……意识 ~의식이 부족하다 ↔ 提高 …… 意识 ~의식을 제고하다

· 孩子缺乏安全意识，容易造成身体伤害。
　아이들이 안전 의식이 부족하면 쉽게 몸을 다칠 수 있다.

· 怎样才能提高员工的安全意识？
　어떻게 해야 직원들의 안전 의식을 높일 수 있을까?

· _____

· _____

缺乏 quēfá 통 부족하다 | **意识** yìshí 명 의식 | **提高** tígāo 통 제고하다 | **关注** guānzhù 통 주시하다 | **从而** cóng'ér 접 따라서, 그리하여

4

抽烟不但会影响抽烟者的健康，还会影响周围人的健康。因此，很多地方是禁止抽烟的。比如说餐厅、电影院、地铁等地方。最近，连在卫生间抽烟都是被禁止的。

흡연은 흡연자의 건강에 영향을 끼칠 뿐만 아니라, 주위 사람들의 건강에도 영향을 끼칠 수 있다. 이 때문에, 많은 곳에서 흡연을 금지하고 있다. 예를 들어 식당, 영화관, 지하철 등이 있다. 최근에는 화장실에서조차 흡연이 금지되고 있다.

변형 포인트　不但 A，还 B A할 뿐만 아니라, 또한 B하다

· 他不但学习成绩好，还很乐于助人。
　그는 성적이 좋을 뿐만 아니라, 남들도 잘 돕는다.

· 妈妈不但没有责备我，还鼓励我继续努力争取下次的成功。
　엄마는 나를 꾸짖지 않았고, 내가 계속 노력해서 다음 번에는 성공할 수 있도록 응원하였다.

· _____

· _____

禁止 jìnzhǐ 통 금지하다

5

吸烟危害健康是人人都知道的，可很多吸烟者都不能戒烟。随着吸烟人数的不断增长，国家也采取了很多戒烟的方法，比如说公共场所禁止吸烟的措施。

흡연이 건강을 해친다는 것은 누구나 다 알고 있지만, 많은 흡연자들이 금연을 하지 못한다. 흡연자들의 수가 끊임없이 증가함에 따라, 국가도 많은 금연 방법들을 채택했다. 예를 들어 공공장소에서 흡연을 금지하는 조치 등이 그렇다.

변형 포인트 随着…… ~함에 따라

· 随着交往的深入，我终于看清他的为人。
교제가 깊어짐에 따라, 나는 마침내 그의 사람됨을 정확히 봐 버렸다.

· 随着科技的发展，人们生活水平越来越高。
과학 기술이 발전함에 따라 사람들의 생활 수준이 갈수록 높아졌다.

· _____

· _____

危害 wēihài 명 위해 동 손상시키다 | **戒烟** jièyān 동 담배를 끊다 | **随着** suízhe ~에 따라 | **增长** zēngzhǎng 동 증가하다 | **采取** cǎiqǔ 동 채택하다 | **措施** cuòshī 명 조치

6

现代企业生产产品时，很关注消费者的要求。随着消费者越来越重视使用价值，企业不仅要注重产品的质量，还要注重产品的实用性，这样才能使产品更受消费者欢迎。

현대의 기업들은 상품을 생산할 때 소비자들의 요구를 중요하게 여긴다. 소비자들이 갈수록 사용 가치를 중시함에 따라, 기업은 상품의 품질만 중시할 뿐 아니라, 상품의 실용성도 중시한다. 이렇게 해야만 상품으로 하여금 소비자들의 환영을 받게 할 수 있다.

변형 포인트 这样才能使…… 이렇게 해야만 비로소 ~로 하여금 ~하게 하다 [=这样才能让……]
　　　　　　怎样才能使…… ? 어떻게 해야 비로소 ~로 하여금 ~하게 할까? [=怎样才能让……?]

· 这样才能使自己对任何事情、任何人应对自如。
이렇게 해야만 자신이 어떠한 일이나 사람에 대해서라도 자유롭게 응대할 수 있다.

· 怎样才能让自己尽快入睡?
어떻게 해야 빨리 잠에 들 수 있을까?

· _____

· _____

生产 shēngchǎn 동 생산하다 | **重视** zhòngshì 동 중시하다 | **使用** shǐyòng 동 사용하다 | **价值** jiàzhí 명 가치 | **质量** zhìliàng 명 품질 | **注重** zhùzhòng 동 중시하다

7

学校不但教学生知识，还<u>培养学生自己学习新知识的能力</u>，并且鼓励学生积极参加社会活动，<u>提高学生的个人办事、适应社会的能力</u>。这样，等学生毕业以后，<u>就能更好地适应新的环境</u>。

학교는 학생에게 지식을 가르칠 뿐만 아니라, 학생 스스로 새로운 지식을 학습할 능력을 키워 준다. 또, 학생이 적극적으로 사회 활동에 참가하고, 학생 개인의 일 처리 능력과 사회 적응 능력을 제고하도록 응원한다. 이렇게 하면, 학생이 졸업하고 새로운 환경에 더욱 잘 적응할 수 있다.

변형 포인트　培养……能力　~한 능력을 키우다
　　　　　　　培养……人才　~한 인재를 배양하다

· 如何培养英语学习能力?
　어떻게 하면 영어 학습 능력을 키울 수 있을까?

· 培养适应时代要求的人才。
　시대의 요구에 적응하는 인재를 키우다.

· _____

· _____

培养 péiyǎng **동** 배양하다, 육성하다 | 知识 zhīshi **명** 지식 | 鼓励 gǔlì **동** 응원하다 | 积极 jījí **형** 적극적이다/긍정적이다 | 适应 shìyìng **동** 적응하다

8

现代生活节奏的特点是"快"。<u>不仅工作要求"快"，日常生活都要求"快"。</u><u>社会的急速发展加重了我们的心理负担，还造成了一些副作用</u>。所以，我认为现代社会生活节奏应该慢一点儿。

현대 생활 리듬의 특징은 '빠름'이다. 업무에서만 '빠름'을 요구할 뿐 아니라, 일상생활에서도 '빠름'을 요구한다. 사회의 급속한 발전은 우리들의 심리 부담을 가중시켰고, 부작용들을 야기했다. 그래서 나는 현대 생활 리듬이 조금 느려져야 한다고 생각한다.

변형 포인트　不仅 A 都(也/还/而且/并且) B　A할 뿐만 아니라, 또한 B하다

· 运动员的出色表现，不仅赢得了好成绩，并且增进了双方的友谊。
　운동선수들의 훌륭한 태도는 좋은 성적을 얻었을 뿐만 아니라, 쌍방의 우정도 증진시켰다.

· 现代化建设不仅是非常伟大的事业，同时也是十分艰巨的事业。
　현대화 건설은 대단히 위대한 사업일 뿐만 아니라, 동시에 매우 어렵고 힘든 사업이기도 하다.

· _____

· _____

节奏 jiézòu **명** 리듬 | 特点 tèdiǎn **명** 특징 | 急速 jísù **형** 빠르다, 급하다 | 加重 jiāzhòng **동** 가중되다 | 负担 fùdān **명** 부담 **동** 부담하다 | 副作用 fùzuòyòng **명** 부작용

9

这是一个人拿着相机给别人拍照的图片。这样的情景经常在旅游的地方可以看到，人们都忙着拍照留念。照片可以帮助我们留下最美好的时刻，也可以让我们回忆幸福的过去。

이것은 한 사람이 사진기로 다른 사람을 사진 찍어 주고 있는 그림이다. 이러한 정경은 여행지에서 자주 볼 수 있다. 사람들은 모두 사진을 찍어서 기념으로 남기려고 바쁘다. 사진은 우리가 가장 아름다운 때를 기억할 수 있게 도와줄 수 있고, 우리로 하여금 행복한 과거를 추억할 수 있게 해 줄 수 있다.

변형 포인트 忙着…… ~하느라 바쁘다

· 他在自己的房间里忙着工作。
  그는 자신의 방에서 일하느라 바쁘다.

· 毕业后，她一直在忙着找工作。
  졸업 후, 그녀는 줄곧 일자리를 찾느라 바쁘다.

· _____

· _____

情景 qíngjǐng 명 정경, 장면 | 留念 liúniàn 동 기념으로 남기다 | 时刻 shíkè 명 시각 부 시시각각 | 回忆 huíyì 명 회상 동 회상하다

10

生活压力是由什么造成的？我认为由住房、工作、学习或人际关系所造成的。生活压力无处不在，而又不可避免的。因此，我们应该把压力当成生活必不可少的一部分。

생활 스트레스는 무엇이 야기하는 걸까? 나는 주거, 일, 공부 혹은 인간관계등이 (생활 스트레스를) 야기한다고 생각한다. 생활 스트레스는 없는 곳이 없고, 피할 수 도 없다. 그렇기 때문에, 우리는 마땅히 스트레스를 생활 속에서 없어서는 안 되는 일부분으로 여겨야 한다.

변형 포인트 A 是由 B 造成的？ A는 B가 야기하는가? [造成＝引起＝导致]

· 我们常见的这种现象是由什么造成的？
  우리가 자주 보는 이러한 현상은 무엇이 야기한 것인가?

· 贫困是由什么原因引起的？
  빈곤은 무슨 원인이 야기하는가?

· _____

· _____

避免 bìmiǎn 동 피하다 | 造成 zàochéng 동 야기하다 | 人际关系 rénjì guānxì 명 인간관계 | 必不可少 bìbùkěshǎo 없어서는 안 된다

⑪ 一定的环境培养出一定的人才。每个地区的生活环境都不相同，人们的风俗习惯和思想观念<u>也就随之而</u>改变。<u>生活在同一个环境中的人，性格也会很相似，从而带有一种地域的独特性。</u>

특정한 환경에서 특정한 인재가 배출된다. 모든 지역의 생활 환경이 다 다르고, 사람들의 풍습과 사상 관념도 환경에 따라 바뀐다. 동일한 환경에서 생활하는 사람들은 성격도 매우 비슷하다. 그래서 일종의 지역적 특성을 가진다.

> **변형 포인트** 　随之而…… 에 따라 [随之而改变 ~에 따라 바뀌다 / 随之而来 뒤따라 오다]

· 既然有选择的自由，那么自己必须承担<u>随之而来</u>的责任。
　선택의 자유가 있는 만큼, 반드시 뒤따라 오는 책임도 감당해야 한다.

· 做我们所喜欢的，然后成功就会<u>随之而来</u>。
　우리가 좋아하는 것을 하면, 성공은 뒤따라 온다.

·　_____

·　_____

风俗 fēngsú 명 풍속 ｜ **观念** guānniàn 명 관념 ｜ **随之** suízhī 따라서 ｜ **相似** xiāngsì 형 비슷하다 ｜ **独特** dútè 형 독특하다

---

⑫ <u>我们的精力和时间是有限的</u>，所以<u>真正能专心去做的事情并不是很多</u>。如果既对这个感兴趣，又对那个感兴趣，做一会儿这个，做一会儿那个，<u>那么到最后的结果可能就是什么都做了，但什么也没做成。</u>

우리의 에너지와 시간은 유한하다. 그래서 진정으로 열중하며 할 수 있는 일은 결코 많지 않다. 만약에 이것에도 흥미가 있고 저것에도 흥미가 있어서, 이것 조금 했다가 저것 조금 했다가는 최후의 결과가 아마도 무엇이든 다 했지만, 아무것도 이루지 못한 것이 될 것이다.

> **변형 포인트** 　……是有限的 ~는 한계가 있다

· 人的生命<u>是有限的</u>。
　사람의 생명은 한계가 있다.

· 资源<u>是有限的</u>，节约资源需要每一个人的努力。
　자원은 한계가 있고, 자원 절약은 모든 사람의 노력이 필요하다.

·　_____

·　_____

有限 yǒuxiàn 형 유한하다 ｜ **专心** zhuānxīn 동 열중하다

13

汽车是现代人最常用的交通工具。但是汽车不仅耗费了大量的能源，对环境也造成了严重的破坏。因此，为了节约能源，保护环境，目前世界上许多国家都在积极研发、推广新能源汽车。

자동차는 현대인이 가장 상용하는 교통수단이다. 그렇지만, 자동차는 많은 양의 에너지를 소비할 뿐만 아니라, 환경에도 심각한 오염을 초래한다. 이 때문에 에너지를 절약하고 환경을 보호하기 위해서, 현재 세계의 많은 나라들이 신에너지 자동차를 적극적으로 개발하고, 널리 보급하고 있다.

변형 포인트 为(了)节约能源，保护环境 에너지를 절약하고, 환경을 보호하기 위해

· 生活中我们可以为节约能源，保护环境做哪些事情?
　생활 속에서 우리가 에너지를 절약하고 환경을 보호하기 위해 어떤 일을 할 수 있을까?

· 每个人都需要为节能环保作出自己的贡献。[节约能源，保护环境=节能环保]
　모든 사람은 에너지 절약과 환경 보호를 위해 공헌을 해야 한다.

· _____

· _____

耗费 hàofèi 图 소비하다 | **严重** yánzhòng 图 위급하다/심각하다 | **破坏** pòhuài 图 파괴하다 | **积极** jī)(图 적극적이다/긍정적이다 | **研发** yánfā 图 연구 개발하다 | **推广** tuīguǎng 图 널리 보급하다

14

很多人错误地认为事先做好计划会很浪费时间，其实，提前做好计划可以减少工作所用的总时间。行动之前构想好要做的事情的每个细节，这样当我们行动时，就可以提高工作效率。

많은 사람들이 사전에 계획을 잘 세우는 것은 시간을 낭비할 수 있다고 잘못 여기고 있다. 사실은 미리 계획을 잘 세우는 것은 업무에 사용되는 총 시간을 줄일 수 있다. 행동하기 전에 해야 할 일의 모든 세부적인 부분을 잘 구상해 놓으면, 우리가 행동할 때, 업무 효율을 제고할 수 있다.

변형 포인트 提前做好计划 미리 계획을 잘 세우다

· 无论做什么事情，都要提前做好计划。
　어떤 일을 하든, 미리 계획을 잘 세워야 한다.

· 我们应该培养提前做好计划的习惯。
　우리는 미리 계획을 세우는 습관을 길러야 한다.

· _____

· _____

错误 cuòwù 图 착오, 잘못 | **提前** tíqián 图 앞당기다 | **减少** jiǎnshǎo 图 감소하다 | **构想** gòuxiǎng 图 구상하다 | **细节** xìjié 图 디테일

目前，很多家庭已经认识到了理财的重要性，但究竟应该如何制定理财方案呢？由于每个家庭的情况有别，要看情况办理是必要的，也就是说家庭理财方案应该是根据家庭的实际收支情况来定。

현재, 많은 가정들이 이미 재테크의 중요성을 인식하게 되었다. 그런데, 도대체 재테크 방안은 마땅히 어떻게 세워야 할까? 모든 가정의 상황이 각기 다르기 때문에, 상황을 봐 가며 처리해야 하는 것이 필요하다. 바꾸어 말하면 가정의 재테크 방안은 가정의 실제 수입과 지출 상황에 근거해서 정해야 한다.

변형 포인트　(究竟)应该如何…… (도대체) 어떻게 ~해야 하는가

• 究竟应该如何对待自己的过错？
　도대체 어떻게 자신의 잘못을 대해야 하는가?

• 家长应该如何跟老师沟通？
　학부형은 어떻게 선생님과 소통해야 하는가?

• _____

• _____

理财 lǐcái 몡 재테크 | **究竟** jiūjìng 뷔 도대체, 대관절 | **制定** zhìdìng 동 제정하다 | **实际** shíjì 몡 실제 혱 실제적이다 | **收支** shōuzhī 몡 수지

经常熬夜的人常会感到疲倦、头痛，时间久了，还会发现免疫力也在下降。许多年轻人觉得无所谓，可他们不知，到老的时候，身体的许多毛病就会显现出来，到时候再后悔就来不及了。

항상 밤을 새는 사람들은 피곤함과 두통을 자주 느끼고, 이것이 오랫동안 계속되면, 면역력도 떨어지고 있음을 발견할 수 있다. 많은 젊은이들이 상관없다고 생각하지만, 그들은 모른다. 나이가 들었을 때 신체의 많은 문제들이 드러나고, 그때가 되면 후회해도 늦는다는 것을.

변형 포인트　到时候再后悔就来不及了 그때가 되면 후회해도 늦는다

• 交通事故一旦发生，到时候再后悔就来不及了。
　교통사고는 일단 발생하면, 그때 가서 후회해도 늦는다.

• 如果不能及时进行治疗，就会导致病情加重，到时候再后悔也就来不及了。
　만약에 제때 치료하지 않으면 병은 위중해질 것이고, 그때가 되면 후회해도 늦는다.

• _____

• _____

熬夜 áoyè 동 밤새다 | **疲倦** píjuàn 혱 피곤하다 | **下降** xiàjiàng 동 떨어지다 | **显现** xiǎnxiàn 동 드러나다 | **后悔** hòuhuǐ 동 후회하다

婚姻是一双鞋。不论什么鞋，最重要的是合脚；<u>不论什么样的婚姻，最美妙的是和谐</u>。虽然别人看到的是鞋，但是自己感受到的是脚。脚比鞋重要，这是一条真理，却常常被人们忘记。

혼인은 한 켤레의 신발이다. 어떤 신발이든, 가장 중요한 것은 발에 맞는 것이다. 어떠한 결혼이든, 가장 아름다운 결혼은 잘 어울리는 것이다. 비록 다른 사람들이 보는 것은 신발이지만, 자신이 느끼는 것은 발이다. 발이 신발보다 중요하다. 이것은 진리이지만 종종 사람들이 까먹는다.

변형 포인트 不论A什么样的B [＝无论A什么样的B] 어떠한 B가 A하더라도

· 无论处于什么样的环境，都不要忘记善良。
어떤 환경에 처하든 선량해야 함을 잊으면 안 된다.

· 不论发生什么样的事情，我都会支持你。
어떤 일이 발생하든 나는 너를 지지한다.

· _____

· _____

美妙 měimiào 휑 아름답다 | **和谐** héxié 휑 잘 어울리다 | **感受** gǎnshòu 통 받다, 느끼다

经常与父母一起吃饭的孩子<u>更容易形成</u>健康的心理。一起吃饭时，孩子可以跟父母分享内心体验，从而减少孩子的焦虑和孤独感。跟父母一起吃饭的时间越多，对孩子的积极影响就越明显。

자주 부모와 같이 밥을 먹는 아이들이 더 쉽게 건강한 심리를 형성한다. 같이 밥을 먹을 때 아이는 부모와 내적 경험을 나누고, 그래서 아이의 초조함과 고독감은 감소한다. 부모와 같이 밥을 먹는 시간이 길수록, 아이에 대한 긍정적인 영향은 분명해진다.

변형 포인트 容易形成…… 쉽게 ~를 형성하다

· 我们对一件事情知道的越少,就越容易形成判断。
우리는 어떤 일에 대해서 아는 것이 적을 수록 쉽게 판단을 형성한다(판단을 한다.)

· 为什么我们非常容易形成一个信念，并对其深信不疑？
왜 우리는 매우 쉽게 신념을 형성하고, 그것을 믿어 의심치 않는가?

· _____

· _____

形成 xíngchéng 통 형성되다 | **分享** fēnxiǎng 통 나누다 | **内心** nèixīn 마음 속 | **体验** tǐyàn 통 체험하다 | **焦虑** jiāolù 휑 초조하다 | **孤独** gūdú 휑 고독하다 | **明显** míngxiǎn 휑 뚜렷하다

⑲

现在许多年轻人在追求财富的过程中，很容易迷失生活的方向，常常错误地认为更多的财富会带来更多的快乐。事实上，快乐跟财富根本没有必然的关系。幸福是不能只以金钱来衡量的。

현재 많은 젊은이들이 재물을 추구하는 중에, 쉽게 생활의 방향을 잃어버리고, 종종 더 많은 제물이 더 많은 행복을 가져다준다고 잘못 알고 있다. 사실상, 행복과 재물은 필연적인 관계가 전혀 없다. 행복은 돈으로만 측정할 수 없는 것이다.

변형 포인트 根本没有必然的关系 필연적인 관계가 전혀 없다 [关系＝联系]

· 穷和年轻根本没有必然的关系。
  가난함과 젊음은 필연적인 관계가 전혀 없다.

· 对于那些和我根本没有必然关系的人，根本没必要去在乎他们。
  나와 전혀 필연적인 관계가 없는 사람들에 대해 전혀 신경 쓸 필요가 없다.

· _____

· _____

追求 zhuīqiú 통 추구하다 | **财富** cáifù 명 부, 재산 | **迷失** míshī 통 잃다 | **衡量** héngliáng 통 측정하다

---

⑳

对于现代人来说，似乎很难想象，如果回到没有手机的时代，我们的生活将变成什么样？一项调查显示，63%的人不愿意回到没有手机的时代。在他们看来，手机已经成为他们生活中重要的组成部分。

현대인의 입장에서 말해 보자면, 만약에 휴대폰이 없는 시대로 돌아가면 우리의 생활은 장차 어떻게 변할지를 상상하기는 매우 어려울 것이다. 어떤 조사 결과가 나타내길, 63%의 사람들이 휴대폰이 없는 시대로 돌아가는 것을 원하지 않았다. 그들의 입장에서 보자면, 휴대폰은 이미 그들의 생활 속에서 중요한 구성 부분이 되었다.

변형 포인트 (似乎)很难想象…… ～를 상상하기 매우 어렵다

· 你很难想象我们解决这个问题遇到了多么大的困难。
  너는 우리가 이 문제를 해결할 때 얼마나 큰 곤란함을 만났는지 상상하기 어려울 것이다.

· 虽然很难想象这是校园，但它确实就是。
  비록 여기가 캠퍼스라고 상상하기 어렵겠지만, 확실히 캠퍼스가 맞다.

· _____

· _____

调查 diàochá 통 조사하다 | **显示** xiǎnshì 통 뚜렷하게 나타나다 | **组成** zǔchéng 통 구성하다

21 幽默能拉近人与人之间的距离。一个懂得幽默的人知道如何调节气氛，他会让紧张严肃的谈话变得轻松愉快。而不懂得幽默的人很可能<u>一不小心就让自己变成了无趣、破坏气氛的人</u>。

유머는 사람과 사람 사이의 거리를 줄일 수 있다. 유머를 아는 사람은 분위기를 어떻게 조절하는지 알아서, 긴장되고 엄숙한 대화를 가볍고 유쾌하게 바꿀 수 있다. 그러나 유머를 모르는 사람은 순간의 실수로 자신을 재미없고 분위기를 깨는 사람으로 만들 수 있다.

변형 포인트　拉近人与人之间的距离 사람과 사람 사이의 거리를 줄이다

· 手机如何拉近人与人之间的距离?
　휴대폰은 어떻게 사람과 사람 사이의 거리를 줄였는가?

· 人与人之间怎样才能拉近彼此心理上的距离?
　사람과 사람 사이에는 어떻게 해야 서로 간의 심리상의 거리를 줄일 수 있는가?

· _____

· _____

幽默 yōumò 몡 유머 **|** **拉近** lājìn 통 가까이 끌어당기다 **|** **距离** jùlí 통 거리 **|** **调节** tiáojié 통 조절하다 **|** **严肃** yánsù 혱 엄숙하다 **|** **破坏** pòhuài 통 파괴하다

---

22 对于不太熟悉的人，人们往往会<u>根据对方的反应来</u>选择相应的语言或行为。特别是对还不十分了解，但又希望继续交往的人，<u>人们会尽量把自己的好的一面表现出来，把缺点隐藏起来</u>。

잘 모르는 사람에 대해, 사람들은 종종 상대방의 반응에 따라 상응하는 언어나 행위를 선택한다. 특히나 잘은 모르지만 계속 교제하고 싶은 사람에 대해서는, 사람들은 최대한 자신의 좋은 점을 드러내고, 결점은 숨긴다.

변형 포인트　根据对方的反应来…… 상대방의 반응에 따라 ～하다

· 如何根据对方的反应来判断事情的真假?
　어떻게 해야 상대방의 반응에 근거해 일의 진위를 판단할 수 있는가?

· 在人际交往中根据对方的反应来判断出对方的真正意图。
　교류할 때, 상대방의 반응에 근거해 상대방의 진정한 의도를 판단해 낸다.

· _____

· _____

熟悉 shúxī 통 잘 알다 **|** **选择** xuǎnzé 통 선택하다 **|** **相应** xiāngyìng 통 상응하다 **|** **尽量** jìnliàng 뷔 최대한, 가능한 한 **|** **隐藏** yǐncáng 통 숨기다

一般而言，企业家是为了获取利润才创办企业的。而有些企业家创办企业却以解决社会问题为出发点，这些人被称为"社会企业家"。社会企业家为建设一个更美好的社会而努力。

일반적으로 말해서, 기업가는 이윤을 얻기 위해서 기업을 세운다. 하지만 어떤 기업가들은 기업을 세우는 데 있어, 사회 문제를 해결하는 것을 출발점으로 여기는데, 이러한 사람들을 '사회 기업가'라고 한다. 사회 기업가는 더욱 아름다운 사회를 건설하기 위해서 노력한다.

변형 포인트　　以A为B　A를 B로 여기다

· 我们以家庭为中心，以健康为主的去生活。
　우리는 가정을 중심으로 하고 건강을 주로 하는 생활을 한다.

· 我们以助人为乐为生活常态。
　우리는 사람을 돕는 것을 즐거움으로 여기는 것을 생활의 기본 자세로 삼아야 한다.

· _____

· _____

企业 qǐyè 명 기업 | **获取** huòqǔ 통 얻다 | **利润** lìrùn 명 이윤 | **被称为** bèi chēngwéi ~라고 불리다 | **建设** jiànshè 통 건설하다, 세우다

如今，"绿色消费"已成为一种时尚。它主要有三层含义：一是提醒消费者选择有益于健康的绿色产品；二是建议消费者在消费过程中注意环境污染；三是引导消费者转变消费观念。

현재 '녹색소비'는 이미 하나의 트렌드가 되었다. 그것은 주요하게 3가지 함의를 가지고 있다. 첫 번째는 소비자가 건강에 유익한 녹색상품을 선택하도록 일깨우는 것이고, 두 번째는 소비자가 소비하는 과정 중에 환경 오염을 주의하도록 제안하는 것이고, 세 번째는 소비자가 소비 관념을 바꾸도록 인도하는 것이다.

변형 포인트　　……已成为一种时尚　~는 이미 하나의 트렌드가 되었다

· 网上购物已经成为一种时尚。
　온라인 구매는 이미 하나의 트렌드가 되었다.

· 现在刷卡消费已经成为一种时尚。
　현재 카드를 사용해서 소비하는 것은 이미 하나의 트렌드가 되었다.

· _____

· _____

时尚 shíshàng 명 유행, 트렌드 | **含义** hányì 명 함의 | **提醒** tíxǐng 통 일깨우다, 깨우치다 | **建议** jiànyì 통 건의하다 | **引导** yǐndǎo 통 인도하다 | **转变** zhuǎnbiàn 통 바꾸다, 전변하다

25 我们很重视语言沟通，其实，在我们开口之前，<u>身体就已经传递了很多信息</u>。第一次见面的人，<u>对你的印象55%是来自你的身体语言</u>，38%来自你的说话方式，只有7%来自你所说的话。

우리는 언어 소통을 중시한다. 그러나 사실은, 우리가 말을 하기 전에 신체가 이미 많은 정보를 전달한다. 처음 만나는 사람이 당신에 대해 가지는 인상의 55%는 당신의 '신체 언어'에서 오고, 38%가 당신의 '말하는 방식'에서 오며, 오직 7%만이 당신이 하는 '말'에서 온다.

> **변형 포인트** 来自…… ~에서 오다

· 他今天的成功来自平时的勤奋刻苦。
  그의 오늘의 성공은 평소의 근면성실함에서 왔다.

· 我和小平虽然来自不同的地方，但我们却情同手足。
  나와 샤오핑은 비록 다른 지역에서 왔지만, 우리는 형제나 다름없다.

· _____

· _____

沟通 gōutōng 동 소통하다 | **传递** chuándì 동 전달하다 | **来自** láizì 동 ~로부터 오다

---

26 <u>能源是人类活动的物质基础</u>。从某种意义上讲，<u>人类社会的发展离不开优质能源的开发</u>和先进能源技术的应用。当今世界，能源的发展、能源和环境的关系等是全世界、全人类共同关心的问题。

에너지는 인류 활동의 물질적 기초이다. 어떤 의미에서는 인류 사회의 발전은 우수한 에너지의 개발 및 선진 에너지 기술의 응용을 떠날 수 없다고 말할 수 있다. 현재 세계에서 에너지의 발전, 에너지와 환경의 관계 등은 전 세계, 전 인류의 공통 관심사이다.

> **변형 포인트** A离不开B A는 B를 떠날 수 없다

· 人类社会的每一次进步都离不开创新。
  인류 사회의 모든 발전은 창의성을 떠날 수 없다.

· 任何社会进步与个人发展都离不开教育。
  모든 사회 발전과 개인 발전은 교육을 떠날 수 없다.

· _____

· _____

能源 néngyuán 명 에너지 | **基础** jīchǔ 명 기초 | **离不开** líbukāi 떨어질 수 없다 | **优质** yōuzhì 형 질이 우수하다 | **先进** xiānjìn 형 선진적이다, 진보적이다

人们常说细节决定成败，但强调细节并<u>不一定代表</u>必然会成功。现实中，有的人却有可能拿着一个准确性只有80%的计划完成了目标。<u>过分追求细节，往往也会错失本来可以到手的机会。</u>

사람들은 디테일이 성패를 결정한다고 항상 말하지만, 디테일을 강조하는 것이 결코 반드시 성공하는 것을 의미하지는 않는다. 현실에서 어떤 사람은 정확성이 겨우 80%밖에 안 되는 계획을 가지고 목표를 완성하기도 한다. 과하게 디테일을 추구하면, 종종 본래 얻을 수 있었던 기회를 잃기도 한다.

변형 포인트　不一定代表…… 반드시 ~를 의미하는 것은 아니다

・有时候道歉并<u>不一定代表</u>你错了。
어떤 때에는 사과가 반드시 네가 잘못했다는 것을 의미하는 것은 아니다.

・哭<u>不一定代表</u>悲伤，笑<u>不一定代表</u>快乐。
울음이 반드시 슬픔을 대표하는 것은 아니고, 웃음도 반드시 행복을 의미하는 것은 아니다.

・_____

・_____

细节 xìjié 명 세부, 디테일 | **必然** bìrán 부 분명히 형 필연적이다 | **准确性** zhǔnquèxìng 명 정확성 | **过分** guòfèn 형 지나치다, 과분하다 | **错失** cuòshī 동 놓치다, 잃어버리다

28

在现代社会，<u>握手是一种交流感情、增进友谊的重要方式。</u>在正常情况下，不可以戴着帽子或手套与人握手，握手的时间不应该超过3秒，必须站立握手，<u>表示对</u>对方<u>的尊重</u>和礼貌。

현대 사회에서 악수는 일종의 감정을 교류하고 우정을 증진시키는 중요한 방식이다. 정상적인 상황에서는, 모자나 장갑을 착용한 채로 악수해서는 안 되고, 악수하는 시간은 3초를 초과해서는 안 되고, 반드시 일어서서 악수해야 상대방에 대한 존중과 예의를 표시한다.

변형 포인트　表示对……的尊重 ~에 대한 존중을 표시하다

・怎么<u>表示对</u>一个人<u>的尊重</u>?
한 사람에 대한 존중을 어떻게 표시하나?

・为了<u>表示对</u>你们<u>的尊重</u>，我们会全力以赴。
여러분에 대한 존중을 표시하기 위해서, 우리는 전력을 다하겠습니다.

・_____

・_____

握手 wòshǒu 동 악수하다 | **增进** zēngjìn 동 증진하다 | **必须** bìxū 부 반드시~해야 한다 | **站立** zhànlì 동 서다 | **表示** biǎoshì 동 나타내다, 표시하다

当自己的需求无法得到满足而产生挫折感时，为了缓解内心的不安，人们通常会编造一些理由来安慰自己，从而摆脱消极的心理状态。这是属于人类心理防卫功能的一种。

자신의 요구가 만족을 얻을 수 없어서 좌절감이 생기면, 마음속의 불안을 완화하기 위해서, 사람들은 보통 이유들을 만들어 자신을 위로하여 부정적인 심리 상태에서 벗어난다. 이는 인간의 심리 방어 기능의 일종이다.

변형 포인트　产生挫折感 좌절감이 생기다

· 产生挫折感后如何进行自我调整?
　좌절감이 생긴 후에, 어떻게 스스로 조정해야 하는가?

· 产生挫折感时，每一个人的感受程度都不同。
　좌절감이 생겼을 때, 사람마다 느끼는 정도가 다 다르다.

· _____

· _____

挫折感 cuòzhégǎn 명 좌절감 | 缓解 huǎnjiě 통 완화시키다 | 编造 biānzào 통 꾸미다, 날조하다 | 摆脱 bǎituō 통 벗어나다 | 属于 shǔyú ~에 속하다 | 防卫 fángwèi 통 방어하다

当我们接手一项大任务时，常常会感到压力巨大，不知从何做起。这时你不妨把大任务分成一个个容易完成的小任务。你会发现，只要自己尽力完成每一个小任务，整体就变得轻松多了。

우리는 큰 임무를 인수할 때, 종종 엄청난 스트레스를 느끼고, 어디부터 시작해야 할지 모른다. 이럴 때, 당신은 큰 임무를 쉽게 완성할 수 있는 작은 임무로 하나하나 나누는 방법을 써 보는 것도 괜찮다. 그러면 당신은 자신이 열심히 작은 임무들을 완성하기만 하면, 전체가 훨씬 수월해 질 것임을 발견하게 될 것이다.

변형 포인트　只要A就B A하기만 하면 B한다

· 个人利益只要是合法的，就应该得到保护。
　개인의 이익은 합법적이기만 하면, 반드시 보호받아야 한다.

· 只要有毅力，就没有克服不了的困难。
　의지만 있다면, 극복하지 못할 어려움은 없다.

· _____

· _____

接手 jiēshǒu 통 (일을) 인수하다 | 不妨 bùfáng ~해도 무방하다, ~해도 괜찮다 | 尽力 jìnlì 통 온 힘을 다하다 | 整体 zhěngtǐ 명 전체, 전부

원고지 작성법

① 매 문단을 시작할 때는 반드시 2칸을 띄우고 쓴다.

② 숫자는 한 칸에 두 개씩, 한자로 쓸 경우 한 칸에 한 글자씩 쓴다.

③ 문장부호 하나는 한 칸을 차지한다. 예를 들어 마침표(。), 콜론(：)과 따옴표(" "), 앞 절이 끝날 때의 문장부호 등은 모두 한 칸을 차지하도록 한다. 단, 줄임표(……)는 한 칸에 점 세 개씩, 두 칸에 걸쳐 표기한다.

④ 문장의 마지막 글자가 행의 맨 마지막 칸에 올 경우, 문장부호는 마지막 칸에 글자와 함께 쓰도록 한다.

		我	是	19	96	年	1	月	出	生	的	。	当	时	天	气	非	常	冷。
…	…	我	妈	说	：	"	孩	子	，	小	心	点	儿	！	"				

문장부호의 사용법

마침표(句号)	。	한 문장을 종결할 때 쓴다.
쉼표(逗号)	，	절과 절 사이에 쓴다.
모점(顿号)	、	문장에서 단어나 관형어구를 열거할 때 쓴다
물음표(问号)	？	의문문 뒤에 쓴다.
느낌표(叹号)	！	감탄문 뒤에 쓴다.
콜론(冒号)	：	뒤에 설명이나 인용 등을 제시할 때 쓴다.
세미콜론(分号)	；	복문에서 문장을 병렬할 때 쓴다.
따옴표(引号)	" "	말하는 내용을 표현하거나, 인용할 때 쓴다.
생략표(省略号)	……	생략하고자 하는 부분에 쓴다.
책 이름표(书名号)	《 》	서적, 문서, 잡지, 문장의 제목 등을 나타낼 때 쓴다.

온라인 학습 어플
DVBOOK 이용하기
교재 앞면에 부착된 쿠폰을 이용해 인증

저자 직강 이용하기

보충 자료 다운로드
교재 이벤트 참여하기

4급없이
HSK5급 바로따기

지은이 최종헌
펴낸이 정규도
펴낸곳 (주)다락원

초판 1쇄 발행 2019년 12월 9일

기획·편집 박소정, 이상윤
디자인 구수정, 최영란

녹음 중국어 조홍매(曹红梅), 박용군(朴龙君)
　　　 한국어 허강원

다락원 경기도 파주시 문발로 211
전화 (02)736-2031 (내선 250~252 / 내선 430~439)
팩스 (02)732-2037
출판등록 1977년 9월 16일 제406-2008-000007호

정가 17,000원 (저자 직강·온라인 학습 어플·무료 MP3 포함)

ISBN 978-89-277-2268-7 14720
　　　 978-89-277-2267-0 (set)

www.darakwon.co.kr
• 다락원 홈페이지를 방문하시면 상세한 출판 정보와 함께 동영상 강좌, MP3 자료 등 다양한 어학 정보를 얻으실 수 있습니다.